土地资源管理

主编 杨东朗

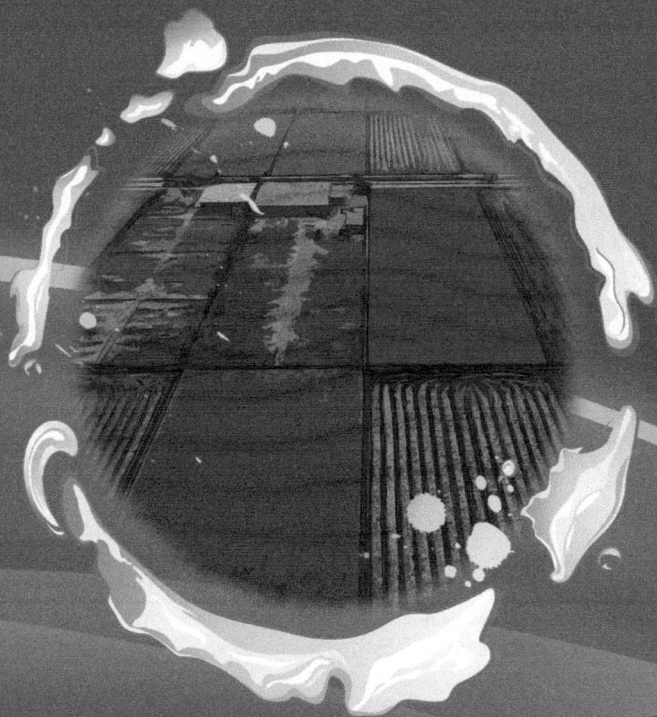

西安交通大学出版社
XI'AN JIAOTONG UNIVERSITY PRESS

国家一级出版社
全国百佳图书出版单位

图书在版编目(CIP)数据

土地资源管理 / 杨东朗主编. — 西安:西安交通
大学出版社,2019.12(2021.9重印)
　ISBN 978 - 7 - 5693 - 1472 - 4

　Ⅰ. ①土… Ⅱ. ①杨… Ⅲ. ①土地资源-资源管理-
研究-中国 Ⅳ. ①F323.211

中国版本图书馆 CIP 数据核字(2019)第 291882 号

书　　名	土地资源管理
主　　编	杨东朗
责任编辑	魏照民

出版发行	西安交通大学出版社
	(西安市兴庆南路 1 号　邮政编码 710048)
网　　址	http://www.xjtupress.com
电　　话	(029)82668357　82667874(发行中心)
	(029)82668315(总编办)
传　　真	(029)82668280
印　　刷	西安日报社印务中心

开　　本	700mm×1000mm　1/16　印张 18.25　字数 358 千字
版次印次	2020 年 8 月第 1 版　　2021 年 9 月第 2 次印刷
书　　号	ISBN 978 - 7 - 5693 - 1472 - 4
定　　价	58.00 元

前　言

土地是民族自立之本、国家发展之基、国民福祉之源。

土地、人口和政府是构成一个国家的基本要素,其中土地作为一种稀缺资源,在任何社会,既是生产资料,又是重要的资产。可以说,人类社会的发展史就是一部人类对土地资源的利用和改造的历史。在中国自古有言,"有土斯有财""土地是财富之母""地者,万物之本源,诸生之根菀也"等,这些名言深入人心。中国古代经历了漫长的农业社会,中华民族是强调"民以食为天"的农耕民族,对于土地天然的感情自然最深,所以重视土地的利用与管理似乎是我们这个民族的本能。

中国共产党作为新中国的执政党,自成立以来,就致力于探索一条具有中国特色的解放和发展生产力的道路,所以一直高度重视土地工作。回顾新中国的历史,土地制度的变迁一直是国家制度建设和变革的重要内容,梳理下来其大致经历了五个阶段:一是新中国成立初期土地统一管理阶段;二是改革开放以前土地分散管理阶段;三是改革开放以后土地转向集中统一管理阶段;四是 2004 年以后进入土地垂直管理阶段;五是 2018 年以后进入自然资源部统一管理阶段。一路走来,我国土地产权制度由集权走向分权,土地规划制度由分立走向合一,建设用地管理制度由计划走向市场,土地保护制度由行业走向系统,土地管理体制由分管走向统管。现如今我国正在习近平新时代中国特色社会主义思想的指导下深化土地资源管理各项改革,土地资源管理研究和教育正在进入高质量发展的新时代。

2019 年 8 月 26 日第十三届全国人民代表大会常务委员会第十二次会议对《中华人民共和国土地管理法》《中华人民共和国城市房地产管理法》进行了修正,随着政策法规的陆续完善,我国土地管理研究也将迎来新的春天。我和我的团队关注土地资源管理、不动产管理等相关领域的政策研究已经有 30 余年。在国家相关政策法规出现重大调整之际,我和我的团队结合国内相关研究与课题组现有成果编撰了这部《土地资源管理》书籍,尝试系统全面地展示新政策背景下的我国土地资源管理图景。

本书参照国内现有教材,重新梳理和精简,在教材体系上,全书总共 10 章。从教材内容上,全书主要包括绪论、土地资源调查、土地权属管理、土地登记管理、土地价格评估与管理、土地利用规划与国土空间规划、土地节约集约利用管理、土地生态管理、永久基本农田管理、土地管理信息系统 10 个不同的专题,聚焦国家政策改革的热点,力求从理论与实践相结合上展开论述,使得本书具备易读性、理论性、适用性和前沿性。

在编撰成果即将付梓之际,我要感谢我的研究团队,感谢石琛老师,感谢研究生史忠平、黄云笛、胡毓群等,他们积极参与课题组的资料收集和研讨,参与了有关章节的撰写,做了大量的工作使得编撰工作顺利推进。感谢西安交通大学公共政策与管理学院广大同仁对本教材编撰的大力支持,使得本书能够按时、保质的完成。

土地资源管理作为一门综合性很强的新兴学科,涉及的知识领域相当广泛,很多问题在学界仍然在讨论探索之中,特别是土地领域的政策法规变动往往"牵一发动全身",再加上编撰者水平有限,本书一定存在诸多不足之处,请同行和读者批评指正。

杨东朗

2019 年 11 月于西安交通大学公共政策与管理学院

目　录

第一章 绪 论

　　土地是人类赖以生存的空间,是人类社会生产中重要的自然资源和生产资料,也是劳动的对象。土地几乎是人类赖以生存的最重要的自然资源。土地资源除了包含自身所固有的一切自然资源之外,同时还包含具有可供人类发展生产的社会经济特性。这两种属性合称为土地资源"二重性"。

　　人类社会的发展自然离不开对土地资源的利用和改造,可以说人和土地的这种关系是人类社会发展过程中最基本的生产关系。随着社会生产力的发展和人口迅速的增长,土地资源与人类社会的关系逐渐超出单一的国家和民族的范畴,成为整个人类生存和可持续发展的全球性问题。这是不以人的意志为转移的自然和社会发展规律所决定的。

　　加强土地资源的研究和管理是当前各国政府的共识,而土地资源管理作为一个综合学科必将在土地研究和土地管理中发挥更大的作用。

第一节　土地的概念与相关特性

　　土地和土地资源是土地资源学中最基本、最重要的概念。学术界对于这一概念有过激烈的争论和广泛的探讨。但是至今尚无一个为大家公认的定义。但是,随着人们对土地资源、土地资源学、土地资源管理等的深入研究,它们的概念逐渐完善和准确。

一、土地

　　由于研究角度和认识深度的不同,关于土地概念的描述众说纷纭。人们对于土地的界定,随着社会生产力的发展、科学技术的进步以及人们对土地的认识和探索的逐步加深而不断更新和完整。

　　纵观古今中外,对于土地的含义的表述,归纳起来大致有以下几种:

　　——土地与土壤是同义词。

　　——土地是地球表面的陆地部分,它是由泥土和沙石所堆积的固定场所。

　　——土地是地球表面的陆地和水面,它是由气候、地貌、土壤、水文、岩石、植被等构成的自然历史的综合体,还包含人类活动的成果。

　　——土地就是自然,土地的范围包括地球表面的水、陆地、空气等自然物及光、热引力等自然力。

——土地是立国的要素。一个国家的土地、人民和主权共同构成立国的三要素。

——土地是指设置管辖权和所有权的地球陆地表面(含海岛和内陆水域)。

由此就可以看出,土地的含义是有广义和狭义之分的,古今中外,不同时期的不同学科的学者,从不同的角度赋予了土地不同的含义。

为了弄清楚土地的概念,追根溯源要从"土"字谈起。早在公元前121年,《说文解字》(许慎著)中就将土地解释为:"土者,是地之吐生物者也",意思为"地"是"吐"生物的,是万物之母。并用示意图,把"土"字分解为植物地上部分、表土层、植物地下部分和底土层四个层次。在《管子校正》卷十四中将土地定义为"地者,万物之本源,诸生之根菀也"。可见在我国古代,人们通常把土地称为地面,即土地是指地球表面的陆地部分,由土壤和岩石堆积而成,而水域、大气层以及地上和地下的各种物质和能量则不属于土地的范畴。这是最简单、狭义的土地概念。

随着社会生产力的发展和科学技术的进步,人们对土地的认识和理解在逐步完善。例如从事农业生产的人们发现,农作物生长不仅与土壤或者地形相关,而且受到其周围的整个自然环境的控制;从事房地产开发的人们发现,建筑房屋和各种工程不能只限于考察地貌和基础地质,还要考虑气候、排水、地表和地下水文特征,以及动植物的生存环境;从事旅游地规划设计的人们发现,旅游景区不是简单地由山(地貌)、水(水文)构成的,而是一种由地貌、气候、水文、土壤和生物等自然要素构成的统一整体。关于土地的概念,便由此逐步全面和系统起来。

英国经济学家马歇尔(A. Marshall)指出:"土地是指大自然无偿地资助人类的地上、水中、空中、光热等物质和能力。"美国经济学家伊利(R. T. Ely)认为:"……土地这个词……其意义不仅是指地球表面,因为它还包括地面上和地面下的东西。"这是人类从经济学角度对土地的论述,可称之为土地广义的概念。即土地是自然的产物,土地的范围既包括地球陆地表面,也包括水面、空气、光、热及地下蕴藏的矿物等各种自然物和自然力。

近几十年以来,随着现代生态学、地学及其他自然科学的发展,土地的概念从地球表面扩大至地球的表层,由孤立的平面扩展为系统的立体空间,形成了生态学和系统论观点的土地概念。澳大利亚的克里斯钦(C. S. Christian)等应用生态学家的观点,对土地的概念进行了较为完整的阐述,指出:"一块土地,在地理上被认为是地球表面的一定区域,其特点包括该地域的大气层、土壤及其下面的岩石、地形、水、动植物群落以及人类过去和现在活动结果在内的、上下垂直的、生物圈相当稳定或可预见的一切循环因素。这些因素在一定程度上对人类目前及将来的土地利用有着重大影响。"

1972年在荷兰的瓦格宁根(Wageningen)召开的农村土地评价的专门会议上,与会学者达成共识,提出:"土地包含地球特定地域表面及其以上或以下的大气、土壤及基础地质、水文和植被,它还包括这一地域范围内过去和目前人类活动的种种结果,以及动物就它们对目前和未来人类利用土地所施加的重要影响。"

联合国粮农组织(FAO)在 1976 年发布的《土地评价纲要》中也接受了上述概念的基本论点,指出:"土地是比土壤更为广泛的概念,它包括影响土地用途潜力的所有自然环境,如气候、地貌、土壤、植被和水文以及人类过去、现在的活动成果。"目前,这一论点已为西方学者所广泛接受。

中国的地学界比较普遍地认为,"土地"是一个自然地理综合体概念,它是地表某一地段包括地貌、岩石、气候、水文、土壤、植被等全部因素在内的自然综合体,还包括过去和现在人类活动对自然环境的作用在内。土地的特征是土地各构成要素相互作用、相互制约的结果,而不从属于其中任何一个要素。土地的水平范围包括陆地、内陆水域和滩涂,垂直范围取决于土地利用的空间范围。石玉林曾在《〈中国 1:100 万土地资源图〉分类系统说明》一文中认为:"土地是气候、地貌、岩石、土壤、植被和水文等自然要素组成的自然综合体和人类过去和现在生产劳动的产物。土地是一个垂直系统,它可分为 3 层:表层、内层、底层(或地上层、地表层和地下层)。它包括地形、土壤、植被的全部,以及影响它的地表水、浅层地下水、表层岩石和作用于地表的气候条件。"

系统论观点认为,土地是一个由耕地、林地、园地、牧草地、水域、居民点用地、工矿用地、旅游和特种用地等子系统构成的生态系统,这些土地子系统都是由生物成分和非生物成分(包括光照、土壤、空气、温度等)共同组成的,借助于能量与物质流动转换而形成的不可分割的有机整体。土地生态系统及其子系统都属于开放系统,彼此之间存在着极其复杂的能量与物质的循环与转化,正是通过与外界不断的物质和能量交换,依靠不断耗散外界的物质和能量,才能维护土地生态系统的平衡。

从景观学角度看,土地即景观(landscape)。《牛津英语词典》(1933 年)对景观有以下几种解释:一幅表示内陆自然景色(如草原、林地、山地等)的画面;某一地区的地形组合;在视角线内的一片土地或广阔的自然景色。依据景观生态学原理,景观就是地面上生态系统的镶嵌,景观在自然等级系统中是一个比生态系统高一级的层次,景观就是自然和人文生态系统的载体的土地,因此,景观生态学(Landscape Ecology)又被称为"地生态学(Geo-ecology)",其研究重点就是某一地区不同空间单元的土地-生物关系。

所以,地学、生态学和系统论观点均认为,土地是气候、地貌、岩石、土壤、植被和水文等自然要素与人类劳动所形成的一个立体的自然综合体,对土地的任何利用活动,都受土地生态系统某些构成要素的制约,并对土地的演变产生影响。因此,研究土地不能孤立地把它看成是地球陆地表面的物质空间,而且应从发展的角度、系统的观点将土地看作包括人类影响在内的一定生态系统长期演变的结果。

只有这样,才能较全面地反映土地概念的实质,才有助于探索合理利用土地的方法和途径,从而实现人类社会可持续利用有限的土地资源的目标。

从经济学角度来看,土地的概念较为宽广。马克思在《资本论》第一卷中指出:"经济学上所说的土地是指未经人的协助而自然存在的一切劳动对象。"西方经济学家把陆地、水面、地上空气层、地下矿产物以及附着在土地上的阳光、热能、风力、地心引力、雨水等一切自然物和自然力,都列入土地范畴之列。延伸到政治经济学领域,土地的概念则着重在土地的利用,即在社会物质生产中土地是实现劳动生产过程和任何生产的必需条件,起着生产资料(劳动对象和劳动手段)的作用。

从经济管理的角度来看,土地资源是自然资源的必要组成部分,土地是物质实体,有其生产利用特点,即"当资源尚未被人们利用时,不能称为资源"。因此,土地是根据其自然历史特性等分割成各种用地的。国家要使土地得到合理利用,就必须在国民经济各个部门之间合理分配土地,每个土地使用者只能在其额定土地范围内利用土地。土地金融则把土地看成是不动产,将其作为长期信用的担保品和抵押品。

从法学观点来看,凡占有某块土地者,其所有权可能管辖的范围应当包括地表、地下以及地上附着的一切自然物和自然力。法律上的土地仅是指人们能够利用、控制的土地。人力难以到达、难以控制利用的陆地,还不能成为法律意义上的土地。人们尚不能利用的沙漠、冰峰、雪山在人们尚未开发之前,只能是陆地而不是土地。

可见,从经济、管理、法学的角度来看,土地明显和人类的生产生活联系更加紧密,更强调土地对于人类的利用价值。特别是在市场经济下,土地不仅是一种珍贵的自然资源,为人类提供产品和活动场所,而且是巨大的社会资产,为人类社会产生增值价值。

综上所述,我们可以将土地做如下的定义:土地是由地球陆地表面一定立体空间内的气候、土壤、基础物质、地形地貌、水文及植被等自然要素构成的自然地理综合体,同时还包含着人类活动对其改造和利用的结果,因此,它也是一个自然经济综合体。关于土地的概念可以归纳出以下几点认识:

(1)土地是多学科的研究对象;

(2)土地是由土壤、气候、地形、岩石、水文、植被等自然要素相互作用、相互制约构成的自然综合体,其有自身形成、发展和演变规律;

(3)土地的概念有广义和狭义之分,有平面土地和立体土地之别;

(4)土地本身是一个系统;

(5)土地的性质和功能取决于各种自然要素的综合作用的结果;

(6)土地是人类赖以生存的生产资料和生存资料,具有社会经济属性。

二、土地资源

所谓资源,是针对物质是否可以被人类所利用而言的。顾名思义,资源就是指人类生产和生活资料的来源。联合国环境规划署(UNEP)的解释是"所谓资源,特别是自然资源,是指在一定时间、地点的条件下能够产生经济价值,以提高人类当前和将来福利的自然环境因素和条件"。这一解释赋予了资源概念的本质,即"能够产生经济价值"。

由此可见,土地资源是指在一定的技术条件和一定时间内可以为人类利用的土地。那么,为什么要提出"土地资源"这个概念呢? 其目的主要是为了更进一步强调土地作为一种自然资源所具有的资源利用价值方面的基本属性,如草地资源、林地资源、宜农土地资源等。

严格地讲,土地与土地资源是有区别的。土地的概念是对人们所研究的客观对象的总称,它包括了一切类型的土地;而土地资源则是从土地所具有的资源利用价值的角度来阐述其具体土地资源含义,它的分类需要经过对土地的资源价值和利用功能的评价以后,才能确定是一种什么样的土地资源,如宜农土地资源、宜林土地资源、旅游用地、交通用地等。因此,土地与土地资源的概念,从外延上讲,土地的范畴比土地资源更广,而从内涵上来看,土地资源的内容比土地更具体,两者的关系可用图 1-1 来表示。

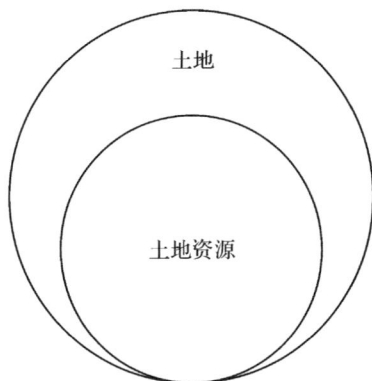

图 1-1　土地和土地资源的相互关系示意图

当然,"资源"是一个动态的概念,有些土地就当前而言用途极少,甚至难以利用,但随着科学的进步、人类社会的发展以及需求的多样化,在将来完全有可能变为有用的,甚至是宝贵的资源;同样,目前人类可以利用的一些土地,由于利用不当(如严重的水土流失、土地污染等)或自然灾害等原因,在将来也完全有可能变成无法利用的不毛之地。因此,从这个意义上讲,将土地和土地资源等同起来泛泛而用,也是可以接受的。

此外,土地具有资源和资产的双重内涵。前者是指土地作为自然资源,是人类生产和生活的根本源泉;后者是指土地作为财产(含资产),具有了经济(价值)和法律价值(独占权)意义。

三、土地的功能

土地是宝贵的自然资源和资产,是人类不能出让的生存条件和再生产条件。土地的主要功能可归纳为以下几方面。

(一)承载功能

土地能将万物,包括生物与非生物负载其上,成为它们的安身之所。动物、植物等生物,各种建筑物、构筑物、道路等非生物,所以能存在于地球上,是因为土地有负载的功能。没有土地,万物自无容身之地。正如古人所说:"皮之不存,毛将焉附。"

(二)养育功能

土地具有肥力,具备适宜生命存在的氧气、温度、湿度和各种营养物质,从而使各种生物得以生存、繁殖,使地球呈现出一片生机勃勃的景象。

(三)仓储功能

土地蕴藏着丰富的矿产资源,如金、银、铜、铁等金属,石油、煤、水力、天然气等能源资源,沙、石、土等建材资源,为人类从事生产、发展经济提供了必不可少的物质条件。

(四)景观功能

土地自然形成的各种景观秀丽的群山、浩瀚的大海、奔腾的江河、飞泻的瀑布、无垠的沃野、悬崖幽谷、奇峰怪石、清泉溶洞,千姿百态,为人类提供了丰富的风景资源。

(五)储蓄和增值功能

土地作为资产,随着对土地需求的不断扩大,其价格呈上升趋势。因此,投资于土地,能获得储蓄和增值的功效。

四、土地的特性

土地,作为生产资料,与其他生产资料相比,具有以下基本特性。

(一)土地物质的自然性

土地是自然生成的,是自然的产物。在人类出现以前,地球已经有了 40 多亿年的历史,所以,土地绝非人类劳动的产物。它的产生与存在是不以人类意志为转移的。所以土地与其他生产资料的区别,在于土地不是前人的劳动成果,其他生产资料几乎都是人类劳动创造的。

(二)土地面积的有限性

土地是自然的产物,土地的面积为地球表面积所限定(指正射投影面积)。地壳运动,空气、阳光、水、生物的分解作用,风力、流水的侵蚀、搬运作用,人类的生产活动等可使水地变为陆地(围海造田、围湖造田等),山地化为平地,坡地变为梯地,不断地改变着地球表面的形态,但土地的总面积始终未变。在现有的科学技术条件下,人力不可能创造土地、消灭土地或用其他生产资料来代替。正如列宁所指出的:"土地有限是一个普遍现象。"

(三)土地位置的固定性

每一块土地都有固定的空间位置,不能移动,地块之间也不能互相调换位置,也就是说,土地的绝对位置是固定不动的,这就使得有限的土地在利用方面受到很大限制。但是,土地距离市场的远近及交通条件可以随着社会经济的发展、资源的开发、道路网的完善与扩建、城镇布局的调整及其经济辐射面的扩大而改变,即土地的相对位置是可以变化的,这种变化对土地的利用及地价有着重要的影响。例如,大庆由于石油的发现与开采而迅速发展成城市,交通条件也相应得到改善;又如福州市五四路附近的土地,因开发了地下温泉而地价大增。

其他生产资料可以根据生产的需要,不断地变换位置,或从一地点搬迁到另一地点。

(四)土地质量差异的普遍性

土地是自然生成的,不是人类按统一标准制作的,因此,不同的土地单元所处的地形不一,所含养分、水分及土壤质地也都不一致,所处地点的小气候条件、水文、地质状况亦有很大差异,加之离城镇的远近、交通便利程度的差别,使得土地质量千差万别,质量完全相同的土地单元几乎没有。所以,对土地的利用要因地制宜。其他生产资料是按统一规定的标准设计制造的,只要原材料相同、技术条件一致,其质量基本上是相同的。

（五）土地利用的永续性

土地是可更新资源。在农业土地利用过程中，土壤养分和水分虽不断地被植物吸收、消耗，但通过施肥、灌溉、耕作、作物轮作等措施，可以不断地得到恢复和补充，从而使土壤肥力处于一种周而复始的动态平衡之中。土地，若能合理利用，其生产能力不但不会随着时间的推移而丧失，相反，还会随着科学技术的进步而提高。因为，土地具有储蓄银行的作用，投入土地的活劳动和资本，除转化为农产品外，其余部分则凝聚在土地中。正如马克思所说："土地的优点是，各个连续的投资能够带来利益，而不会使以前的投资丧失作用。"同时，随着科学技术的进步及其在农业中的应用，可以更好地将土壤中的有效肥力释放出来，从而提高土地生产力。例如，20世纪60年代以来，化肥的广泛应用，使世界粮食产量增加了1/3。

土地在非农业生产部门中，作为地基、活动场所等的作用，也不会随着时间的流逝而消失，也不会因水灾、旱灾、火灾、地震等而丧失，对土地载力的利用是永续的。例如唐山地震后，仍在原处矗立起了高楼大厦，使唐山市旧貌换新颜。其他生产资料，在使用过程中，会逐渐磨损、陈旧，最后丧失其有效性能而报废。

（六）土地属性的双重性

作为生产资料的土地具有双重性，它表现在土地既是生产力的重要因素，同时又是土地关系的客体。土地既是资源，是人类生存和发展的物质基础，同时土地也是巨大的社会资产。土地可分为土地物质和土地资本（马克思曾把投入土地的资本称为土地资本）。土地属于资产性资源，又是资源性资产。土地占有制是土地关系的基础，决定着土地肥力的培育和发展以及土地利用的合理程度。正如马克思指出："肥沃绝不像所想的那样是土壤的一种天然素质，它和现代社会关系有着密切的联系。"任何一种土地利用方式都具有一定的社会形式，土地的利用反映着一定的土地关系。因此，土地利用不单纯是一个自然技术问题，也是一个社会经济问题。按照马克思主义观点，可以认为土地利用不仅取决于科学技术的发展水平，还受社会生产方式的制约。

通过以上对土地的概念及其特性的讨论可以得出如下结论：土地的合理利用不仅具有实际必要性，而且也具有客观可能性。"十分珍惜、合理利用土地和切实保护耕地"是我国必须长期坚持的基本国策。

第二节　土地管理

一、土地管理的概念

　　土地管理是指国家在一定的环境条件下,综合运用行政、经济、法律、技术手段,为提高土地利用的生态、经济、社会效益,维护土地所有制,调整土地关系,监督土地利用而进行的计划、组织、指挥、协调、控制等综合性活动。一般而言,国家把土地管理权授予政府及其土地管理部门。因此,土地管理也是政府及其土地管理部门依据法律和运用法定职权,对社会组织、单位和个人占有、使用、利用土地的过程或者行为所进行的组织和管理活动。其本质是对土地资源的行政管理。这一概念包括以下六个方面的含义:

　　(1)土地管理的主体是国家。国家土地行政主管部门负责全国土地的统一管理工作,土地管理的主体是各级政府的土地行政主管部门及其公务员,包括政府、土地行政主管机关、行政首长和土地行政主管部门的普通公务员。各级人民政府的土地管理部门是土地管理的行政执法机关和行政监督机关,其行为具有国家行为特征。

　　(2)土地管理的客体是土地,以及土地利用中产生的人与人、人与地、地与地之间的关系。

　　(3)土地管理的基本任务是维护社会中占统治地位的土地所有制、调整土地关系和监督并合理组织土地利用,目标是不断提高土地利用的生态效益、经济效益和社会效益,以满足社会日益增长的需求。

　　(4)综合运用行政、经济、法律、技术等手段管理土地。

　　(5)管理的职能是计划、组织、指挥、协调与控制。计划是一种预测未来、设定目标、决定决策、选择方案的连续过程。组织是建立组织机构,确定职位、职责和职权,建立各级人员的相互联系。指挥与协调是对部属行动进行领导与监督,并建立纵向、横向间良好关系,协调彼此间步调,统合共同的力量,为实现既定目标而努力。控制是通过修正执行状况与原定计划之间的偏差,以保证达到预期目标的管理活动。

　　(6)土地管理具有鲜明的阶级性,其目的和特点受社会环境的制约,特别受社会制度、土地制度的制约。例如,我国是社会主义国家,在土地制度上实行社会主义土地公有制,这就决定了我国的土地管理除了要最大限度地提高土地利用综合效益外,还要维护社会主义土地公有制,从而为有计划地、合理地利用土地提供保证。

二、土地管理的指导思想和基本原则

党的十八大以来,按照"四个全面"战略布局和"五位一体"总体布局,牢固树立和贯彻落实创新、协调、绿色、开放、共享的新发展理念,坚持节约资源和保护环境的基本国策,坚持最严格的耕地保护制度和节约用地制度,积极服务供给侧结构性改革,加快形成引领经济发展新常态的国土资源管理体制机制和利用方式,尽职尽责保护国土资源,节约集约利用国土资源,尽心尽力维护群众权益,优化国土资源开发与保护格局,提升国土资源利用质量和效益,为确保如期全面建成小康社会,为实现第二个百年奋斗目标、实现中华民族伟大复兴的中国梦奠定更加坚实的资源基础。

土地管理的基本原则如下:

(1)坚持保护保障并重。强化规划管控,加强市场调节,创新完善资源保护和开发补偿机制。统筹资源利用规模、结构、布局和时序,保障资源合理需求。在开发中保护,在保护中开发,以资源可持续利用支撑经济社会健康可持续发展。

(2)坚持节约高效利用。全面落实节约优先战略,牢固树立节约集约循环利用资源观,健全资源节约集约利用制度。加强资源节约全过程管理,降低资源消耗强度,提高资源利用质量和效益,加快转变资源利用方式,实现绿色发展、循环发展和低碳发展。

(3)坚持增进人民福祉。践行以人民为中心的发展思想,坚持把资源惠民服务作为增进人民福祉的工作方向,发挥资源管理在城乡统筹、脱贫攻坚、社会保障、防灾减灾等方面的调节、引导和促进作用,使人民受益、人民满意,有更多的获得感和幸福感。

(4)坚持全面深化改革。深化重点领域和关键环节改革,从重计划配置、项目安排向尊重市场决定、注重制度设计转变,努力营造适应创新驱动发展要求的国土资源制度环境,激发国土资源事业活力。

(5)坚持建设法治国土。加强国土资源重点领域立法,建成法制完备、职能科学、权责统一的国土资源管理体系,打造执法严明、勤政廉洁、敢于担当的国土资源管理队伍,建立法治统筹、公正文明、守法诚信的国土资源管理秩序。

三、土地管理的任务

我国土地管理的基本任务是维护社会主义土地公有制及土地所有者和使用者的合法权益,保护、开发、合理利用土地,切实保护耕地,促进社会经济的可持续发展。现阶段,土地管理的具体任务如下。

(一)依法维护土地权益

进行土地权属管理,依法保护土地所有者、使用者及相关权利人的合法权益,承办并组织调处重大权属纠纷,查处重大违法案件。

(二)保护土地资源

保护和合理开发利用土地资源是土地管理的根本任务。从严控制城乡建设用地,保障城市化和第二、三产业建设所必需的土地供给。在保护生态环境的前提下,加强耕地开发和复垦,积极推动土地整理,努力提高土地利用效率,确保规划期内耕地总量的动态平衡。在合理开发利用土地资源的过程中加强对土地的保护,才能实现土地资源的可持续利用和社会的可持续发展。

(三)合理利用土地

土地管理的重要任务之一就是合理利用土地,以满足国民经济各部门对土地的需求,保持土地生态系统高效良性循环,有效地防止滥占耕地及其他浪费土地现象的发生。

(四)规范土地利用行为

通过法律、技术、经济、行政等方面的手段来规范土地利用行为,才能达到土地管理的根本目的。保证土地资源在国民经济各部门和各个项目上的合理分配与有效利用,建立优化的土地利用结构与布局,防止土地资源的闲置与浪费,维护良好的生态环境。

(五)健全土地管理制度,依法行政,实现土地管理秩序的根本好转

根据土地管理的需要,加强土地管理法制建设,形成完备的法律体系,保证土地管理有章可循、有法可依,建立和完善土地执法管理体系,组织强有力的执法队伍,坚持严格依法行政,加大执法监察力度,严肃查处土地方面的违法案件,保护土地资源是土地管理的重要任务。实施土地有偿使用制度并正确课征土地税收,保证国有土地的地租收归国家,通过土地税收和土地有偿使用集中国家财政资金,保证土地收益分配合理。

四、土地管理的主要内容

(一)土地法规与政策的制定

在土地管理中,组织立法和制定综合性政策是行政管理的一项重要内容,主要

包括以下几点：

(1)组织开展土地管理中的重大方针政策和发展战略的调查研究。

(2)组织编制土地立法规划,组织拟定土地管理的法律、行政法规草案和行政规章。

(3)负责土地管理的法律、法规执行过程中的具体应用解释工作,研究相关法律、行政法规草案与土地管理的法律、法规的协调问题。

(4)办理依法由自然资源部受理的行政复议工作。

(5)组织开展土地管理的法律、法规的宣传教育工作。

(二)地籍管理

地籍管理是土地管理的基础,其主要内容有以下几点：

(1)开展初始土地登记,土地使用权出让、转让、租赁、授权经营及划拨等各类土地权属变更登记,土地使用权出租、抵押登记,土地用途变更登记及其他变更土地登记工作;负责土地证书监管。

(2)研究解决历史遗留和新出现的土地权属问题的政策界限,负责确定土地权属,承担调处重大土地权属纠纷;开展土地确权、土地权属纠纷调处工作。

(3)开展全国土地资源调查、变更调查及土地条件调查等专项调查工作,负责对土地资源状况进行评价。

(4)开展土地利用动态监测,及时提供建设用地规模扩展等监测数据及分析成果;开展土地资源利用现状、土地权属状况及其变更情况的统计工作,及时开展统计分析,提供以耕地变化为主的土地资源利用统计数据。

(5)建立地籍信息资料公开查询制度及土地登记查证制度;掌握地籍管理工作动态,开展调查研究。

(三)土地规划和土地用途管制

编制土地利用总体规划与计划是土地管理的一个重要内容。土地利用总体规划与计划的具体内容是:研究全国和重点地区国土综合开发的政策措施,编制全国性及区域性的国土规划和各级土地利用总体规划;拟定土地供应政策;指导、审查和编制基本农田保护规划、土地复垦规划、土地整理规划、未利用土地开发规划等专项规划。

(四)耕地保护

国土资源管理的根本目的,就是保护和合理开发利用资源。土地管理的核心问题之一就是保护耕地。耕地保护的内容包括以下几点：

(1)拟定实施耕地特殊保护、耕地占补平衡、土地整理和复垦的政策;分析耕地增减动态,研究制定宏观调控和加强的措施。

(2)依据土地利用总体规划及专项规划,推进基本农田保护、土地开发、土地整理和土地复垦监督等工作。

(3)拟定基本农田保护区的技术和方法,制定基本农田保护管理制度和措施。

(4)对已批准的各类建设项目涉及占用耕地的占补平衡措施的审核和监督检查工作。

(5)依据耕地数量变化情况的监测结果,对耕地总量减少的地区,提出限期采取补足措施的建议,并监督实施和组织验收。

(五)农用地转用和土地征收征用

农用地转用是现状的农用地按照土地利用总体规划和国家规定的批准权限报批后转变为建设用地的行为,又称为农用地转为建设用地。其主要内容如下:

(1)拟定农用地转用管理办法,拟定农用地转用审查报批管理制度和工作程序;拟定征地管理的有关政策和办法;拟定建设项目征用土地的审查报批管理办法。

(2)承办需报上级政府或主管部门批准的农用地转用、征地和土地开发的审查、汇总、报批工作。

(3)指导征地制度改革,依法推行统一征地制度,规范征地程序和办法,拟定征地补偿费用计算、使用和管理办法。

(六)土地供应和市场管理

土地供应和市场管理是土地管理的重要内容。其主要内容如下:

(1)制定地价体系和地价管理制度,开展土地分等定级、基准地价、标定地价和地价指数的评定与监测。

(2)制定建设用地供地标准和建设用地审查报批管理办法,指导和规范国有建设用地的供应。

(3)制定并组织实施土地使用权出让、转让、出租、抵押、作价出资等管理办法和地产交易规则,规范土地市场,完善市场体系。

(4)负责公布土地市场运行动态,预测土地市场发展趋势,研究和提出调控土地市场的措施。

(5)制定划拨国有土地使用权目录并组织实施,制定划拨国有土地使用权转让、出租、抵押及改变用途的政策和管理办法。

(6)制定乡(镇)村用地管理办法,指导集体非农建设用地管理及审批工作,指导各地制定乡镇各类建设用地标准、占地补偿办法及补偿标准,制定和组织实施农村集体土地使用权流转办法,制定鼓励城乡集约利用建设用地的政策和管理办法。

(七)土地执法与监察

土地执法与监察是实现国家土地管理职能、保证土地管理法律法规全面实施的基本途径,其具体内容包括:①监督检查土地管理法律、法规的贯彻执行情况;②受理对土地违法行为的检举、控告;③调查土地违法案件;④受理不服土地行政处罚决定申请复议的案件;⑤指导、监督检查下级土地管理部门的土地监察工作;⑥协助有关部门调查处理土地行政管理人员在依法执行职务时遭受打击报复的案件。

五、土地管理的原则

(一)依法管理原则

土地管理必须有法可依、执法必严、违法必究。目前,我国已基本建立了以《中华人民共和国土地管理法》(以下简称《土地管理法》)为主体的一系列土地法规政策和行政规章,为依法管理土地提供了法律依据。

(二)统一管理原则

一是把全国土地作为一个整体,实行城乡地政的统一管理;二是要求在土地管理部门及其工作人员合理分工的基础上进行有效的密切合作,形成一个相互协作、协调统一的管理结构,发挥整体功能,实现土地管理目标。

(三)维护社会主义土地公有制原则

土地公有制是我国社会主义制度的物质基础,因此,土地管理必须坚持和维护社会主义土地公有制。

(四)充分合理利用和保护土地原则

土地管理的根本目的在于满足经济社会发展对土地的需求,实现土地资源的可持续利用。因此,实现对土地资源的充分、科学、合理、有效利用和保护是土地管理的基本准则。

六、土地管理的方法

综合运用行政、经济、法律、技术等手段管理土地。

(1)行政方法指领导者(管理者)运用行政权力,用命令、指示、规定、通知、条例、章程、指令性计划等方式对系统进行控制。行政方法依靠行政权力,具有权威性、强制性、单一性和无偿性等特点,行政方法只有在符合客观规律、反映人民群众利益时,才能在管理中发挥重要作用。

(2)经济方法是管理者按照客观经济规律的要求调节和引导土地利用活动,以实现管理职能的方法。管理者用经济利益鼓励、引导、推动被管理者,使其行为和利益与管理者所要达到的目标一致起来,这是一种导向的间接控制方法。经济杠杆是经济方法的工具,在调节经济利益、实现管理目标方面发挥着重要作用。常用的经济杠杆包括地租地价杠杆、财政杠杆、金融杠杆和税收杠杆。其中,通过地租地价杠杆可以实行土地有偿使用,使土地所有权在经济上得以实现调节土地供需矛盾,指导土地的合理分配和利用,优化土地利用结构,鼓励对土地的投入,提高土地利用的集约度。

(3)法律方法是管理者通过贯彻、执行有关土地的法规,调整人们在土地开发、利用、保护、整治过程中所发生的各种土地关系,规定人们行动必须遵守的准则来进行管理的方法。在土地管理中运用法律方法,主要是运用立法和司法手段来巩固和调整各方面的土地关系,制定法律必须正确认识和真实反映事物本身的客观规律。法律方法比行政方法具有更大的强制性、严肃性和权威性。

(4)技术方法是管理者按照土地的自然、经济规律,运用 GIS、GNSS 等高科技数字化技术、系统工程、土地规划等来执行管理职能的方法。

综上可见,行政方法、经济方法、法律方法、技术方法各具特色,但又有各自的局限性,土地管理中必须综合运用上述方法,才能收到事半功倍的效果。

七、土地管理体制

土地管理体制是指土地管理机构设置、管理权限划分及运行等各种制度的总称。其内容包括各级土地管理机构的设置、各级土地管理机构的职能和权限划分、各种职责和权限的相互关系及运行方式等。

(一)我国土地行政管理组织体制的演变

中华人民共和国成立以来,我国土地行政管理组织体制大致经历了以下五个阶段。

1. 中华人民共和国成立初期土地统一管理阶段

中华人民共和国成立初期,为适应土地改革、社会管理和国民经济发展的需要,国家在内务部内设置地政局,管理全国的土地改革工作,具体负责全国各类土地统一管理,同时也形成了土地的统一管理体制。然而,随着政府管理部门分工的细化,土地管理工作开始分散,1954 年国家撤销了地政局,把土地管理的职能分散到农业部、水利部和城市建设等部门,从而结束了土地的全国统一管理体制。

2. 改革开放以前土地分散管理阶段

土地的全国统一管理体制结束后,从 20 世纪 60 年代到 80 年代初,我国的土地由多个行政主管部门分散、多头管理。农牧渔业部主要管理农用地,而国务院其他职能部门,如民政部、林业部、铁道部、交通部、建设部、工业部等都分散管理各自的建设用地,从而形成了各自为政、政出多门的分散的土地管理体制,土地管理工作陷入政出多门、管理较混乱的局面。

3. 改革开放以后土地转向集中统一管理

1982 年,国家重新在农牧渔业部设置土地管理局,负责全国的土地管理工作。1986 年 3 月,国务院下发了《中共中央、国务院关于加强土地管理、制止乱占耕地的通知》,并组建国家土地管理局,统一管理土地,结束了土地的分散管理体制,确立了"国务院土地管理部门主管全国土地的统一管理工作,县级以上地方人民政府土地管理部门主管本行政区域内的土地管理工作"的全国城乡地政统一管理体制。1998 年,国土资源部挂牌成立,并将全国土地统一管理扩展到矿产和海洋资源。

4. 2004 年以后进入土地垂直管理阶段

2004 年,国务院进一步理顺省级以下国土资源管理体制,4 月下发《国务院关于做好省级以下国土资源管理体制改革有关问题的通知》,正式明确省级以下土地管理机构实行垂直管理。2006 年,建立了国家土地总督察制度。2006 年,国务院下发了《国务院办公厅关于建立国家土地督察制度有关问题的通知》,国土资源部向全国派驻 9 个国家土地督察局,以切实加强土地管理,完善土地执法监察体系。至此,对土地相对集中管理、自上而下监督的土地统一管理模式基本形成,即国务院国土资源行政主管部门统一负责全国土地的管理和监督工作,实行国家、省、市、县四级管理,在领导班子管理体制上,实行中央与省双层管理、省级以下垂直管理的体制。

5. 2018 年以后进入自然资源部统一管理阶段

党的十九届三中全会审议通过了《中共中央关于深化党和国家机构改革的决定》和《深化党和国家机构改革方案》。2018 年 3 月,第十三届全国人民代表大会第一次会议批准《国务院机构改革方案》。为统一行使全民所有自然资源资产所有者职责,统一行使所有国土空间用途管制和生态保护修复职责,着力解决自然资源所有者不到位、空间规划重叠等问题,将国土资源部的职责,国家发展和改革委员会的组织编制主体功能区规划职责,住房和城乡建设部的城乡规划管理职责,水利部的水资源调查和确权登记管理职责,农业部的草原资源调查和确权登记管理职责,国家林业局的森林、湿地等资源调查和确权登记管理职责,国家海洋局的职责,国家测绘地理信息局的职责整合,组建自然资源部,作为国务院组成部门。自然资源部对外保留国家海洋局牌子。自此,我国土地行政管理组织体制正式进入自然资源部统一管理阶段。

（二）自然资源部的主要职责

自然资源部的主要职责是贯彻落实党中央关于自然资源工作的方针政策和决策部署，实行全国自然资源集中统一管理。其中涉及土地管理方面的职责主要有以下内容。

（1）履行全民所有土地、矿产、森林、草原、湿地、水、海洋等自然资源资产所有者职责和所有国土空间用途管制职责。拟订自然资源和国土空间规划及测绘、极地、深海等法律法规草案，制定部门规章并监督检查执行情况。

（2）负责自然资源调查监测评价。制定自然资源调查监测评价的指标体系和统计标准，建立统一规范的自然资源调查监测评价制度。实施自然资源基础调查、专项调查和监测。负责自然资源调查监测评价成果的监督管理和信息发布。指导地方自然资源调查监测评价工作。

（3）负责自然资源统一确权登记工作。制定各类自然资源和不动产统一确权登记、权籍调查、不动产测绘、争议调处、成果应用的制度、标准、规范。建立健全全国自然资源和不动产登记信息管理基础平台。负责自然资源和不动产登记资料收集、整理、共享、汇交管理等。指导监督全国自然资源和不动产确权登记工作。

（4）负责自然资源资产有偿使用工作。建立全民所有自然资源资产统计制度，负责全民所有自然资源资产核算。编制全民所有自然资源资产负债表，拟订考核标准。制定全民所有自然资源资产划拨、出让、租赁、作价出资和土地储备政策，合理配置全民所有自然资源资产。负责自然资源资产价值评估管理，依法收缴相关资产收益。

（5）负责自然资源的合理开发利用。组织拟订自然资源发展规划和战略，制定自然资源开发利用标准并组织实施，建立政府公示自然资源价格体系，组织开展自然资源分等定级价格评估，开展自然资源利用评价考核，指导节约集约利用。负责自然资源市场监管。组织研究自然资源管理涉及宏观调控、区域协调和城乡统筹的政策措施。

（6）负责建立空间规划体系并监督实施。推进主体功能区战略和制度，组织编制并监督实施国土空间规划和相关专项规划。开展国土空间开发适宜性评价，建立国土空间规划实施监测、评估和预警体系。组织划定生态保护红线、永久基本农田、城镇开发边界等控制线，构建节约资源和保护环境的生产、生活、生态空间布局。建立健全国土空间用途管制制度，研究拟订城乡规划政策并监督实施。组织拟订并实施土地、海洋等自然资源年度利用计划。负责土地、海域、海岛等国土空间用途转用工作。负责土地征收征用管理。

（7）负责统筹国土空间生态修复。牵头组织编制国土空间生态修复规划并实施有关生态修复重大工程。负责国土空间综合整治、土地整理复垦、矿山地质环境恢复治理、海洋生态、海域海岸线和海岛修复等工作。牵头建立和实施生态保护补偿制度,制定合理利用社会资金进行生态修复的政策措施,提出重大备选项目。

（8）负责组织实施最严格的耕地保护制度。牵头拟订并实施耕地保护政策,负责耕地数量、质量、生态保护。组织实施耕地保护责任目标考核和永久基本农田特殊保护。完善耕地占补平衡制度,监督占用耕地补偿制度执行情况。

（9）负责测绘地理信息管理工作。负责基础测绘和测绘行业管理。负责测绘资质资格与信用管理,监督管理国家地理信息安全和市场秩序。负责地理信息公共服务管理。负责测量标志保护。

（三）自然资源部机构设置

自然资源部内设机构包括办公厅、综合司、法规司、自然资源调查监测司等20余个厅、司和局。其中直接涉及土地管理业务的司、局,有自然资源调查监测司、自然资源确权登记局、自然资源所有者权益司、自然资源开发利用司、国土空间规划局、国土空间用途管制司、国土空间生态修复司、耕地保护监督司、国土测绘司、地理信息管理司、国家自然资源总督察办公室、执法局等。各司、局的主要职责如下。

（1）自然资源调查监测司。拟订自然资源调查监测评价的指标体系和统计标准,建立自然资源定期调查监测评价制度。定期组织实施全国性自然资源基础调查、变更调查、动态监测和分析评价。开展水、森林、草原、湿地资源和地理国情等专项调查监测评价工作。承担自然资源调查监测评价成果的汇交、管理、维护、发布、共享和利用监督。

（2）自然资源确权登记局。拟订各类自然资源和不动产统一确权登记、权籍调查、不动产测绘、争议调处、成果应用的制度、标准、规范。承担指导监督全国自然资源和不动产确权登记工作。建立健全全国自然资源和不动产登记信息管理基础平台,管理登记资料。负责国务院确定的重点国有林区、国务院批准项目用海用岛、中央和国家机关不动产确权登记发证等专项登记工作。

（3）自然资源所有者权益司。拟订全民所有自然资源资产管理政策,建立全民所有自然资源资产统计制度,承担自然资源资产价值评估和资产核算工作。编制全民所有自然资源资产负债表,拟订相关考核标准。拟订全民所有自然资源资产划拨、出让、租赁、作价出资和土地储备政策。承担报国务院审批的改制企业的国有土地资产处置。

（4）自然资源开发利用司。拟订自然资源资产有偿使用制度并监督实施,建立自然资源市场交易规则和交易平台,组织开展自然资源市场调控。负责自然资源市场监督管理和动态监测,建立自然资源市场信用体系。建立政府公示自然资源价格体系,组织开展自然资源分等定级价格评估。拟订自然资源开发利用标准,开展评价考核,指导节约集约利用。

(5)国土空间规划局。拟订国土空间规划相关政策,承担建立空间规划体系工作并监督实施。组织编制全国国土空间规划和相关专项规划并监督实施。承担报国务院审批的地方国土空间规划的审核、报批工作,指导和审核涉及国土空间开发利用的国家重大专项规划。开展国土空间开发适宜性评价,建立国土空间规划实施监测、评估和预警体系。

(6)国土空间用途管制司。拟订国土空间用途管制制度规范和技术标准。提出土地、海洋年度利用计划并组织实施。组织拟订耕地、林地、草地、湿地、海域、海岛等国土空间用途转用政策,指导建设项目用地预审工作。承担报国务院审批的各类土地用途转用的审核、报批工作。拟订开展城乡规划管理等用途管制政策并监督实施。

(7)国土空间生态修复司。承担国土空间生态修复政策研究工作,拟订国土空间生态修复规划。承担国土空间综合整治、土地整理复垦、矿山地质环境恢复治理、海洋生态、海域海岸带和海岛修复等工作。承担生态保护补偿相关工作。指导地方国土空间生态修复工作。

(8)耕地保护监督司。拟订并实施耕地保护政策,组织实施耕地保护责任目标考核和永久基本农田特殊保护,负责永久基本农田划定、占用和补划的监督管理。承担耕地占补平衡管理工作。承担土地征收征用管理工作。负责耕地保护政策与林地、草地、湿地等土地资源保护政策的衔接。

(9)国土测绘司。拟订全国基础测绘规划、计划并监督实施。组织实施国家基础测绘和全球地理信息资源建设等重大项目。建立和管理国家测绘基准、测绘系统。监督管理民用测绘航空摄影与卫星遥感。拟订测绘行业管理政策,监督管理测绘活动、质量,管理测绘资质资格,审批外国组织、个人来华测绘。

(10)地理信息管理司。拟订国家地理信息安全保密政策并监督实施。负责地理信息成果管理和测量标志保护,审核国家重要地理信息数据。负责地图管理,审查向社会公开的地图,监督互联网地图服务,开展国家版图意识宣传教育,协同拟订界线标准样图。提供地理信息应急保障,指导监督地理信息公共服务。

(11)国家自然资源总督察办公室。完善国家自然资源督察制度,拟订自然资源督察相关政策和工作规则等。指导和监督检查派驻督察局工作,协调重大及跨督察区域的督察工作。根据授权,承担对自然资源和国土空间规划等法律法规执行情况的监督检查工作。

(12)执法局。拟订自然资源违法案件查处的法规草案、规章和规范性文件并指导实施。查处重大国土空间规划和自然资源违法案件,指导协调全国违法案件调查处理工作,协调解决跨区域违法案件查处。指导地方自然资源执法机构和队伍建设,组织自然资源执法系统人员的业务培训。

同时,根据中央授权,自然资源部向地方派驻国家自然资源督察北京局、沈阳局、上海局、南京局、济南局、广州局、武汉局、成都局、西安局,承担对所辖区域的自然资源督查工作。

第三节　土地资源管理学的研究对象和研究方法

一、土地资源管理学的研究对象和学科性质

当一门学科具有自己独特的研究对象时,这门学科才是独立的。每门学科都应具有自己特有的研究对象,否则就会失去存在的价值。

众所周知,管理运动是客观的,是不以人的意志为转移的,它有自身的规律。土地管理学的研究对象是作为自然经济综合体的土地的利用和土地关系的管理,以及这一完整的、综合的、具体的社会现象的规律性。即研究调整土地关系和监督、调控土地利用,使之达到预定目标的管理活动的规律性。

土地管理活动是人类在一定社会条件下的自觉的、有目的的活动,它不可能脱离当时的社会经济条件而孤立地进行。土地管理的目标必须是当时社会经济条件下应该而且可能达到的目标。管理活动中采用的技术手段也必须与当时的科技发展水平相适应。因此,研究土地管理的规律性,必须将管理活动置于一定的社会经济条件下来考察。

土地资源管理学是管理科学的一个分支学科,它与其他部门管理学的区别在于研究的客体不同,也就是管理的对象不同。土地管理学是研究土地数量、质量、权属、利用以及土地市场管理活动的规律性。

土地管理学是土地科学的一个子学科。它与土地科学的其他子学科,如土地资源学、地籍学、土地经济学、土地利用规划学、土地法学、土地信息学等共同构成了土地科学这一标准学科。各个子学科都具有各自的研究对象,从而形成相互独立的学科,但它们又互相联系,从不同的方面研究土地科学的特定对象,从而形成一个学科群。例如,土地资源学是从自然资源的角度研究土地资源区域分异特征及其合理利用与保护。地籍学是以地籍制度、地籍管理措施和技术体系为主要研究内容的学科。土地经济学是从经济学的角度研究土地利用中产生的人与地、人与人之间的关系及协调。土地利用规划学是从规划学的角度研究土地资源合理分配与土地利用合理组织。土地法学是从法学的角度研究与土地有关的各种法律,规范土地利用中人与人、人与地的关系。土地信息学是研究利用现代信息技术采集、贮存、管理、分析和描述土地信息并提供使用的学科。而土地管理学则是从管理学的角度研究对土地关系和土地利用的管理活动的规律性,它着重研究如何调整土地关系,监督、调控土地利用,才能实现管理目标。

土地资源管理学是将整个土地管理过程以及管理过程中的一切职能,经济、法

律、技术、行政等各种因素作为一个整体来研究的，它是研究这一整体运动规律性的学科。地籍管理学、土地利用管理学等则是研究管理过程中个别阶段或某项内容的学科。农村土地管理学、城市土地管理学是研究农村和城市土地管理特殊规律的学科，而土地管理学研究的是一般规律与特殊规律的结合。

土地资源管理学是介于土地科学和管理科学的一门交叉学科，是理论与实践相结合的应用学科。

二、土地资源管理学的任务和内容

(一)土地资源管理学的任务

土地资源管理学的基本任务是应用土地管理的原理和方法，来研究和阐明一定的社会生产方式下如何调整土地关系，监督、调控土地利用的规律性，以达到平衡土地供需矛盾，取得尽可能大的生态效益、经济效益和社会效益的目的。

在不同的社会生产方式下，土地管理学的任务是不相同的，在资本主义社会，土地管理学的任务是研究如何管理土地才能达到维护资本主义土地关系，并获取最大利润的目的。社会主义社会，土地管理学是为维护社会主义土地关系、调控土地利用和满足整个社会对土地的需求服务的。

(二)土地资源管理学的内容

土地资源管理学的内容是由该学科的研究对象决定的。根据我国的具体情况，土地管理学内容体系可由下列几部分组成：

1. 土地管理的原理

土地管理的原理包括土地的概念和特性，土地管理的经济学原理，土地管理的生态经济学原理和现代管理原理。

2. 土地管理的内容和方法

土地管理(包括对农村土地和城镇土地的管理)的基本内容由地籍管理、土地权属管理、土地利用管理、土地市场管理四大部分构成。

(1)地籍管理。地籍管理包括土地调查和土地动态监测，土地分等定级与估价，土地登记，土地统计，地籍信息管理、应用、维护、更新等内容。

(2)土地权属管理。土地权属管理包括土地所有权、物权等的审核和依法确认，土地权属流转、变更管理，土地权属纠纷的调处，依法查处有关侵犯土地所有权、物权等方面的违法案件等内容。

(3)土地利用管理。土地利用管理是通过编制和实施全国、省、市、县、乡土地利用总体规划和专项规划，进行土地用途管制，采取地租、价格、税收等经济杠杆对农用地，特别是城乡建设用地、未利用地的开发、利用、保护进行组织、监督和调控。

（4）土地市场管理。土地市场管理包括对土地市场供需、土地交易、土地价格、土地市场化配置等进行管理。上述四部分内容是相互联系、相互依赖的，它们共同构成完整的土地管理内容体系。地籍管理为土地权属管理、土地利用管理和土地市场管理提供有关土地的数量、质量、权属和利用状况及其变化的信息以及土地权属状态的法律凭证，是搞好土地权属管理、土地利用管理和土地市场管理的基础性工作。土地权属管理、土地利用管理和土地市场管理之间同样是相互联系的。土地权属的变更、土地市场交易必须要符合土地利用总体规划的要求。例如，国家依法征收的土地，依法出让的国有土地，这些土地的位置和征收、出让后的用途必须以土地利用总体规划为依据。同样，土地利用总体规划和土地利用计划的编制，必须考虑到土地权属状况和变更计划，以及土地市场状况才能更科学、有效地进行土地利用管理。由于土地利用最终是土地权属单位对土地的利用，而且土地权属变更和土地用途变化往往是通过土地市场实现的，所以，土地利用管理、土地权属管理、土地市场管理三者是紧密地联系在一起的。从上述四大内容在土地管理系统中的作用来看，地籍管理是基础，土地权属管理、土地市场管理是手段，土地利用管理是核心。因为土地管理的总目标是取得尽可能大的生态效益、经济效益和社会效益，实现土地资源的持续利用，这主要是通过合理利用土地来实现的，而土地权属管理、土地市场管理的任务在于正确地调整土地关系，调动土地权属单位合理用地的积极性，并通过市场机制合理配置土地资源，为实现土地管理的总目标服务。

三、土地资源管理学的研究方法

唯物辩证法是各门学科共同的、基本的研究方法。土地管理学除了将唯物辩证法作为本学科的基本研究方法外，它的主要研究方法有综合分析法、系统分析法、比较研究法、模拟研究法、定性定量法等。

（一）综合分析法

土地管理学必须将土地关系和土地利用作为一个不可分的统一体来研究；将土地管理作为组织、技术和社会经济方面相互联系的统一体来研究。

土地关系与土地利用是紧密联系在一起的，它们是土地利用过程中形成的生产关系和生产力。生产力决定生产关系，生产关系又反作用于生产力，因此，土地管理学必须对土地关系和土地利用的规律性进行综合分析研究。也就是将土地关系和土地利用看成是一个相互联系、相互制约的社会现象，对其中众多因素与矛盾进行综合分析，才能做到自觉地利用土地管理客体所固有的客观规律，实现土地管理的目标。

土地管理是一个综合的社会现象，它涉及组织、技术、经济、法律、政治、心理、社会等方面，土地管理学只有对上述方面进行综合分析，才能使管理活动符合管理过程本身固有的规律。

（二）系统分析法

土地管理是一个相互联系的有机整体。如果说全国土地管理是一个母系统的话,那么省、市、县、乡的土地管理则是不同层次的子系统。这就要求采用系统方法研究如何使各层次的土地管理系统的目标、职能、原则、方法、机构、干部、技术、结构和过程互相协调起来,使整体与部分、整体与外部环境互相协调起来。这就在客观上要求采用系统方法揭示它们之间的联系和运动的规律性,通过系统优化来提高系统的总体功能。

（三）比较研究法

比较研究是以辩证唯物主义和历史唯物主义为基础,运用大量调查统计资料,对土地关系、土地利用及土地管理的历史、现状、未来进行对比分析和预测的方法。建立具有中国特色的土地管理学,必须结合我国的实际,对国外土地管理学说去粗取精,弃其糟粕,取其精华,这就需要采用比较研究法。

比较研究包括纵向比较和横向比较,宏观比较和微观比较,动态比较和静态比较,以及综合比较分析。

对不同历史时期不同社会生产方式下的土地关系和土地利用以及管理活动的比较研究,对同一历史时期不同社会制度下的土地关系和土地利用以及土地管理活动的比较研究,可以揭示土地关系和土地利用以及管理活动的一般规律和特殊规律。

对同一种社会生产方式下,不同时期土地关系、土地利用和管理活动规律的动态分析,对某一特定时间的土地关系、土地利用及管理活动的静态分析,以及动态和静态相结合的分析,都需要采用比较研究法来反映其现状、发展过程、变动方向和趋势。用比较分析法,从宏观上揭示整个社会或整个区域协调土地关系、监督调控土地利用的规律性。同时,也要从微观上分析研究局部地区(乡、村、单位等)协调土地关系和人地矛盾的规律性,并将二者紧密结合起来,才能有效地实现土地管理的预定目标。例如,对建设用地进行管理,在宏观上要根据社会经济发展要求和土地的自然经济条件,确定全国非农建设占用耕地的控制面积,同时,在微观上要严格非农建设占用耕地的审批工作,特别在选址时,要尽量充分利用荒地、劣地、山坡地、废弃地,才能保证将全国非农建设占用耕地控制在限定的面积以内。

（四）模拟研究法

为了深入地了解土地管理过程和可能得出的结果,采用一些科学方法对管理行为进行模拟是管理学的一种有效研究方法,如利用仿真环境、数学模型、计算机技术、角色扮演等方式模拟替代可能发生的行为过程,从中认识、分析和研究实际行为过程中可能出现的情况,从而为实施有效的管理提供建议和方案。

(五)定性定量法

土地管理学着重研究对土地关系和土地利用这一完整的社会现象的计划、组织、协调、控制,这就要求对土地关系和土地利用决策找出质和量的规定性,因此,必须采用定性与定量相结合的研究方法,通过定性分析揭示事物的本质及其内在联系,再用数学方法通过定量分析找出事物量变到质变的界限。例如,为确定土地使用费级差标准而进行的土地分等定级,往往是首先用定性的方法划分出不同的质量等级,然后再用定量的方法确定土地等级之间相差的幅度。所以,定性分析是定量分析的基础,而定量分析是定性分析的深化,二者互相补充,相辅相成。正如马克思所指出的:"一种科学只有在成功地运用数学时,才算达到了真正完善的地步。"

第四节　我国土地管理的回顾与展望

一、中国土地管理制度的历史演变

(一)历史演变的基本脉络

与世界其他国家相比,中国的土地制度历史悠久而独特。我们的先人早在原始氏族公社时期,就已懂得利用土地种植谷物解决衣食问题。进入文明社会以后,随着国家的出现,氏族土地公有制演变为国有制,《诗经·小雅·北山》中所说的"溥天之下,莫非王土;率土之滨,莫非王臣",就是这一时期土地制度的本质特征。西周时期,中国的土地制度是"井田制"。土地所有权属于天子,诸侯大夫使用分封的土地,即所谓"溥天之下,莫非王土"。战国时期,商鞅变法,废井田,开阡陌,承认人民拥有私田,允许自由买卖,中国成为世界上最早出现土地私有制的国家。从秦汉至唐朝中叶,中国土地制度呈现国家均田与贵族占田并行即土地国家所有和私人所有并行的格局。西汉中期,朝廷采纳董仲舒的建议,对贵族豪强按照爵位等级限制其拥有的最高田亩数,以防止土地兼并。北魏和唐朝初期,推行均田制。以唐中叶的"两税法"为标志,中国土地制度进入新阶段。此后的王朝不再进行均田,国家土地所有制衰落,土地私有制占据支配地位。到宋代,中国已经进入了完全的土地私有制时期。国家税赋制度经"一条鞭法"和"摊丁入亩"改革后,变成完全的地亩税,国家仅靠赋税制度调整农民与地主、国家与地主的关系。土地市场高度发达,租佃关系日益发展,为近代资本主义因素的发育打下基础。

1911年辛亥革命后,解决土地问题被仁人志士作为打开中国迈向现代化的钥匙,但没有如愿。19世纪末20世纪初,中国民主革命的先驱孙中山先生提出了"三民主义",其中民生主义的核心之一就是土地国有、耕者有其田和平均地权。国民党自建立国民政府后,也曾颁布《土地法》《土地法施行法》,着手进行土地制度改革,但其作为大地主大资产阶级利益的代表,为维护自身利益而未实行彻底的土地制度改革。直到1949年,平均地权的主张非但没能实现,土地问题反而比任何时期都严重。

中国共产党从一开始就把解决土地问题作为中国革命的中心问题。大革命失败后,中国共产党建立了农村根据地,在各根据地开展了以消灭封建地主土地所有制为主要内容的土地革命运动。在土地革命时期,提出"依靠贫雇农,联合中农,限制富农,保护中小工商业者,消灭地主阶级,变封建半封建的土地所有制为农民的土地所有制"的主张。在抗日战争时期,提出"地主减租减息、农民交租交息",巩固了抗日民族统一战线。在解放战争时期,制定了《中国土地法大纲》,没收地主土地,废除封建剥削土地制度,实行耕者有其田的土地政策。中国共产党在解决土地问题上的成功成为取得政权的法宝,正如毛泽东1936年在延安回答美国记者埃德加·斯诺提问时所说"谁赢得了农民,谁就会赢得中国;谁能解决土地问题,谁就会赢得农民"。

(二)中华人民共和国成立以来土地管理制度的变迁

1949年10月中华人民共和国成立后,党和政府始终把土地问题放在稳定与发展的重要位置,尤其重视土地立法及制度建设。在过去的70多年时间里,中国的土地管理制度的演进与国家经济社会发展变迁的脉络是一致的,在探索和实践中不断完善,在改革和创新中不断发展,形成了既适合中国国情又充分吸收世界文明成果的现代土地管理制度框架。

1. 1949—1952年的国民经济恢复时期

在这一时期中国颁布了具有临时宪法性质的《中国人民政治协商会议共同纲领》(1949年)以及《中华人民共和国土地改革法》(1950年)等重要法规。土地管理制度的核心是解决土地所有权问题。

通过这两部法律的实施,对旧中国的国有土地予以继受,对官僚、买办资产阶级拥有的土地予以没收,仅用三年时间就完成了现代史上人口规模最大的土地改革,废除了地主土地私有制,建立了农民土地所有制。3亿多无地、少地农民获得了7亿多亩土地和其他生产资料,极大地调动了农民的生产积极性,农村生产水平与农民生活水平明显提高。

2. 1953—1977年的社会主义改造和社会主义探索时期

在这一时期,中国颁布了第一部《中华人民共和国宪法》(1954年),制定了《农业生产合作社示范章程草案》(1955年)、《高级农业生产合作社示范章程》(1956年)和《农村人民公社工作条例(修正草案)》(1962年,简称"人民公社六十条"),出台了《国家建设征用土地办法》(1953年颁布,1958年修正)。土地管理制度的重点是确立农村集体土地所有制和建立国家建设征用土地制度。

在农村,1954年的宪法明确了国家依照法律保护农民的土地所有权和其他生产资料所有权。不久就经由互助组、初级社、高级社的农业合作化运动,基本完成了农村的社会主义改造,实现了农村土地私有制向公有制的转变。1958年发动"一大、二公、三拉平"的人民公社化运动,推行土地所有制和农村生产与生活方式的冒进。三年严重自然灾害后,退回到"三级所有、队为基础"的农村集体土地所有制,并由"人民公社六十条"予以确立。与此同时,中国展开了大规模经济建设,推进国家工业化,国家建设征用土地问题凸显。《国家建设征用土地办法》明确了国家征用农民土地的目的和补偿安置原则。"国家为了公共利益的需要,可以依照法律规定的条件,对城乡土地和其他生产资料实行征购、征用或者收归国有"第一次被写入宪法。

3.1978年至今的改革开放时期

在这一时期,中国曾多次修订《中华人民共和国宪法》,颁布了中华人民共和国成立后的第一部《中华人民共和国土地管理法》,后又进行了全面修订,出台了《中华人民共和国城镇国有土地使用权出让和转让暂行条例》《中华人民共和国城市房地产管理法》《中华人民共和国物权法》《中华人民共和国农村土地承包法》等一系列法律、法规。中国土地管理进入制度化和法制化轨道,重点是形成和逐步完善了中国的现代土地管理制度。

1978—1986年,中国形成了几项重大的土地管理制度。在农村废除了"政社合一"的人民公社体制,实行集体所有制下的农户家庭承包经营制度。1982年修订的宪法第一次明确了城市土地属于国家所有、农村土地属于农民集体所有的两种所有制并存的法律架构;1986年颁布的第一部《中华人民共和国土地管理法》进一步明确了"城市市区的土地属于全民所有即国家所有。农村和城市郊区的土地,除法律规定属于国家所有的以外,属于集体所有;宅基地和自留地、自留山,属于集体所有"的土地所有权基本架构,规定了国家建设用地和农村建设用地的取得和使用方式,明确了全国土地的集中统一管理和依靠土地利用总体规划管理建设用地的原则。

1987—1997年,土地管理制度的重点是建立与社会主义市场经济相适应的城镇国有土地有偿出让制度。中国在计划经济时期长期实行的是无偿、无限期、不准转让的国有土地使用制度。深圳等城市国有土地使用权有偿出让试点取得成功,为推进城镇国有土地有偿使用制度提供了契机。1988年修改的《中华人民共和国宪法》和《中华人民共和国土地管理法》取消了土地不得出租的条款,明确土地的使用权可以依照法律的规定转让。继农村实行集体所有制下的土地承包使用制度改革后,中国城镇国有土地也实行了所有权与使用权相分离的制度。1990 年颁布的《中华人民共和国城镇国有土地使用权出让和转让暂行条例》和 1994 年颁布的《中华人民共和国城市房地产管理法》以及《中华人民共和国土地管理法》的修订,标志着中国城镇国有土地使用权出让、转让、出租、抵押的市场交易制度正式确立。城镇国有土地有偿使用制度的改革为实现土地所有者权益、显化国有土地资产价值、促进城市建设等发挥了重要作用。

　　1998 年至今,中国土地管理制度进入进一步完善时期。1998 年新修订的《中华人民共和国土地管理法》对土地管理和利用方式进行了重大改革。根据中国人多地少的基本国情,借鉴国外先进国家的土地管理经验,明确了以耕地保护为目标、以用途管制为手段、以土地利用总体规划为龙头的现代土地管理制度基本框架;建立了基本农田保护制度、建设占用耕地占补平衡制度和农用地转用审批制度,严格控制建设用地转用,切实保护耕地。进入 21 世纪,党中央和国务院又针对土地管理中出现的新情况、新问题,陆续出台相关文件,如《国务院关于深化改革严格土地管理的决定》(国发〔2004〕28 号)、《国务院关于加强土地调控有关问题的通知》(国发〔2006〕31 号)、《国务院办公厅关于建立国家土地督察制度有关问题的通知》(国办发〔2006〕50 号)、《国务院关于促进节约集约用地的通知》(国发〔2008〕3 号)、《国务院办公厅关于严格执行有关农村集体建设用地法律和政策的通知》(国办发〔2007〕71 号),强化严格依法管理,启动土地参与宏观调控,建立国家土地监察制度,提出实行"两个最严格"的土地制度(最严格的耕地保护制度和最严格的节约用地制度),从而使中国的土地管理制度日趋完善。

　　这一时期,中国土地权利法律建设也取得了历史性进展。2002 年出台的《中华人民共和国农村土地承包法》标志着对农村土地权利依法保护的实现;2007 年出台的《中华人民共和国物权法》标志着中国保护以土地等不动产为主的物权保障体系正式创立,中国的土地权利保障进入法制轨道。党的十九届三中全会审议通过了《中共中央关于深化党和国家机构改革的决定》和《深化党和国家机构改革方案》,2018 年 3 月,第十三届全国人民代表大会第一次会议批准《国务院机构改革方案》,我国土地管理正式进入自然资源部统一管理阶段。2019 年 8 月,重新修订了《中华人民共和国土地管理法》,土地管理的法治建设更加趋于完善。

　　总之,经 70 多年的努力,中国已建立起一套以宪法、物权法、民法、土地管理法、森林法、草原法、环境保护法等法律法规组成的完整的土地法律体系;适合中国社会主义初级阶段和中国特色社会主义市场经济体制的现代土地管理制度框架基本形成;所确立的各项基本制度应该继续坚持,并在实践中不断丰富、完善和创新其实现形式。

二、中国土地管理的规律与展望

土地管理作为人类社会活动的基本内容和制度,自从有了国家,出现阶级社会,就已经存在了。从奴隶社会到封建社会、半封建半殖民地社会,再到新中国的成立,我国的土地管理从土地制度、土地管理体制、内容等方面发生了巨大的变化,由简单到复杂,由单一到全面,并随着社会体制的变革而不断演进。

(一)土地所有的均分与兼并的矛盾斗争与循环往复

迄今为止的中国历史,首先是一部土地制度的变更史。从夏朝开始进入奴隶社会,到秦汉进入封建社会,直至清朝封建社会的灭亡,长达几千年的历史发展过程中我们可以清楚地看到,在这么长的历史阶段变化和频繁的朝代更替过程中,中国农村封建土地制度呈现出惊人的周期循环。每次新朝代的产生都跟前一朝代最初产生相似,而每一个朝代发展变化的过程又是惊人的相同。先是推翻旧的王朝,后恢复生产,制定新的土地政策和制度,重新分配土地,鼓励土地的分散经营,进而走向土地的兼并而出现大量土地向地主阶级集中的现象,最后导致地主阶级与农民阶级矛盾的激化,随之农民起义,建立起新的王朝,接着又是新的一轮循环。

在现代史上,农村土地制度体系也经历了比较曲折的变革,呈现一种阶段性的迂回轨迹。先是新中国成立初期的农民土地所有制,实现"耕者有其田"。在农业合作化后,土地所有权和使用权出现了高度的集中。改革开放后,土地使用权平均承包给了农民。到现阶段因为小规模、产业化的生产已经跟不上生产力发展的步伐,很多地方又出现了土地以"转包""入股"的形式集中到种田大户手中。这一周期性的超稳定的循环,虽然会随着生产力的提高和工商业的发展而减小对社会和政治的影响,但是这一特征给我们一个重要的启示:制度体系的健全、权力制衡关系的规范化,是土地制度体系建设和不断优化的根本要素之一。如何建立起适应人与地之间协调关系的土地制度,是一切社会发展和经济增长的关键。

(二)土地管理体制的演进

从夏朝到战国时期,各王朝都设地官主管土地的行政管理事务,并进行土地、道路、沟渠的设计和井田规划;到了魏晋以后,设六部,其中户部掌管全国户籍、地籍、财政税收等行政管理工作;发展到半殖民地半封建社会,国民政府专设地政司,统一管理全国土地。因此,上述各时期的土地管理基本上属于土地统管体制,而且更多地注重土地利用过程管理。新中国成立以后,开始实行土地分管体制,城市土地由城建部门、规划部门或民政部门、房管部门管理,而农村土地则一直由农业部门管理。1986年国家进行了土地管理体制的改革,成立全国地政统管机构国家土地管理局和各级政府的土地管理机构,形成了全国城乡地政统管体制。1998年国务院增设国土资源部,负责土地、矿产、海洋等资源的规划、利用、保护和管理,从全国的土地管理发展为从陆地到海洋,从土地到矿产的国土资源的统一管理。

(三)土地管理手段由单一到多样

奴隶社会的土地管理过程主要是采用井田制,封建社会发展到户籍、地籍和土地税收综合管理,并进行土地清查和登记,建立账簿和图册,主要是为各王朝征税服务。到了半殖民地半封建社会,土地管理手段更加细化,由税收地籍发展到产权地籍,进行详细的地籍整理,按县级行政区域分区,区分段,段分宗,按宗编号,并进行地籍测量和土地登记。

(四)土地管理内容的逐渐丰富

奴隶社会和封建社会的土地管理主要集中在农地利用的管理,半殖民地半封建社会加强了城乡土地的全面管理,尤其是进行土地交易管理。我国现阶段的土地管理的内容更加丰富,从城市土地到农村土地,都进行土地资源调查、土地利用规划、地籍调查、土地登记、建设用地审批、土地使用权出让转让、地价评估等。可以说涉及了土地资源利用、配置和土地资产及其价值实现的各个方面。

(五)土地管理目的由单一到多样

在奴隶社会和封建社会,土地管理主要是为了征税,所谓的"鱼鳞图册"就是按土地所有者的土地面积大小征收土地税的最基本依据;而现在,社会主义条件下的土地管理则是以保证国家的土地资源最合理有效利用为首要目标,以土地持续利用为基本前提,以实现土地资源的合理有效利用为促进国家社会经济全面发展提供基本保证。

由此可见,土地管理是国家管理的一个重要方面,并随着社会制度、国家体制的变革而不断变化发展。土地管理实践的历史发展,为土地管理学的产生和发展奠定了实践基础。

复习思考题

1. 简述土地和土地资源的概念、土地的功能。
2. 什么是土地管理?简述土地管理的任务、主要内容、原则、方法。
3. 当前我国的土地管理体制是怎样的?有哪些创新之处?
4. 土地资源管理学的研究对象和研究方法是什么?
5. 新中国成立以来,我国土地管理的变化有哪些规律?

第二章 土地资源调查

第一节 土地资源调查概述

一、土地资源调查的定义

"资源调查"一词本来属于商业用语,意思是定期对库存商品数量、质量和单价进行盘点,列出完整的资料清单。"资料调查"一词用在土地上,主要是通过对土地资源类型、数量、质量等的调查,了解土地资源的各种特征和规律。

土地资源调查是指运用土地资源学的知识,借助有关的科学方法和手段查清各类土地资源的类型、数量、质量、空间分布状况和历史演变规律及其生产潜力、适宜性、限制性、土地利用特点、权属关系和管理状况的综合性实践活动。它包括土地要素调查、土地类型调查、土地利用现状调查等,简单来讲其目的是为土地资源合理利用和科学管理提供基础数据和决策依据。

(一)土地要素调查

土地要素调查是指对地貌、水文、地质、土壤、气象、生物、社会经济活动等所进行的综合性考察和勘测。它涉及很多部门和学科,通常是由自然资源综合考察部门所承担的,如南方山地资源综合考察、新疆资源综合考察、西北地区自然资源综合考察等。

(二)土地类型调查

土地类型调查是指运用常规调查方法,结合遥感影像解释,揭示一个地区土地类型的生成环境、发生机制、分异规律,以及各个土地类型的数量、特征、分布和演替规律。它是在土地要素调查的基础上,以综合研究和划分土地类型为目的的土地调查。

(三)土地利用现状调查

土地利用现状调查是指以土地用途和土地利用方式为对象的土地调查。其主要内容有:①查清村和农、林、渔场以及居民点外的厂矿、机关、团体、部队、学校等企事业单位的土地权属界线和村以上各级行政辖区范围界线;②查清土地利用类型及分布,并量算出各地类面积;③按土地权属单位及行政辖区范围汇总出土地总面积和各地类面积;④编制分幅界线图和县、乡两级土地利用现状图;⑤调查总结土地权属及土地利用的经验和教训,提出确权意见和合理利用土地资源的建议。

(四)区域土地资源综合调查

其特点是对特定区域土地资源的要素、类型、现状、开发潜力等进行多学科的综合调查,形成系列图件和综合成果。

(五)专项土地资源调查

专项土地资源调查是指具有特殊目的、特殊要求和特殊项目的土地资源专业调查。如为更详细和更准确地查清各种利用类型耕地的数量、质量和分布而进行的耕地资源调查;为发展旅游业所进行的风景和旅游用地资源调查;为土地开发和耕地占补平衡而进行的耕地后备资源调查等。这些调查比一般的土地资源调查更有针对性,技术要求也更详细。如风景旅游用地调查,不仅要调查景点位置和分布面积,还要调查景点的特色、交通的方便程度、潜在的旅游价值、周围的生态环境等。其调查比例尺通常会更大,分类和记载的内容也会更详细。

二、土地资源调查的目的和任务

(一)土地资源调查的目的

土地资源调查是对土地资源的类型、数量、质量特性、空间变异及其在社会经济活动中利用和管理的状况进行综合考察的一项基础性工作,其目的主要是:

(1)为土地资源管理提供基本数据。土地资源是人类最宝贵的自然资源,对土地资源的科学管理是缓和当前人与土地紧张关系的当务之急,特别是在中国,应当要像对待人口问题那样严格管理土地。因此土地资源调查是实施土地管理工作的基本手段。土地资源管理一般有两方面的基本任务,即对土地资源利用情况的监测和对土地所有权、使用权的管理。要实现土地资源的科学管理,土地管理部门必须具备三套基本数据:①有关土地资源的基本数量、土地特性和质量状况、土地类型分布等自然方面的数据,也就是所谓的"基本家底";②有关土地利用及其社会经济效益方面的数据;③有关土地所有权、使用权或权属方面的数据,统称地籍数据。这是土地管理部门对土地出让、土地税收、土地纠纷等行使行政手段的基本依据。

(2)为土地评价和土地利用规划提供基础图件和属性数据。土地资源调查是制订科学的土地利用规划方案,充分开发土地生产潜力,保持生态平衡的基础工作。我国人口多、耕地少,十分珍惜每寸土地,合理利用每寸土地是我国的基本国策。土地利用规划是合理组织土地利用的一项综合性措施,它是在综合考察区域土地资源的基础上,对土地资源的特征和数量、质量、空间分布、适宜性、生产潜力等做出评价后,提出土地资源合理利用与开发的意见和规划方案的一项系统工程。

(3)土地资源调查是土地资源动态监测的具体实施过程。随着经济建设的发展和人口的增长,土地利用活动存在着多样性、复杂多样和动态性的特点,特别是非农用地的迅速扩大,而且由于缺乏管理,滥占耕地及土地浪费现象十分严重。此外,由于不合理的土地利用方式导致水土流失、土壤次生盐渍化、土地沙漠化和土地污染等问题越来越严重,因而国家必须周期性地开展土地资源清查工作,以便对土地利用现状和土地质量、数量的变化动态进行监测,随时制定各种对策,保护土地资源,改善或调整土地利用方式和土地利用结构。

(4)土地资源调查资料是制定国民经济和社会发展总体规划、区域综合发展规划,以及其他各种专项规划如城市规划、农业区划等的重要依据。制定国民经济和社会发展总体规划,其核心就是根据区域人口和土地的基本关系,来预测社会经济发展的各项指标,充分开发土地资源生产潜力,科学规划各类资源特别是土地资源在国民经济各个部门的合理配置,制定出长远的人口、资源、环境、社会经济发展的总体战略。

土地资源是国民经济各个部门的基本资源,如何发挥资源优势,制定适宜的发展目标,必须以土地资源的基本配置为依据,如综合农业区划和农林牧的产业发展规划,应当根据区域土地资源的数量和质量状况,分析适宜性和生产潜力,在此基础上,才能确定农业发展方向和农业生产结构,以及各种农产品的生产指标、建设措施等。

(二)土地资源调查的任务

土地资源调查的任务是清查土地类型、数量、质量、空间分布、利用现状,并给以综合分析和初步评价。土地资源调查可分为概查和详查两种形式,具体任务包括以下四个方面:

(1)清查各类土地资源的数量。由于我国的土地资源调查工作还不够系统和全面,虽然新中国成立以来曾组织过几十次自然资源考察活动,但这些调查工作都是围绕定目标或针对某个特定区域开展的,所获数据缺乏统一性和标准化,不同来源或不同研究深度的调查数据往往有很大的出入,无法统一。例如,各地统计汇总的耕地面积不足1亿公顷(15亿亩),但用遥感方法量算或由典型调查推算的面积,却有1.2亿公顷(18亿亩)、1.333亿公顷(20亿亩)甚至1.467亿公顷(22亿亩)的各种结果。由于评价标准不同,天然草地、宜农荒地和宜林荒山荒地的面积也不一致。一般野生生物资源基本上没有确切的数量概念。1985年开始的全国县级土地详查工作是中国第一次全国统一协调开展的土地资源调查。在清查土地资源的数量方面,其任务是查清各级用地单位的土地总面积和土地类型面积及其分布,查清各级用地单位的土地利用类型面积及其空间布局,查清水利工程、交通用地等线状地物(主要是沟、渠、路)的面积及其分布。

(2)清查土地资源的基本特性和质量状况。查清土地各构成要素的基本情况,包括地形地貌、土壤、气候、水文地质、植被以及有关的社会经济条件等,然后进行综合叠加和土地类型划分,对区域土地资源的特征如质量、适宜性、生产潜力等做出全面评价,为土地利用规划提供现实依据。

(3)分析土地利用存在的问题,并进行土地利用分区。根据土地利用现状的分析和土地评价的结果,提出区域土地资源合理开发利用整治、管理的意见和分区方案。

(4)土地资源调查的成果最后以系列成图的形式表达,有条件的地区要逐步建立土地资源管理信息系统或数据库,包括相同比例尺的不同内容的专题系列图,如土地利用现状图、土地类型图、土地适宜性图、土地生产潜力图以及土地资源的各构成要素图;同一专题的不同比例尺的系列图(如 1∶1000,1∶10000,1∶50000,1∶500000,直至 1∶100 万等)。这些系列图件彼此互相补充,从不同侧面、不同程度,由局部到整体、由要素到系统揭示土地这一自然地理综合体的全貌。地理信息系统在土地资源管理中的应用是今后发展的必然趋势,因此必须逐步建立土地资源管理信息系统或数据库。

三、我国土地资源调查的进展

(一)历史上土地资源调查

我国历史上的土地调查主要以清查土地为主。因为清丈土地是一项工作量大的技术性事情,故历史上能顺利完成全国性土地清丈的次数不多。东汉光武帝时期举行了第一次全国土地丈量工作;宋代对农田清算比较重视,历朝皇帝都进行过;明朝举行过两次有成效的全国性的土地清丈;清朝继续使用明朝的清丈资料,只有局部的清丈工作。民国时期对土地调查工作较为重视,技术方法上也有进步。北洋政府和南京政府都曾组织过土地测量工作。土地调查在明朝时就已经有了初步的技术规范;民国时,土地测量还采用了航空摄影的方法,规定地籍测量程序是:三角测量,导线测量及交会点测量,户地测量,计算面积和制图。

(二)新中国成立以来我国的土地资源调查情况

1. 20 世纪 80 年代以前土地资源调查概况

(1)主要单项资源的土地调查。经过有关部门长期工作,对国家最主要的单项国土资源都进行了不同程度的全面调查。农业部于 1958 年组织了以耕地土壤为中心的全国土壤普查。1979 年以后,在全国农业区划委员会的组织与推动下,各省、市、自治区先后开展了以土地资源为重点的农业资源调查,在资料分析、面积测算和典型调查相结合的基础上,对各地区的耕地、园地、草地和林地等做了一次全面的清查和评价。林业部对全国森林和林地资源的面积、蓄积量、质量、分布等都有详尽的统计和分析资料。

(2)自然资源的综合调查。中华人民共和国成立后,国土资源的综合考察也取得了较大成绩。一是以特定地区为对象的综合考察。这种考察多以自然条件和自然资源为基础,以区域经济发展和生产力布局为中心,并且以专业多、考察内容广、持续时间较长为特色,如50—60年代开展的全国性的自然区划综合考察、华南地区综合考察工作。二是以特定问题为对象的综合考察,如华南热带生物资源的综合考察。

2. 20世纪80年代以后土地资源调查进展

20世纪80年代以来,我国土地资源调查取得了重大进展。随着中央与省级的国土机构普遍建立,一个综合性的国土资源行政管理体系开始出现,并着手组织了大量区域性和专题性的资源调查研究工作。

(1)全国土地资源详查全面完成。全国第一次土地资源详查1980年起试点,1984年全面开展调查,1998年基本完成全国省级调查成果的国家验收,1999年基本完成全国调查成果的汇总工作,出版了《中国土地资源》《中国土地资源调查技术》专著,编写了《中国土地资源调查数据集》《中华人民共和国土地利用图》等调查成果。全国第二次土地资源详查于2007年7月1日启动,于2009年完成。此外,还开展了土地利用变更和动态监测的技术工作,编制了国家到乡(镇)的5级土地利用总体规划;城镇地籍调查、城镇土地登记、基准地价评估等基础性工作也上了一个新台阶。

(2)土地资源调查、监测的技术标准、技术规程的编制研究。在第一次全国土地资源详查基础上,制定了《国土资源标准化体系》。中国土地勘测规划院具体组织编写了十多个技术标准或技术规程、技术规定,主要有《土地利用动态遥感监测规程》《耕地后备资源调查与评价技术规程》《西部大开发土地资源调查评价实施方案及技术规定》《城镇土地分等定级规程》《城镇地价动态监测体系技术规范》《县(市)级土地利用现状数据库标准(试行稿)》等,为以后土地资源调查提供了一定的技术依据。

(3)土地资源调查数据库建设与理论研究。土地资源调查数据是国家基础数据,也是国家空间基础设施的重要组成部分。一方面,土地资源调查数据在国家可持续发展综合决策中的作用不断增强;另一方面,土地资源调查的数据量不断增大,数据内容、格式也更加复杂,数据的管理难度不断加大。20世纪80年代以来,国土资源管理部门组织了土地资源基础数据库建设,取得了一些成绩,为实现土地管理信息化打下了基础。土地资源调查数据集成的理论研究取得了一些成果,但还不够深入,不能满足土地管理的需要,这一方面的研究有待加强。

(4)3S 技术为主体的现代先进技术在土地资源调查中的广泛应用。3S 技术是卫星遥感技术、地理信息系统技术、全球定位系统技术的总称。随着国土信息工程的推进,3S 技术在国土资源部门得到很好的推广和应用。专家学者们利用 3S 技术在土地资源调查中开展了一系列试验或实证研究,为土地资源调查提供了一套操作性强、可推广的技术流程和方法。越来越多的技术将会在土地资源调查中应用。除了 3S 技术之外,能够支持土地资源调查的技术有计算机技术、模拟计算技术、空间定位技术、信息网络技术、空间信息系统技术和主题数据库系统技术等。对这些技术在土资源调查中的应用研究,是土地科学技术工作者不可忽略的内容。

第二节　土地资源调查的内容

一、土地利用现状调查

土地利用现状调查是在全国范围内,为查清土地资源的利用现状而进行的土地资源普查,其重点是按统一的土地利用分类系统,以县为单位查清各类用地的数量、分布。考虑到土地利用现状调查还要为建立土地登记制度服务,必须同时进行土地权属界线调查。

(一)土地利用现状调查的任务

土地利用现状调查和分类研究的任务是在建立科学和实用的土地利用分类体系的基础上,查清各种土地利用类型的数量、质量、空间分布和演替趋势。

1. 建立科学的和实用的土地利用分类体系

土地利用分类是土地资源研究的科学手段和方法,它通过对土地利用方式和特征的概括和总结,建立起土地利用的认识体系,使土地利用研究不但能看见"树木",也能够见到"森林"。建立科学的和实用的分类体系,是土地科学研究的任务,也是其科学研究水平的反映。土地利用分类是人们认识和判断土地资源利用和地面覆盖的基础,科学的土地利用分类既可以反映出一定的土地自然属性,又有要体现对社会经济属性的认知作用。对于分类系统,我国有明确的规定,总的原则是在统一的全国分类体系下可以因地制宜地适当细分,做到既有统一口径,又有能反映地方的土地利用特色。

2. 查清各类土地资源的数量

在土地利用分类基础上,查清土地资源的数量,主要通过土地测量、土地制图和土地面积量算等工作完成,它是土地利用现状调查最基本的任务。土地资源的数量研究是土地资源开发规模、土地资源产业部门分配、土地资源供求平衡、土地资源计划管理、人地关系分析和调整的客观依据。查清土地资源的数量,不仅要正确计算区域土地的总面积,也要认真统计不同土地利用类别和不同权属的面积;不仅要认识土地的自然供给能力,也要弄清土地的经济供给能力;不仅要分析区域土地资源的总体优劣,也要进行区域之间人均土地面积的比较。

3. 掌握土地资源的地域分布规律和覆盖状态

土地利用现状调查结果一般都通过专题图来反映。揭示土地利用的空间布局规律是进一步开展土地利用规划、调整生产力布局的前提条件。土地利用现状调查必须保证其调查研究成果图、数、实地相互一致性。"以图管地"是土地管理真正行之有效的办法,它能够以严格的土地用途管制,保证土地利用总体规划全面实施。

4. 指导土地资源开发和保护

土地利用现状调查和分类,也有利于土地资源开发和利用经验的归纳和总结。土地利用现状调查要认真研究一些地方性小气候、小环境对于土地利用的作用和影响,借此可以发现新的资源高效利用的土地利用方式。例如,一些特种经济作物的分布,由于其区域小环境特别适合其生态和生理要求,产量高,质量好,作为地方性名、优、特产品进行合理开发,具有重要的经济价值。土地资源调查揭示土地利用现状存在的矛盾和问题,可以有针对性地和科学地指导土地资源的保护与开发。

(二)土地利用现状调查的基本内容

土地利用现状调查主要包括土地利用类型的空间分布、数量、质量、权属和覆盖状况调查等内容,为以后进行土地登记、土地统计、土地评价、土地利用规划和土地管理方面的工作提供基础数据。具体来说,土地利用现状调查主要包括以下几个方面的内容:

(1)查清各土地权属单位之间的土地权属界线和各级行政辖区范围界线。

(2)查清土地利用类型及分布,并量算出各类土地面积。

(3)按土地权属单位及行政辖区范围汇总出土地总面积和各类土地面积。

(4)编制县、乡两级土地利用现状图和分幅土地权属界线图,建立土地利用现状管理信息系统。

(5)调查和分析土地权属争议,总结土地利用的经验和教训,提出合理利用土地的意见和建议。

二、土地资源质量调查

由于土地是由多种要素构成的自然地理综合体,具有多种功能,因此,土地资源质量具有相对性。所谓相对性,指在不同的用途条件下,土地资源质量的含义不同。例如,交通用地的质量是指土地的工程性质,至少包括地基承载能力、地面工程量的大小以及抵抗自然灾害如滑坡、风沙的能力;农用地的质量包括了三个既相互区别又相互联系的方面,即生产潜力、适宜性和利用效益。因此,所谓土地资源质量,总是与土地用途相关联的,是土地相对特定用途所表现出效果的优良程度。

土地资源质量调查内容,主要是根据土地评价的需要查清土地质量性状指标。所谓土地质量性状指标,是指土地的一些可度量或可测定的属性。概括起来讲有两种类型的属性,即自然属性和社会经济属性。土地的自然属性主要指土地的自然要素的性质,如地形、土壤、气候、水文、植被等。土地的社会经济属性包含多方面的内容,如地理交通条件、农业经济条件、农业生产技术条件等。不同的社会经济条件下,人们对土地资源开发利用的程度及其土地生产力水平是不一样的,即使具有相同质量特征的土地资源在同一用途的情况下,由于社会经济属性的差异而明显地表现出不同的利用效果。

土地质量调查的目的是反映土地资源的质量等级,不同地区不同用途情况下所需要调查的具体质量指标也会不一样。因此,要根据不同地区的自然、社会经济状况和土地利用要求选择相应的调查内容。

土地资源质量范围涉及诸多地理要素,各种要素都有相应的研究学科,也常开展专项调查。因此,土地资源质量调查可通过多种方式来完成,一类是野外实地调查及测定,另一类是通过收集相关学科的调查成果和分析已有的文献资料。

(一)土地资源自然属性调查

土地资源自然属性调查主要是对土地各个自然构成要素的调查和分析,具体如下:

1. 气候调查

(1)温度。温度是表示某一区域热量水平的主要指标,也是决定农作物布局的最主要条件之一。一般要调查年平均气温、月平均气温、最低月平均气温、积温等。

(2)降水。降水通常调查降水量,有多年平均降水量、全年各月或旬平均降水量、降水季节、降水强度等指标。

在调查气候因素时,通常要注意局部地形变化引起的小气候条件。

2. 地形地貌调查

地形地貌调查主要应当查清地貌类型、海拔高度、地面坡度、坡向等。

(1)地貌类型。地貌类型可粗略地划分为山地、丘陵、原,它们在土地质量性状方面表现出极大的差异。有时为了较细致地考察土地质量性状,从地形特征的角度还可以进一步细分。

(2)海拔高度。海拔高度变化引起其他一系列因素,如温度、降水、土地利用的变化,海拔高度往往是一个地区农林牧用地分区的控制因素。

(3)坡度。坡度大小对土地质量性状影响很大,它与土壤厚度、质地、土壤水分及肥力都直接相关,制约着土壤中水分、养分、盐分的迁移规律。坡度的单位以度或%表示。

(4)坡向。坡向影响土地的利用,阳坡光照与温度较阴坡好,阴坡水分一般较阳坡好。

地形地貌资料可通过地形图上获得。在一定比例尺和等高距的地形图上,根据等高线的疏密程度和图形,可区分山地、丘陵、河谷、盆地和平原,以及它们的面积比例和高度变幅、山脉走向等。坡度、坡向资料也可从地形图上采集。

3. 水资源调查

水资源量及年内分配情况是影响土地资源质量的一个重要因素,调查的主要内容有:

(1)地表水。调查河流、湖泊的水位、流量及季节性变化,分析其与地下水相互补给状况。

(2)地下水。调查地下水位、水质(矿化度、溶解氧等),以评价其对生活饮用、农业灌溉、水产养殖、工业供水的适宜程度,还应调查地下水允许开采量。

(3)水利设施。调查水库的数量、容量,引水、提水和排水工程的规模,灌排系统的完善程度和渗漏状况以及灌排能力。

(4)水旱渍害状况。调查这些资料可在水利部、农业农村部查找,有的内容可实地调查勘测,如地下水位等。

4. 土壤调查

土壤质量性状是土地质量性状的主要构成部分,直接影响一个地区的土地资源利用和开发。全国开展过两次土壤普查工作,各地均有丰富的土壤普查资料,首先应收集了解这些资料,必要时进行一些野外补充调查。例如,由于土地利用、土壤改良等措施,使土壤性状产生明显的变化时,就一定要做一些补充性的外业调查。

土壤调查的重点是土壤肥力特性,其调查内容有:

(1)土壤质地。土壤质地指以土壤颗粒大小及比例为依据划分的沙土类、壤土类和黏土类。其分类标准有国际制、中国制和美国制。

(2)土壤理化性质。土壤理化性质指土壤的养分性状、水分状况、pH 值、容重、耕性等。

(3)土壤侵蚀。调查土壤侵蚀类型、侵蚀强度。

(4)土壤的障碍因素。调查土壤的有害物质、盐碱化程度等。

5. 植被调查

植被调查主要包括自然植被和人工植被的调查。其调查内容有:

(1)自然植被的调查。自然植被的调查主要是了解调查区内植被群落的概貌,找出能反映该区特点的优势群落。

(2)人工植被调查。人工植被调查主要是指对农作物、防护林及人工草场的调查，主要了解作物的品种、生长状况等。

(3)特种土宜植物调查。有些植物(作物)在一定地区生长状况良好，产量和品质均优，是为"特产"，要注意调查这些植物的立地条件、与土地质量的相关性，以发展地方"特产"优势。

(二)社会经济因素调查

1.社会经济状况调查

(1)交通状况及区位调查。主要调查土地与城镇、车站、码头的相对位置，铁路、公路的分布、等级、路面质量等情况。

(2)人口和劳动力调查，包括人口和劳动力的数量及其教育水平。

(3)公共设施调查，包括基础设施、能源、供水、供电、电信等公共设施调查。

(4)农业技术条件调查，包括排灌系统和面积、机电设备等调查。

2.农用地生产力水平和城市土地收益调查

(1)农用地生产力水平调查。调查农林牧渔业用地结构、作物布局、土地垦殖率、单位土地面积产量、总产值或总收入、单位土地面积的净收入，调查产投比，分析其效益。

(2)城市土地收益调查。其包括土地区位面积、营业额、利润、税收资金等。

三、土地类型调查

土地是由气候、岩石、土壤、水、植被等各种自然要素构成的，同时又时刻受到人类活动影响的一个复杂的自然地理综合体。由于各个构成要素的地域分异和人类活动对土地的影响程度或方式的差异，形成了不同特色的土地类型。土地类型调查是土地类型研究的核心内容，也是研究和认识区域土地资源基本特征的重要途径。

土地类型调查的主要内容，一是分析土地构成要素与土地类型形成和分布之间的内在联系，建立区域土地类型分类系统，查清各种土地类型的数量、质量与空间分布状况；二是分析区域土地类型的分异规律，揭示土地类型的形成特征、组合结构和动态演替规律。

土地类型调查的成果是继续开展其他各种土地资源研究的基本依据，具体地体现在以下几个方面：

(1)建立土地资源基础数据库，为土地资源管理提供基本依据。通过对一个地区的土地类型调查，分析土地构成要素的特征，阐明土地类型的分布规律及其各种类型的土地特性，建立土地类型分类系统，在此基础上，可以建立该地区土地资源基础数据库。该数据库主要包含区域土地资源的一系列自然属性数据,也是核心的基础数据,具有相对的稳定性,是进一步建立区域土地资源管理信息系统的支柱。

（2）为土地评价服务。土地评价的两个着眼点在于土地对各种土地用途的适宜性和限制性。只有全面了解各种土地类型的性质才能分析评价其对不同土地用途的适宜性和限制性,阐明各类土地资源的合理利用方向和改良措施。

（3）为土地利用规划服务。通过调查了解不同土地类型的空间分布规律和性质,为作物布局、宜林地选择、牧地规划以及其他各种土地利用方式的合理选择提供科学依据,制订区域土地利用优化布局方案。

（4）为制定国民经济发展长远规划服务。查清各类土地的数量和质量及其生产潜力等资源背景数据,是制定国民经济长期规划的基础,对于制定国家政策、人口政策有着特别重要的意义。

（5）为土地资源科学研究服务。任何科学研究都是针对一定对象的。土地类型调查为研究土地资源的形成和分布规律以及内在性质和外在特征提供了科学途径。

第三节　土地资源调查的工作程序

土地资源调查是一项技术性的工作,具有严格的工作程序和方法。土地资源调查一般可以分为四个阶段:准备工作、外业调绘、内业工作、检查验收。

一、准备工作

(一)组织专业队伍

土地资源调查是一项综合性的科学考察工作,它涉及土地资源学、地学、土壤学、农学、测绘学等多门学科,因此,需要组织一支具备上述各学科知识和科学技能的专业人员组成的调查队伍,并进行统一的技术培训及专业协调,让调查人员掌握土地资源调查的一般工作程序、方法、土地资源学和各相关学科的知识,以确保工作期间的统一认识和相互沟通。特别是部分地区采用了3S技术进行土地资源调查,就需要对调查人员进行必要的3S技术培训。

(二)制订工作计划

首先应根据调查任务和技术规程,初步拟订总的工作计划。其内容一般包括调查的项目、内容、精度要求、工作阶段的划分和时间安排等。总的工作计划提出后,各作业组也应根据总体工作计划研究制订小组的工作安排和具体工作方法、进度、质量要求等,签订合同书,以保证调查工作的圆满完成。

（三）资料准备

资料准备的主要任务是收集、整理、分析所需要的调查地区的各种专业图件与数字、文字资料、工作底图（包括地形图、遥感图件等）。

1. 工作底图的准备

收集调查区的最新的地形图，是重要的基础参照图件，无论是常规调查方法，还是遥感调查方法，地形图都是必需的。特别是土地资源调查的最后成图所需要的比例尺的地形图，往往是最后成图的主要底图。不仅需要与最终成图等比例尺的地形图，也需要与所使用的遥感资料相近的比例尺的地形图，有时为了提高成图的精度和质量，还有可能需要中间比例尺地形图。卫片的判读，需要相同比例尺的透明地形图。在收集地形图时，要了解其测绘精度、印刷出版时间等。

2. 遥感影像资料的收集与整理

收集调查区的地形图、航空像片与卫星影像。现代土地资源调查中利用遥感技术的优势愈来愈明显，是因其具有影像逼真、界线清楚、可室内预判解译、减少野外工作量、加快调查进度等优点，所以现在土地资源调查多以遥感影像做调查底图，以地形图为成果转绘底图，故两者都要准备。

3. 各种专业图件和资料的收集分析

收集调查区气候、地质、地貌、土壤、水资源、森林、草场等专业方面的图件与资料。阅读分析这些专业资料，了解调查区土地资源组成要素的特点和该区土地资源的利用、改良状况，它们是土地资源调查的重要参考资料。

4. 经济社会资料的收集

土地资源调查的最终目的是为合理地、经济地利用土地提供建议，所以还应收集调查区的农林牧副渔各业的现状和历史、经营方式、产值、人口、劳力、土地利用中存在的问题和经验等有关经济发展规划的资料，然后根据自然、经济条件，提出合理利用土地资源的意见。

5. 用品的准备

调查前要准备好调查必需的仪器、工具和设备。其具体包括：必要的测绘仪器、GPS 导航仪、转绘仪器、面积量算仪器、绘图工具、材料等；印刷各种外业调查手簿、权属界线协议书、各种表格；必要的生活、交通和劳动用品等。

二、外业调绘

（一）路线勘察

邀请熟悉当地情况的人员作为向导，进行路线勘察，了解当地存在的各种地类,并进行社会调查,了解行政界线。路线勘察的线路往往是垂直于主要地貌类型的断面线,这样可以走最短的线路,了解最多的土地类型。

在利用遥感影像进行路线勘察时,要充分注意各种土地类型与遥感影像的解译标志之间的关系,如影像的色调、形状、纹理、图形等,以及影像标志所反映的调查地区的一些土地类型,并掌握这些规律,以便于室内解译。

(二)制定工作分类系统

制定工作分类系统的目的是使野外调查有章可循,有统一标准,同时它也是野外填图的基础。在路线勘察、社会调查和阅读分析专业资料的基础上,制定调查区地类调绘的工作分类系统及其遥感影像的解译标志,并系统编码,为室内解译提供依据。

(三)室内预判

室内预判是利用遥感影像进行土地资源调查的特殊工序,它主要是利用路线勘察已了解到的一些土地类型和土地利用等不同地物在遥感影像上的表现及其分布规律,在正式外业工作之前,充分利用遥感影像所提供的大量信息,而进行的专业解译,即在遥感影像上固定地蒙上半透明的聚酯薄膜,在薄膜上根据影像提供的标志绘制解译草图,待外业工作中予以验证、修改,以大大减少外业工作量。

(四)调绘阶段

外业调绘工作是整个土地资源调查工作的核心,一定要根据外业规程,边调绘边检查,不得遗漏,调绘工作底图可用地形图,也可用航片、卫片。无论是用地形图,还是用航片、卫片作为调绘底图,在调绘前都要先按图幅接合表进行区域分幅,确定作业面积和调绘路线。

在调绘过程中,站立点的选择是关系到调绘效果的关键,站立点要选在地势高、视野广、前后两次停顿所画的地物能联系起来的明显地物点上。调绘时由远及近、由总貌到局部,先从底图上最明显的地物标志去找实地上相应的地物,然后再逐步扩展。对于土地类型等进行综合性调查,抓住一些地形特征线,如山脊线、沟谷线、洪积扇扇缘线、坡角线等,往往会给土地类型界线的确定找到有效的证据。

调绘地类界线后,每一个制图单元都要进行统一的顺序编码,并填写外业手簿,记录和描述各类型单元的土地构成要素、利用现状、主要问题等。

(五)补测

当调查地区的新增地物和地类边界与所采用的遥感影像或地形图相比变化较

大时,需要进行补测。而且变化范围超过 1/3 以上时,则需要重测或重摄。补测可在航片上,也可在工作底图上进行。在具有近期大比例尺地形图或像片平面图和影像图的条件下,最好直接补测在图上。通常外业补测与地类调绘结合进行。

(六)样区调绘验证

样区验证是应用遥感影像进行土地资源调查与制图的必要程序。它是在室内判读和外业地类调绘的基础上进行的,可以安排在室内判读完成后和外业调绘之间进行。具体做法是选择一些有代表性的样区,根据验证统计的要求,在野外验证地类调绘的准确率及其界线勾绘的精度,如达到制图精度要求,则验证合格;否则就要修改,需要计算准确率及其界线勾绘的精度,并分析技术路线中存在的原因,然后做必要的修正甚至部分地重新调绘。

三、内业工作

内业工作是对野外工作成果进行技术处理和整理的阶段,包括转绘、面积量算、编图与图面整饰和成果整理等内容。

现代土地资源调查的内业工作,都可用地理信息系统完成。一般常规内业工作按如下步骤进行。

(一)转绘工作

外业调绘完毕的专业图都要转绘到地形底图上,方可进行面积量算和编图。用地形图和像片平面图做调绘底图完成的专业图,可直接转绘到聚酯薄膜地形底图上。由于航空像片为中心投影,因此在转绘到相应地形图上时,要有纠正的过程。卫星影像可看为近垂直投影,以其为底图调绘的专业图也可直接转绘到地形底图上。由于地形底图去掉了原地形图上的一些与专业图无关的地图要素,使用单张航片调绘的专业图在转绘时,存在用对应地物点进行几何纠正的困难。因此,用单张航片调绘的专业图,一般要先纠正和转绘到同比例尺的地形图上。

(二)量算面积

在转绘好的分幅地图上量算面积。面积量算应遵循以图幅为基本控制,分幅进行量算,按面积比例平差,自下而上逐级进行汇总的原则。具体做法是:先按照图幅量算各个行政单位(或区域单位)的图斑面积,它们的面积之和,与图幅理论面积之间的误差小于允许值,以图幅理论面积为控制,按行政单位面积的比例进行平差,将平差后的量算结果汇总,提出各个行政单位的面积。

面积量算的方法很多,每一种方法都有它的实用条件、步骤和可以达到的精度。目前,通常采用的方法有解析法、图解法、方格法、网点板法、平行线法、求积圆盘法、求积仪法、沙维奇法、光电测积仪法等。可视工作需要、人员和仪器设备等实际条件综合考虑,加以选择。方法可用一种,亦可几种方法结合使用。

(三)编图与图面整饰

在面积量算工作结束后,要对薄膜分幅图进行整饰,以便进行编图。整饰工作包括对分幅图的图面注记和线划的进一步核对与清绘,达到无一遗漏和错误,以及图面整洁美观的目的。编图是指编绘原图,它包括分幅图的拼接、绘图,以及图面设计等内容。

(四)成果整理

成果整理包括清绘出满足出版要求的出版原图和编写调查报告。

编绘原图一般满足不了印刷要求,因此需绘制出版原图。出版原图又叫印刷原图或清绘原图。清绘的过程是根据编绘原图上的线划和符号的位置,严格按相应的图式或编图规范要求用墨汁或颜料绘出,并加以注记和整饰,之后成为可出版的原图。最后将清绘底图晒印,得到所需数量的成果图。

土地资源调查成果集中体现在调查报告中。调查报告一般包括以下几项内容:①调查区域的自然地理特征及经济社会概况;②调查所采用的工作底图及工作过程;③各类土地的数量、质量与分布(要求附图);④开发利用土地的意见。

四、检查验收

因为土地资源调查成果是不同级别的资源数据,不同于一般的自然地理研究成果,所以其图件与数据等都要通过上级部门组织技术检查和验收。验收的标准要对照技术规程和精度要求,达到者方为合格。检查验收的内容有:

(1)外业调绘和补测地物着重检查各种地类的判别、地类界线的精度、线状地物量测、新增地物的补测等。

(2)内业工作重点检查转绘精度、面积量算精度、成图质量等。

第四节　土地资源调查的方法和标准

一、土地资源调查的基本方法

(一)野外调查基本方法

野外调查的基本方法是路线调查法和典型调查法。路线调查法的主要任务是了解调查地区的自然条件、农业生产状况、主要土地类型及其分布、土地利用布局等,同时了解调查区遥感影像对应农事耕种情况和作物生长情况,对照土地(利用)类型系统划分要求,建立遥感影像解译标志。路线选择是否恰当,对调查和制图的质量有直接影响。一般选择路线考虑下列原则:考察的路线密度应满足调查和制图的比例尺及任务的要求,并与调查区土地利用类型结构的复杂程度相适应;在整个调查区,考察路线分布应均匀;考察路线尽可能穿越所有的土地利用类型区;考察路线要考虑交通的方便,尽可能离公路或乡间道路不远,以便进行考察。

典型调查是按照土地资源调查的要求而专门组织的一种非全面调查。从全部调查用地单位中,选出若干典型用地单位进行周密系统的调查研究,以典型去代表普遍。如在典型用地单位内对土地构成要素的重点考察,对土地利用规律的考察,对土地类型或土地利用类型与遥感影像解译标志关系的考察等。

(二)常规仪器测图方法

1. 经纬仪测图法

经纬仪测图法就是将经纬仪安置在测站点上,绘图板设在测站旁,用经纬仪测量碎部点方向与已知控制点方向之间的夹角、测站点至碎部点距离和碎部点的高程,然后用量角器和比例尺把碎部点的平面位置展绘在图纸上,并在点的右侧注明高程,再对照实地勾绘等高线或地物轮廓线。

经纬仪测绘法测图方便灵活,适应各类地区,但是在测绘地形点时,划线误差有 $5'$,不能适应高精度测图需要,同时也不便于计算机处理,所以现在倾向于使用解析法测图。

2. 平板仪测图

平板仪是地形测图的一种仪器,其特点是用图解的方法求得角度和直线的水平投影,测和绘同时完成。平板仪分大平板仪和小平板仪两种,其结构基本相似,但照准设备和平板不同。

平板仪测图的基本思路是首先把展绘好控制点的图纸裱糊在图板上,将平板仪安置在控制点上,利用照准仪把周围地物地貌的特征点的位置直接绘在图纸上。

平板仪测图把测和绘集中于一步完成,节约时间和人力,同时也不需过多的设备,所以至今应用还相当多。在地籍测量中,有时也用于地籍图和宗地图的绘制。但它不能以坐标形式把点位表示出来,不利于测量资料的计算机管理和测图的自动化和现代化。

3. 数字测图

数字测图是利用全站仪在野外进行各种调查数据的采集,在计算机上通过专门软件对所采集数据进行编辑处理,最后输出成图。其方法减轻了测图人员的劳动强度,保证了图件的绘制精度,提高了绘图效率,使测量成果能够以数字的形式传输、处理和共享。

(三)航空遥感调查方法

航摄像片调绘是在充分研究影像特征(形状、色调、纹理、图形等)与地物、土地构成要素、土地利用等的相互关联或对应关系的基础上进行土地类型、土地利用的判读、调查和绘注等的工作。航片调绘一般包括地类调查、线状地物调绘以及境界和土地权属界的调绘等内容。利用航空像片进行土地资源调查可以将大量野外工作转移到室内来完成,当然也不能完全废除野外工作;从 1984 年起开展的全国县级土地资源详查工作基本上要求采用航片调绘方法。

1. 航空像片的特点

航空像片具有以下特点:①航空像片上每一物体均以一定的图形表示出来,影像与实物之间保持着一定的几何相似;②像片影像反映了物体的形状、色调、图形、纹理等特征,这些影像特征不仅表示了物体的存在和几何特征,也反映了地面物体的一些物理特性以及人为的和自然的影响结果;③在相同的情况下,相同的物体在像片上反映的影像也是相同的。

2. 航空像片的立体观察

利用相邻航片的重叠,用透镜式立体镜进行立体观察时,可按下面步骤进行:

(1)在每张像片上确定像主点。用铅笔在对应的框标点之间连线,两条直线的交点即是像主点。像主点确定后,要确定共轭像主点,即邻张像片的像主点在本张像片上相应的那一个点。确定共轭像主点的工作应在立体观察下进行,观察者用刺点针在像片上移动,直至针尖准确地落在已标记的邻片的像主点的刺孔中,然后垂直落下刺孔,此针孔就是邻片的共轭像主点。

(2)在主点与共轭像主点之间画一直线,这条线就是相邻两张像片曝光中心之间的航线线段,称为像片基线。

(3)选择并固定一张像片,使阴影倒向观测者一边,再放上相邻的一张像片,使两张像片上相同的影像重合,然后徐徐向右拉开右边的像片,并注意保持两张像片上的共轭基线成一条直线,两张像片分开的距离以使主点与共轭点之间的距离大致等于观察者的眼基线(大约 60 mm 左右)。

(4)将透镜式立体镜置于像对上,使立体镜的长轴平行于像对的基线,此时就可以通过立体镜进行立体观察了。倘若在立体观察时仍稍有不适,可对立体镜加以微小的旋转,以消除立体镜长轴与基线之间尚存的微小不平行,得到清晰的立体图像。在观察过程中,在重叠区域上下移动,就可以观察到约 6 mm 宽的一个重叠带。

3.影像特征与解译标志

在航空像片上,不同地物有其不同的影像特征,这些影像特征是专业解译时识别各种地物的依据,故称之为解译标志。航空像片解译标志是地物本身属性在像片上的表现,它反映了地物所固有的空间特征和物理特性。根据这些特征可以直接从像片辨认出相应的地面物体,如影像的形状、色调、纹理、图形等都是常用的航片解译标志。

(1)形状。形状就是物体的外轮廓。航空像片上地物的形状是俯视图形,其详细程度取决于比例尺的大小。也就是说,随着摄影比例尺的缩小,微小碎部的形状便逐渐地难于区分,以至消失,而总的形状则逐渐变得比较简单。

地物在航片上影像的形状,并不是与实际形状严格相似的。像片倾斜、地面起伏及地物本身具有空间高度,都会引起构像形状的变形。但是,由于目前使用的航空像片倾斜角都是3°以内,对像片判读而言,可以近似地认为是水平航片。这样,地面上水平的平面形目标(如稻田、水塘、运动场等),在像片上的形状与地物实际形状就可以认为是相似的。

但是,当平面形地物位于倾斜的地面上(不水平)或地物本身具有空间高度时,情况就不一样了。这时,由于航空像片是中心投影图,地物在像片上的形状就会发生变形。同一地物在像片上不同的部位也会表现为不同的形状。

(2)色调。色调是地物反射或发射电磁波的强弱程度在影像上的记录。在红外像片上,色调深浅的差异是判读的关键标志,它比普通像片上的色调差别具有更突出的意义。在普通黑白航空像片上,一般将影像色调划分为七级灰阶,即白、灰白、浅灰、灰、暗灰、浅黑、黑。由于影响色调变化的因素很多,例如物体含水量、太阳入射角、像片洗印情况等都直接影响到影像色调的某些变异。因此,普通航片上影像的色调往往不能作为稳定可靠的判读标志,而需与其他判读标志配合。判读时往往不是根据色调的分级来识别地物,而是根据各地物间色调的相对差异来区别地物类型。对彩色航空像片而言,除了记录地物的亮度以外,还记录了地物的色别和色阶,例如深绿色的针叶林在彩色片上也呈深绿色。但由于人眼与传感器的光谱响应的差别以及其他因素的影响,往往造成彩色失真现象。当然,彩色航片的信息量比黑白航片要大得多,特别有利于目视判读。

(3)纹理。纹理是地物反映在图形内的色调变化频率,它是地物的细部或细小的物体在影像上构成的细纹或细小的图案。地物在影像上的纹理特征与像片的比例尺有关。当比例尺缩小时,表现为纹理的地物尺寸则相对增大。例如在大比例尺像片上可显示出一颗颗树冠的纹理,据此可区分不同的树。而在比例尺较小的像片则表现为一系列树冠的顶部构成整个森林的纹理。纹理可用点状、线状、斑状、条状、格状等术语,并加粗、中、细等形容词来描述。

(4)图形。图形是由形状、大小、色调、纹理等影像特征组合而成的模型化的判读标志。地物往往具有各自独特的图案结构特点。例如:经济林与天然树林同样是由众多的树株组成,但是它们的空间排列图案有明显差别,经济林是经过人工规划的树林,行距、株距都有一定的规律。又如一条公路和一条铁路在航空像片上都是一种相似的线状地物。但是公路有较大的坡度、较急的弯度、许多交叉口,而铁路则坡度较小、弯道的曲率半径大,没有或很少有平面的交叉。这些图案结构上的差别,使我们在航空像片上区分这两种道路几乎没有困难。

另外,利用航空遥感方法进行土地资源调查时也可以采用土地资源的景观特性结合航空像片影像的特征进行综合分析。

(四)卫星遥感调查方法

卫片是通过人造卫星上装载的对地观测遥感仪器对地球陆地表面进行观测所获得的遥感图像。卫片与航片相比具有突出的优点:宏观性强,覆盖面积大;多时相重复,资料更新快,现势性强;以多波段方式观察,可反映地物的光谱特征;以数字方式记录,除制成图像产品外,还可以提供数字产品,便于进行各种专业用途的计算机处理;观测平台高,几何畸变小,在计算机图像几何精度纠正后制作的卫片,一般专业用途可不纠正直接成图;用于土地详查可大大加快调查进度,节省经费等。随着航天遥感发展,多光谱和高分辨率卫片,如法国的SPOT5、美国的IKONOS和Quick Bird卫星提供的数据,可以满足大比例尺土地资源调查和土地更新调查要求,航天卫片应用越来越广。

1.制作地理地图

制作地理地图是在与调查要求相同比例尺的地形图上覆盖一张毛面聚酯薄膜,把地形图上的主要地理要素准确地透绘下来,形成一张透明的素图。其作用是控制卫片的几何精度和增加卫片上没有的信息。

2.资料分析与读片

对收集的各种资料进行阅读和分析,了解调查区的自然地理和社会经济概况及其对土地利用的影响,以及了解相关信息,如卫片的地理位置、时相、合成方式等。

3.野外路线调查与建立解译标志

根据地貌—植被—土壤土地利用现状类型的解译顺序,划分调查区的"地理景观-土地利用类型"的大区和亚区,选择的调查路线要求穿过所有划分的大区和亚区。在路线调查中,实际调查各种土地类型,建立卫片解译标志,进行实际地物的补测。建立解译标志的方法是携带卫片、地理底图、地形图和各种参考图件沿调查路线进行。以实地的土地利用现状类型为基本单位,选择地势较高、视野开阔的地点作为站立点。用地形图和罗盘定位,找出卫片上该站立点的准确位置,观测卫片上该点附近地区的图像标志,如色调、形状、纹理、图形、大小、阴影等以及该地类的实际利用状况,逐个在调查记录本上详细记载。综合同一地类在多个站立点上卫片的图像标志,即成为该地类的卫片解译标志。

4. 其他野外调查项目

除路线调查外,境界和权属界必须进行全野外调查;线状地物要量测其宽度,标注在底图上;零星地物应在野外实际量测面积,在图上标注位置,编号并在调查手簿上记录;田坎系数调查必须选取代表性样地进行综合测量,以实地测量田埂面积计算田坎系数。

5. 卫片预判草图

为了控制卫片几何精度,采用局部重合法。在卫片解译之前,仔细将地理底图在透图台上平展地叠合在卫片上,观察卫片的四角部分,观察明显地物点是否与地理底图上的同名地物点重合,不重合则上、下、左、右细微移动,直到最大限度重合为止。在整幅卫片几何误差不大的情况下,可将卫片分为四个部分进行目视解译。如误差较大,可将卫片按方格网的范围(约 10 cm 见方)使其与地理底图上的地理要素,主要是线状地物和明显地物点完全重合,其对点误差达到规定要求。然后进行卫片的目视解译。以"景观综合分析解译法"进行,把卫片负载的各种自然地理要素信息与地理底图负载信息和各种地学资料结合起来,综合分析这些要素与土地利用类型的关系,再以卫片解译标志做参考,对卫片进行逐个图斑勾绘其边界和确定土地利用类型。这个过程即为卫片目视解译。在勾绘完一个方格之后,利用相同方法继续下一个方格内的解译。局部重合解译的顺序一般是从左到右,从上到下,逐个方格解译整幅卫片即为预判草图。完成一个乡后,再以村为单位进行图斑编号,在各图斑内注记线状地物宽度、权属等内容。经预验收后的要认真清绘,形成分幅成果底图。

6. 野外检验

卫片土地资源调查是用少量的野外路线调查和大量的室内解译代替了常规的野外调绘。限于作业人员的专业知识、解译技能和占有资料不一,发生错判、误判在所难免。因此需要进行野外检验。检验方法是按照不同的"地理-景观土地利用类型区"设置检查路线和检查样方,带上地形图、卫片和预判草图在实地抽查验证。

7. 室内修订成图

根据野外检验结果,对发现差错立即修改。经验收后的分幅成果底图,经修订最后成图,注记作业单位、作业日期,即成为正式的土地利用现状分幅成果图,可作为面积量算的底图之用。

8. 成果验收归档

进行面积统计分析,编制成果图件、工作和技术报告。经验收,成果归档。

随着遥感图像计算机分类精度的提高和高分辨率卫片的应用,航天卫片在土地资源调查和更新调查中无论是成本和速度上都显示其不可比拟的优势。

二、土地资源调查的信息识别和标准建立

(一)土地资源调查的信息识别

土地资源是在自然和社会众多因素综合影响下形成的,但是并不是对所有影响因素都应在土地资源调查加以考虑,并进行详细、深入的研究。一方面,不同的因素对于土地调查的意义和作用是不相同的,或者说不同影响因素的重要性是很不一样的;另一方面,投入到土地资源调查中的人力、物力、财力、可获得的信息是一定的,这就要求土地资源调查的执行者必须充分、有效地利用有限的资源,在尽可能地降低费用或成本的条件下,科学合理地开展工作。

土地资源调查的信息识别,就是检验所有可能发生的和不太可能发生的、直接的和间接的影响因素,并确定所有影响因素的重要程度,以便从中筛选出显著的或关键的土地资源影响因素,并在后续的土地资源调查工作中进行详细的研究;对于不太重要的影响因素可适当地简化研究甚至省略从而减去不必要的工作,降低土地资源调查与评价的执行成本。

可见,土地资源调查的信息识别实际上包含了两层意思:一是确定影响因素与土地资源调查目标之间的关系;二是识别出较为关键的影响因素。从内容上看,它包括影响因素识别、影响范围识别、影响程度识别和时间跨度识别四个方面。

(二)土地资源调查与评价的标准建立

制定标准或规则,是土地资源调查与评价中极其重要的内容,它的确定直接影响到调查与评价的可操作性和成果质量。

土地资源调查标准,也称规范或规程,是在开展土地资源调查工作之前就必须制定的。例如,进行土地利用现状调查,就需要预先制定土地利用现状调查规范或标准,明确调查的目的和要求、工作程序、土地利用现状分类系统、境界和权属界调查要求、扫描图矢量化作业流程、专题图编制规定等。

土地资源评价标准体系是在评价信息识别的基础上建立的,是对评价内容、评价重点和评价力度等具体工作内容的方向确定。从某种意义上讲,评价标准体系的合理与否将直接影响工作质量。因此,建立一个科学、合理、实用的评价标准体系是土地资源评价工作实施的一个重点内容和关键环节。评价标准体系由评价指标体系和评价标准两部分组成。

(1)评价指标要尽可能把信息定量化而使其更加清晰和明了。它是表征土地资源特质的统计数据、原始数据的高度概括、抽象和综合,这一过程主要是通过上述的信息识别来完成的。

(2)评价标准可以通过典型样本的调查获得,也可以依据科学实验结果和国家

或区域制定的一些标准确定。制定评价标准的过程主要体现在以下两个方面：一是应用某些评价指标，如农作物生产力指数、载畜量指数、单产稳定性指数；二是应用把某些评价指标转换成处于 $0\sim1$ 之间的系统转换指数。只有通过建立一套完整科学的评价标准，才能够对土地资源做出合理的评价，也才具有实际的应用价值。如前所述，土地资源评价具有综合性、宏观性和地域性等几个特点，而且其开发利用与后效之间具有明显的滞后性特点，这种滞后现象通常以年乃至数十年来计算。土地资源利用活动除了在该区产生影响和后果外，还会产生外部影响，例如耕地的耕作方式、管理方法所引起的土地侵蚀和流失，一方面对土地生产能力产生影响，另一方面这种侵蚀和流失的沉积物向河流水体迁移，淤积河道或对水质产生影响甚至危害下游地区。因此，土地利用指标的评价标准，不仅需要通过一定的时间观测，还需要通过一定的空间观测，并要进行大量针对性的分析验证，才能比较客观地提取出具体的标准值数据。

目前，土地评价没有统一的标准，处于一种探索阶段。土地评价标准不仅复杂，而且因地而异。采取的评价标准主要从以下几个方面考虑：

①国家、地方、行业标准或区域的各种规划指标。如国家规定的基本农田保护目标、水土流失控制目标、农田灌溉水质标准、保护农作物的大气污染物最高允许浓度等；又如区域绿化的森林覆盖率规划目标、人口增长数量控制目标等。有时还以全国相应指标的平均值作为评价标准。

②区域性本底背景。例如以我国土壤的 N、P、K 及各种重金属的背景值，或自然条件相似的未受人类干扰的土地利用系统背景作为标准，如自然保护区或特殊原生土地利用系统等。选择这些标准一定要注意类比的可行性，注意根据评价内容和要求选取。

③科学研究的判定标准。对于一些限制性指标，则采用通过综合研究和科学试验所测得的底线值或警戒值作为评价标准。如土壤调查基础上的化肥投入结构分析、区域人口承载力和理论载畜量、作物的理论最高单产等都可以作为评价的标准。N、P、K 物质的盈亏要保证投入大于产出，否则会使土壤肥力持续下降，这可以作为 N、P、K 肥产投比的判定标准。

提出区域性的评价标准时，可以参考省（自治区、直辖市）的发展规划目标，衡量实际水平与目标的偏离程度。在评价过程中，有的指标评价标准是已经广泛应用的、经过验证的研究结果，如水环境、土壤环境等评价标准；有些指标标准是以自然状态数值作为判定依据，如土壤背景值等；还有些标准是根据各种参数做出的理论上的研究成果，如人口承载力和理论载畜力等。它们有的作为研究成果，可以直接加以应用，如理论载畜量；有的在借鉴前人研究方法的基础上自行计算。

复习思考题

1.什么是土地资源调查？进行土地资源调查的目的和任务主要有哪些？

2.概述土地资源调查的主要内容。

3.土地资源调查的工作程序有哪些？

4.简述土地资源调查的基本方法。

第三章 土地权属管理

第一节 土地权属管理概述

一、土地权属的概念

土地权属最直接的解释就是土地权利归属,即指土地所有权、土地使用权和土地他项权利的归属。土地所有权和使用权必须依法取得、依法确定和依法行使,依法取得的土地所有权和使用权受法律保护。

在实践中,一般土地权利、土地产权与土地权属往往通用。但是,严格来说,三者又有区别。土地权利就是具体权利形态,通常属于法律语言,如土地所有权、土地使用权。而产权的概念往往更泛、更复杂,属于经济学术语,其可以指某种权利形态,如某经济主体拥有的土地使用权属于产权范畴;而在经济学上,更多的是将产权作为一种经济机制,如产权经济学家德姆塞茨认为:"产权是一种社会工具,其重要性在于事实上他们能帮助一个人形成他与其他人进行交易时的合理预期。这些预期通过社会的法律、习俗和道德得以表达。""产权是界定人们如何受益及如何受损,因而谁必须向谁提供补偿以使他修正人们所采取的行动。"阿尔钦认为:"产权是一个社会所强制实施的选择一种经济品的权利。"由此可见,产权是市场交易时交易主体应遵循的规则,在这个规则下,各个市场行为主体对自己权利是清楚的。产权是人们在市场上交易有价物品的权利,且这种权利是社会通过一定方式(法律、习俗及道德)规定的,人们必须认可的权利。

二、土地权利体系

土地权利由土地制度决定。我国实行土地公有制,土地所有权分为国有土地所有权、集体土地所有权。土地使用权分为国有土地使用权和集体土地使用权。土地他项权利包括地役权、土地租赁权、耕作权、典权、地上权、地下权和土地抵押权等。

(一)土地所有权

1.土地所有权的含义

土地所有权是土地所有制的核心,是土地所有制的法律表现形式,是土地所有者在法律规定的范围内自由使用和处分其土地的权利。或者说,土地所有权是土地所有者所拥有的受到国家法律保护和限制的排他性的专有权利。

一般认为土地所有权是一个权利束,包括土地占有权、土地使用权、土地收益权和土地处分权等。

(1)土地占有权。土地占有权指对土地进行实际支配和控制的权利。土地占有权可以由土地所有人行使,也可以根据法律,以契约的形式依土地所有人的意志由他人行使。

(2)土地使用权。土地使用权指土地使用者依法对土地进行实际利用和取得收益的权利。土地使用权和土地所有权既可结合,也可分离,即土地使用权既可由土地所有人自己行使,也可以从土地所有权中分离出来,由非所有人行使。

(3)土地收益权。土地收益权指根据法律和契约取得土地所产生的经济利益的权利。尽管土地收益权是与土地使用权紧密相连的,但土地所有者在将土地使用权分离出去后,仍可以享有收益权。所以说,土地收益权是一项独立的权能,它是土地所有权的标志。土地所有者可以将土地的占有权、使用权,甚至部分处分权分离出去,而仅仅保留收益权。

(4)土地处分权。土地处分权指土地所有人依法处置土地的权利,包括对土地的出租、出卖、赠送、抵押等,它决定了土地的最终归属,是土地所有权的核心。

以上四种权能,构成土地所有权的完整结构,它们可以相互结合,也可以相互分离,其中常见的是土地所有权和土地使用权的分离。土地所有权是通过国家制定法律、法令和其他规范性文件做出的规定来行使的。土地所有权是一项专有权,其所有权主体是特定的。土地所有权具有排他性。土地所有权有追及力。土地所有权是在法律规定范围内所享受的权利,其行使范围不是无限的,而是受赋予其权利的法律规定限制的。

2. 我国国有土地所有权的主体、客体和内容

我国国有土地所有权的唯一主体是国家,法律规定由国务院代表国家依法行使对国有土地的占有、使用、收益和处分的权利。除此之外的任何组织、单位和个人都不能成为国有土地所有权的主体,因此都无权擅自处置国有土地。

我国国有土地所有权的客体是一切属于国家所有的土地,根据法律规定,包括:①城市市区的土地;②依照法律规定属于国家所有的农村和城市郊区的土地;③依照法律规定国家征收的土地;④依照宪法规定属国家所有的荒山、荒地、林地、草地、滩涂及其他土地。

我国国有土地所有权的内容是指依照法律规定国家在行使土地所有权的过程中形成的权利和义务。《土地管理法》第二条规定,"国家所有土地的所有权由国务院代表国家行使",是指国务院代表国家依法行使对国有土地的占有、使用、收益和处分的权利,明确了地方各级政府无权擅自处置国有土地,只能依法根据国务院的授权处置国有土地等。

3. 我国农民集体土地所有权的主体、客体和内容

我国农民集体土地所有权的主体是农民集体。农村集体所有的土地依法属于村农民集体所有的,由村集体经济组织或者村民委员会作为所有者代表经营、管理。在一个村范围内存在两个以上农村集体经济组织,且农民集体所有的土地已经分别属于该两个以上组织的农民集体所有的,由村内各该农村集体经济组织或者村民小组作为所有者代表经营、管理。在一个村范围内不存在两个以上农村集体经济组织的,经村民会议 2/3 以上成员或者 2/3 以上村民代表同意,可以设立以村民小组为单位的集体经济组织,将村农民集体所有的土地划分确定为该集体经济组织或者相应的村民小组所有,由该集体经济组织或村民小组作为所有者经营、管理;村民会议 2/3 以上成员或者 2/3 以上村民代表不同意的,该土地仍归本村农民集体所有。农民集体所有的土地,已经属于乡(镇)农民集体所有的,由乡(镇)农村集体经济组织或者乡(镇)人民政府作为所有者代表经营、管理。

我国农民集体土地所有权的客体是法律规定的集体土地。农村和城市郊区的土地,有下列情形之一且不属于《中华人民共和国土地管理法实施条例》第二条规定范围的,确定为农民集体所有:①土地改革时分给农民并颁发了土地所有证,现在仍由村或乡农民集体经济组织或其成员使用的;②根据 1962 年《农村人民公社工作条例(修正草案)》的规定,已确定为集体所有的耕地、自留地、自留山、宅基地、山林、水面和草原等;③不具有上述情形,但农民集体连续使用其他农民集体所有的土地已满 20 年的,或者虽然未连续使用满 20 年但经县级以上人民政府根据具体情况确认其所有权的;④农村集体经济组织设立的企业或其他组织及成员持有集体建设用地使用权证的。土地所有权有争议,不能依法证明争议土地属于农民集体所有的一般属于国家所有。

农民集体土地所有权的内容是指农民集体在行使土地所有权的过程中形成的权利和义务。

(二)土地使用权

1. 土地使用权的含义

土地使用权是指使用人根据法律、文件、合同的规定,在法律允许的范围内,对国家或集体所有的土地,享有占有、使用和收益及部分处分的权利。土地使用权可分为两类:①土地所有权人对自己拥有的土地所享有的使用权,称为所有权能的使用权,又称所有人的使用权;②非土地所有权人对土地享有的权利,称为与所有权相分离的使用权,又称非所有人的使用权。前者不是独立的权利,只是所有权的一项权能;后者则是一种独立的民事权利,是与所有权有关但独立于所有权的一种财产权利。通常所指的土地使用权是后一种权利。土地使用权分为国有土地使用权和农民集体所有土地使用权。

2. 我国国有土地使用权的主体、客体和内容

我国国有土地使用权的主体,可以是任何依法取得国有土地使用权的单位和个人。

我国国有土地使用权的客体,是国家依法提供给单位和个人使用的国有土地。

国有土地使用权的内容,是指国有土地使用权主体在依法行使土地使用权的过程中形成的权利和义务。《土地管理法》第十条规定,"使用土地的单位和个人,有保护、管理和合理利用土地的义务"。第五十六条规定,"建设单位使用国有土地的,应当按照土地使用权出让等有偿使用合同的约定或者土地使用权划拨批准文件的规定使用土地"。国有土地使用权是经过划拨、出让、出租、入股,以有偿方式获得的。有偿取得的土地使用权可以依法转让、出租、抵押和继承。划拨土地使用权在补办出让手续、补交或抵交土地使用权出让金之后,可以转让、出租抵押。

3. 我国农民集体土地使用权的主体、客体和内容

集体土地使用权是指使用农民集体土地的使用者依照国家法律规定或者合同规定,享有使用土地并取得收益的权利,负有保护和合理利用土地的义务。其可分为农用土地使用权、农村居民宅基地使用权和乡村企事业建设用地使用权。我国农民集体土地使用权的主体,是依法使用农民集体所有土地的单位和个人。如承包地使用权的主体是本集体组织的成员以及依法取得承包经营权的其他单位或个人;自留地、自留山的土地使用权的主体是本集体经济组织成员;农村宅基地使用权的主体是本集体经济组织的成员且符合立户条件的户主;农村集体建设用地使用权的主体是依法取得农村集体建设用地使用权的单位或个人。

我国农民集体土地使用权的客体,是上述使用权主体依法取得的承包地、自留地、自留山、宅基地和农村建设用地等。

我国农民集体土地使用权的内容,是指集体土地使用权主体在行使土地使用权的过程中依法所形成的权利和义务。《土地管理法》第十条规定,"国有土地和农民集体所有的土地,可以依法确定给单位或个人使用。使用土地的单位或个人,有保护、管理和合理利用土地的义务。"第十三条规定,"承包经营土地的单位和个人,有保护和按照承包合同约定的用途合理利用土地的义务"。

(三)土地他项权利

1. 土地他项权利的含义

土地他项权利是指土地所有权或使用权以外的其他土地权利。土地他项权利的实质是对其所有权人和使用权人行使所有权和使用权的一种限制。

2. 我国土地他项权利的内容

依据我国目前的法律、法规规定的土地他项权利有土地抵押权和土地租赁权。

其他还有借用权、相邻权(地役权)、耕作权、地上权、地下权等。土地相邻权是指相互毗邻土地的所有者和使用者为满足其生产、生活需要而使用他方土地的权利,包括相邻临时占用权、相邻通行权、相邻截水用水权、相邻排水权、相邻安全权和相邻采光通风权。

三、土地确权与争议解决

(一)土地确权

土地确权就是土地权属确定,是国家依法对土地所有权、土地使用权和他项权利进行确认、确定,即国家对每宗地的土地权属要经过土地申报、土地权属调查、审核批准、土地(不动产)登记发证等法律程序,进行土地权属的确认,以国有土地使用权确定尤为典型。

1. 国有土地使用权的取得方式

(1)有偿取得方式。有偿取得方式是指土地使用者通过向国家支付土地使用权出让金或缴纳土地有偿使用费以取得国有土地使用权。根据《中华人民共和国城市房地产管理法》(以下简称《城市房地产管理法》)和《中华人民共和国城镇国有土地使用权出让和转让暂行条例》的规定,有偿方式中还包括土地使用权作价入股、土地使用权出租等方式。

(2)无偿取得方式。无偿取得方式是指土地使用者在没有支付土地使用权出让金或国有土地使用费的情况下,由国家通过行政划拨的方式而取得国有土地使用权。按照《土地管理法》第五十四条的规定,下列建设用地经县级以上人民政府依法批准,可以以划拨方式取得:①国家机关用地和军事用地;②城市基础设施用地和公益事业用地;③国家重点扶持的能源、交通、水利等基础设施用地;④法律、行政法规规定的其他用地。

(3)依法承包经营取得。单位(如国有农场)或个人可以依法承包经营国有土地,从事种植业、林业、畜牧业、渔业生产,取得国有土地使用权。

(4)依照法律、政策规定取得。《中华人民共和国土地管理法实施条例》第十七条第三款规定:"开发未确定土地使用权的国有荒山、荒地、荒滩从事种植业、林业、畜牧业或渔业生产的,经县级以上人民政府批准,可以确定给开发单位或者个人长期使用,使用期限最长不得超过 50 年。"

2. 国有土地使用权的确认

确认国有土地使用权是根据《土地管理法》第十二条第一款的规定:"土地所有权和使用权的登记,依照有关不动产登记的法律、行政法规执行。"

3. 国有土地使用权的收回

国有土地使用权的收回,是指人民政府依照法律的规定收回用地单位和个人国有土地使用权的行为。按照《土地管理法》第五十八条的规定,有下列情形之一的,由有关人民政府自然资源主管部门报经原批准用地的人民政府或者有批准权的人民政府批准,可以收回国有土地使用权:①为实施城市规划进行旧城区改建以及其他公共利益需要,确需使用土地的;②土地出让等有偿使用合同约定的使用期限届满,土地使用者未申请续期或者申请续期未获批准的;③因单位撤销、迁移等原因,停止使用原划拨的国有土地的;④公路、铁路、机场、矿场等经核准报废的。

(二)土地权属变更

土地权属变更主要有以下几种情况:①土地所有权变更。这主要是国家征收集体土地,除此还有国家与集体、集体与集体之间调换土地等。②土地使用权变更。主要形式有:土地划拨,土地使用权出让、转让,因赠予、继承、买卖交换、分割地上附着物而涉及土地使用权变更以及因机构调整、企业兼并等原因而引起土地使用权变更。③他项权利变更及主要用途变更等。

(三)土地权属争议的调处

在实践中,由于土地位置的固定性,相邻土地权属关系、某具体宗地的土地权利归属等,乃至土地权利界址关系,都容易产生争议。土地权属争议的调处,是土地权属管理的重要内容。

1. 基本原则。

(1)尊重历史。在推进权属争议处理时,首先要尊重历史上不同阶段、不同部门发布的不同规定。

(2)面对现实。一是必须考虑到解决权属争议的艰巨性、长期性和阶段性特征,既要设计出常态化方案,也要准备好短期过渡措施。二是要面对法律依据不足,且短期内难以到位的现实,可行的办法是运用法治思维和方式,依照法律的精神和原则出台针对性的政策性指导意见,以适当弥补法律制度缺乏的不足。三是要面对农村村民自治机制不健全的现实,不能没有原则、没有底线地将疑难杂症推给所谓的村民自治,可能会制造更多、更大的问题。

(3)汲取经验。一是汲取地方在土地确权登记、化解权属争议实践中积累的经验。二是汲取域外的有益经验。

(4)统筹协调。一是要将土地权属争议的解决和正在进行的各类土地确权、土地制度改革及土地登记实践协调起来。二是要统筹处理好纵横两大关系。在纵向方面,协调好中央顶层设计、地方指导监督和村民充分自治的关系。最高立法、行政和司法机关必须加快制度建设步伐,及时回应各地确权实践中已经梳理出的一些共性问题。地方层面应强力推动,保证土地确权所需要的人、财、物,为基层民主治理营造环境、奠定基础、扫除障碍。在横向方面,要处理好立法、行政和司法的关系。在一个法治社会,司法是权利救济、化解社会矛盾的主要渠道和最终渠道,调解、村民自治、仲裁等途径化解土地权属纠纷的效果,最终要通过司法审判予以检验。

(5)依法依规。依法依规,一是要遵守法律法规和政策的明确规定,守住制度底线。在土地确权和争议处理实践中,有三条基本原则可循,即有法律法规政策的,按法律法规政策办;法律法规政策没有明确规定的,由村民民主协商解决;法律法规政策没有明确规定,协商又一时不能达成一致的个别问题,可以先放一放,待协商一致后再进行确权登记。二是要按照法治的精神,原则推动、指导土地权属争议的解决。

2. 推进步骤

正在进行的农村土地确权和统一登记及相关制度改革将在 2020 年取得阶段性成果。以 2020 年为界划分过渡期和常态化阶段意味着在 2020 年之后,中国社会将进入法治常态化的新时期。

3. 实施方案

在过渡期,重点做好以下几个方面的工作:一是加快过渡期应急制度建设。应对目前土地承包经营权、宅基地使用权以及土地统一登记过程中急需的制度空缺问题,立法或修法显然不是理想的选项,可行的途径是通过制定国务院规范性文件、行政法规、规章或部委规范性文件,解决目前农村土地房屋权属以及农村集体经济组织成员身份界定、“一户宅”之“户”的标准、村民自治规则等具体实践问题。二是推动建立土地确权登记专家咨询委员会和土地及相关产权法庭。土地及相关财产权属问题的综合性、统一登记的复杂性要求在跨领域、跨行业的更为广阔的平台上讨论问题、研究对策。这就要求借鉴自然资源主管部门疑难问题会审制度和建设部门房地产登记审核委员会审核制度的经验,在县级以上自然资源主管部门分别成立土地确权登记专家咨询委员会,及时研究解决确权登记过程中的疑难问题,并对土地权属界定及争议解决制度建设提出咨询建议。同时,为了应对过渡期大量土地权属诉讼审理的需要,提高审理的效率,借鉴交通法庭的经验,成立土地及相关产权法庭。三是研究起草常态法律法规。

第二节　土地所有权管理

一、中国土地所有权法律制度

根据《中华人民共和国宪法》《土地管理法》的规定,我国现行土地所有制为社会主义土地公有制,分为社会主义全民所有制和社会主义劳动群众集体所有制两种形式。土地所有权是土地所有制在法律上的体现,在我国社会主义土地公有制下,具体可分为国家土地所有权和集体土地所有权。

(一)国家土地所有权

1.国家所有权的概念和特点

国家土地所有权是指国家对其所有的土地依法享有占有、使用、收益和处分的权利。这是我国最为重要的土地所有权形式,在我国社会经济生活中占有重要的地位。国家土地所有权具有如下四个特点。

(1)国家土地所有权的主体具有唯一性。

中华人民共和国成立以后,国家通过没收、征收、收归国有等法律手段,逐步建立国家土地所有权,成为我国现阶段最基本的土地所有权形态,也是国家所有权的最本质的内容。国家土地所有权的主体的唯一性是指除国家之外,任何组织法人或自然人均不能充任国家土地所有权的权利主体,也不得行使国有土地所有权。根据最新发布的《中华人民共和国民法典》(以下简称《民法典》)第二编第五章第二百四十六条第一款的规定:"法律规定属于国家所有的财产,属于国家所有即全民所有。"国家土地所有权具有不可交易性。

(2)国家土地所有权的客体具有广泛性。

根据我国宪法及其他民事、行政立法的规定,国家土地所有权的客体范围甚为广泛。国有土地的范围包括:①城市市区的土地;②农村和城市郊区中依法属于国家所有的土地,如其中的国有工矿区土地,依法被没收、征收而归国有的土地;③国家未确立为集体所有的林地、草地、山岭、荒地、滩涂、河滩地以及其他土地。

(3)国家土地所有权的取得方式具有特定性。

在民法上,所有权的取得方式有很多种,既有原始取得方式,也有继受取得方式。前者如生产、没收、善意取得、添附、先占等,后者如买卖、互易、赠与等。但从国家土地所有权的取得上看,其方式具有特殊性,只能通过特定的方式才能取得国家所有权。我国国家土地所有权的取得经历了四个历史过程:一是没收和接管,指新中国成立初期国家对帝国主义、官僚资本主义、国民党政府和反革命分子等占有的城市土地,通过没收与接管的形式,无偿地将其变为国有土地,这是我国城市国有土地的主要取得方式;二是赎买,指 20 世纪 50 年代中后期对城市资本主义工商业、私营房地产公司和私有房地产业主所拥有的城市地产进行社会主义改造,用赎买的办法将其转变为国有土地;三是征收,包括对城市原非国有土地的征收和对城市郊区非国有土地的征收,对被征收者予以适当补偿并将这部分土地变为国有土地;四是收归国有,指 1982 年我国宪法规定全部城市土地属于国有,据此,当时城市中少数尚未属于国有的土地全部被收归国家所有。

（4）国家土地所有权的内容具有限制性。

我国国家土地所有权的内容限制表现在，首先，我国的国家土地所有权比较虚化，其财产权利的内容主要通过国有土地使用权体现而不是通过所有权直接体现；其次，国家土地所有权的权能高度分离，国家为保证土地资源的有效利用，将土地使用权从土地所有权中分离出来，成为一项独立的物权，这使我国国有土地所有权的内容与传统大陆法的土地所有权有了很大的差异，局限于较狭小的范围。

2. 国家土地所有权的客体范围

《中华人民共和国宪法》（以下简称《宪法》）第九条第一款规定："矿藏、水流、森林、山岭、草原、荒地、滩涂等自然资源，都属于国家所有，即全民所有；由法律规定属于集体所有的森林和山岭、草原、荒地、滩涂除外。"第十条第一款、第二款规定"城市的土地属于国家所有。""农村和城市郊区的土地，除由法律规定属于国家所有的以外，属于集体所有；宅基地和自留地、自留山，也属于集体所有。"《土地管理法》第九条规定："城市市区的土地属于国家所有。农村和城市郊区的土地，除由法律规定属于国家所有的以外，属于农民集体所有；宅基地和自留地、自留山，属于农民集体所有。"从以上规定可以看出，国家土地所有权的客体包括城市的土地以及法律规定属于国家所有的农村和城市郊区的土地。

关于国有土地的范围，原国家土地管理局曾于 1989 年 7 月 5 日发布了《关于确定土地权属问题的若干意见》，规定了国有土地的确定标准。之后，原国家土地管理局于 1995 年 3 月 11 日又发布了《确定土地所有权和使用权的若干规定》，取代了《关于确定土地权属问题的若干意见》。依照《确定土地所有权和使用权的若干规定》第三条至第十八条的规定，国有土地标准按照下列标准确定：

（1）城市市区范围内的土地属于国家所有。

（2）依据 1950 年《中华人民共和国土地改革法》及有关规定，凡当时没有将土地所有权分配给农民的土地属于国家所有；实施 1962 年 9 月《农村人民公社工作条例（修正草案）》未划入农民集体范围内的土地属于国家所有。

（3）国家建设征收的土地，属于国家所有。

（4）开发利用国有土地，开发利用者依法享有土地使用权，土地所有权仍属国家。

（5）国有铁路线路、车站、货场用地以及依法留用的其他铁路用地属于国家所有。土改时已分配给农民所有的原铁路用地和新建铁路两侧未经征收的农民集体所有土地属于农民集体所有。

（6）县级以上（含县级）公路线路用地属于国家所有。公路两侧保护用地和公路其他用地，凡未经征收的农民集体所有的土地仍属于农民集体所有。

（7）国有电力、通信设施用地属于国家所有。但国有电力通信杆塔占用农民集体所有的土地，未办理征收手续的，土地仍属于农民集体所有。

(8)军队接受的敌伪地产及新中国成立后经人民政府批准征收、划拨的军事用地属于国家所有。

(9)河道堤防内的土地和堤防外的护堤地,无堤防河道历史最高洪水位或者设计洪水位以下的土地,除土改时已将所有权分配给农民,国家未征收,且迄今仍归农民集体使用的外,属于国家所有。

(10)县级(含县级)以上水利部门直接管理水库、渠道等水利工程用地属于国家所有。但水利工程管理和保护范围内未经征收的农民集体土地仍属于农民集体所有。

(11)国家建设对农民集体全部进行移民安置并调剂土地后,迁移农民集体原有土地转为国家所有。但移民后集体仍继续使用的集体所有土地,国家未经征收的,其所有权不变。

(12)因国家建设征收土地,农民集体建制被撤销或其人口全部转为非农业人口,其未经征收的土地,归国家所有。继续使用原有土地的原农民集体及其成员享有国有土地使用权。

(13)全民所有建制单位和城镇集体所有制单位兼并农民集体企业的,办理有关手续后,被兼并的原农民集体企业使用的集体所有土地转为国家所有。乡(镇)企业依照国家建设征收土地审批程序和补偿标准使用的非本乡(镇)村农民集体所有的土地,转为国家所有。

(14)《农村人民公社工作条例(修正草案)》公布以前,全民所有制单位、城市集体所有制单位和集体所有制的华侨农场使用的原农民集体所有的土地(含合作化之前的个人土地),迄今没有退给农民集体的,属于国家所有。

《农村人民公社工作条例(修正草案)》公布时起至 1982 年 5 月《国家建设征用土地条例》公布时止,全民所有制单位、城市集体所有制单位使用的原农民集体所有的土地,有下列情形之一的,属于国家所有:①签订过土地转移等有关协议的;②经县级以上人民政府批准使用的;③进行过一定补偿或安置劳动力的;④接受农民集体馈赠的;⑤已购买原集体所有的建筑物的;⑥农民集体所有制企事业单位转为全民所有制或者城市集体所有制单位的。

《国家建设征用土地条例》公布时起至 1987 年《土地管理法》开始施行时止,全民所有制单位、城市集体所有制单位违反规定使用的农民集体土地,依照有关规定进行了清查处理后仍由全民所有制单位、城市集体所有制单位使用的,确定为国家所有。

凡属上述情况以外未办理征地手续使用的农民集体土地,由县级以上地方人民政府根据具体情况,按当时规定补办征地手续,或退还农民集体。1987 年《土地管理法》施行后违法占用的农民集体土地,必须依法处理后,再确定土地所有权。

(15)1986 年 3 月中共中央、国务院《关于加强土地管理、制止乱占耕地的通知》发布之前,全民所有制单位、城市集体所有制单位租用农民集体所有的土地,依照有关规定处理后,能够恢复耕种的,退还农民集体耕种,所有权仍属于农民集体;已建成永久性建筑物的,由用地单位按租用时的规定,补办手续,土地归国家所有。凡已经按照有关规定处理了的,可按处理决定确定所有权和使用权。

(16)土地所有权有争议,不能依法证明争议土地属于农民集体所有的,属于国家所有。

3.国家土地所有权的行使

我国对国有土地采取统一领导、分级管理的原则。国家通过法律授权国务院和地方各级人民政府行使国家土地的所有权。党的十五届四中全会报告中指出:"国务院代表国家统一行使国有资产所有权,中央和地方政府分级管理国有资产,授权大型企业、企业集团和控股公司经营国有资产。"《民法典》第二编第五章第二百四十六条第二款规定:"国家财产由国务院代表国家行使所有权;法律另有规定的,依照其规定。"《土地管理法》第二条第二款规定:"全民所有,即国家所有土地的所有权由国务院代表国家行使。"可见,国家土地所有权并不是国家直接行使,而是由国务院代表国家行使,即由国务院代表国家依法行使对国有土地的占有、使用、收益和处分权利。应当指出,尽管国务院代表国家行使土地所有权,但国务院也并不是直接代表国家行使国家土地所有权,而是授权各地方人民政府具体行使国家所有权。例如,在国有土地使用权划拨、出让中,各地方人民政府(自然资源主管部门)就代表着国务院(国家)行使国家土地所有权。

(二)集体土地所有权

1.集体土地所有权的概念和特点

集体土地所有权是指农民集体组织对其所有的土地依法享有占有、使用、收益和处分的权利。集体土地所有权是我国土地公有所有权的另一种形式,在农村经济中发挥着重要作用。集体土地所有权具有如下五个特点。

(1)集体土地所有权的主体是农民集体组织。

依照《民法通则》《物权法》《土地管理法》等法律的规定,集体土地所有权的主体是农民集体组织,具体包括三种:①农村集体经济组织;②村农民集体;③乡(镇)农民集体。可见,与国家土地所有权的主体唯一性相比,集体土地所有权的主体具有多元性。

(2)集体土地所有权的客体是除国有土地之外的其他土地。

农民集体所有土地范围:一是除由法律规定属于国家所有以外的农村和城市郊区的土地。这里所讲的"法律"应是全国人大及其常委会通过的具有法律约束力的规范性文件,包括宪法和其他法律,此外,还包括了新中国成立初期在国有土地形成过程中发挥重要作用的由当时的中央人民政府根据共同纲领制定的法律。二是宅基地和自留地、自留山。农民集体所有的宅基地,主要是指农民用于建造住房及其附属设施的一定范围内的土地;自留地是指我国农业合作化以后农民集体经济组织分配给本集体经济组织成员(村民)长期使用的土地;自留山是指农民集体经济组织分配给其成员长期使用的少量荒山和荒坡。

(3)集体土地所有权是基于特定历史原因产生的。

集体土地所有权是在 20 世纪 50 年代中期我国开展社会主义改造运动中产生的。在新中国成立初期,我国实行了农民土地所有制,农民享有土地所有权。1956年 6 月的《高级农业生产合作社示范章程》将农民私有的主要生产资料转为合作社集体所有,农民的土地因入社而转为合作社集体所有。该章程第十三条规定:"入社的农民必须把私有的土地和耕畜、大型农具等主要生产资料转为合作社集体所有。可见,我国的集体土地所有权是在农民土地所有权的基础上通过入社的方式创立起来的,具有特定的历史原因。

(4)集体土地所有权主要实行土地承包经营制度。

根据《民法典》第三编第十一章第三百三十条和第三百三十一条可知,"农民集体所有和国家所有由农民集体使用的耕地、林地、草地以及其他用于农业的土地,依法实行土地承包经营制度","土地承包经营权人依法对其承包经营的耕地、林地、草地等享有占有使用和收益的权利"。可见,集体土地所有权主要通过土地经营承包制度来实现的。当然,集体土地所有权也存在其他实现方式,如乡(镇)企业用地、乡村公益事业用地、乡村公共设施用地等集体土地建设用地使用权、宅基地使用权等。

(5)集体土地所有权在法律上是一种受到严格限制的所有权。

我国集体土地所有权内容的限制表现在:首先,集体土地所有权受到国家土地所有权的限制,国有土地所有权是绝对的和无条件的,而集体土地所有权是相对的和受限制的,国家可以依法将集体所有的土地征收为国有;其次,集体土地所有权还受到农民集体组织内部成员对集体土地的各种使用权的限制,我国法律规定的农民个人对集体土地的承包经营权以及自留地、自留山、宅基地等的使用权,都使集体土地所有权的内容进一步虚化。

2. 集体土地所有权的客体范围

集体土地所有权的范围为国有土地之外的其他土地,即法律规定属于集体所有的土地。依照《确定土地所有权和使用权的若干规定》第十九条至第二十五条的规定,集体所有的土地依照下列标准确定:

(1)土地改革时分给农民并颁发了土地所有证的土地,属于农民集体所有;实施《农村人民公社工作条例(修正草案)》时确定为集体所有的土地,属农民集体所有,但依照规定属于国家所有的除外。

(2)村农民集体所有的土地,按目前该村农民集体实际使用的本集体土地所有权界限确定所有权。

依照《农村人民公社工作条例(修正草案)》确定的农民集体土地所有权,由于下列原因发生变更的,按变更后的现状确定集体土地所有权:①由于村、队、社、场合并或分割等管理体制的变化引起土地所有权变更的;②由于土地开发、国家征地、集体兴办企事业或自然灾害等原因进行过土地调整的;③由于农田基本建设和行政区划变动等原因重新划定土地所有权界线的,行政区划变动未涉及土地权属变更的,原土地权属不变。

(3)农民集体连续使用其他农民集体所有的土地已满 20 年的,应视为现使用者使用;连续使用不满 20 年,或者虽满 20 年但在 20 年期满之前所有者曾向现使用者或有关部门提出归还的,由县级以上人民政府根据具体情况确定土地所有权。

(4)乡(镇)或村在集体所有的土地上修建并管理的道路、水利设施用地,分别属于乡(镇)或村农民集体所有。

(5)乡(镇)或村办企事业单位使用的集体土地,《农村人民公社工作条例(修正草案)》公布以前使用的,分别属于该乡(镇)或村农民集体所有;《农村人民公社工作条例(修正草案)》公布时起至 1982 年国务院《村镇建房用地管理条例》发布时止使用的,有下列情况之一的,分别属于该乡(镇)或村农民集体所有:①签订过用地协议的(不含租借);②经县、乡(公社)、村(大队)批准或同意,并进行了适当的土地调整或者经过一定补偿的;③通过购买房屋取得的;④原集体企事业单位体制经批准变更的。

1982 年国务院《村镇建房用地管理条例》发布时起至 1987 年《土地管理法》开始施行时止,乡(镇)、村办企事业单位违法规定使用的集体土地按照有关规定清查处理后,乡(镇)、村集体单位继续使用的,可确定为该乡(镇)或村集体所有。

乡(镇)、村办企事业单位采用上述以外的方式占用的集体土地,或虽采用上述方式,但目前土地利用不合理的,如荒废、闲置等,应将其全部或部分土地退还原村或乡农民集体,或按有关规定进行处理。1987 年《土地管理法》施行后违法占用的土地,须依法处理后再确定所有权。

(6)乡(镇)企业使用本乡(镇)、村集体所有的土地,依照有关规定进行补偿和安置的,土地所有权转为乡(镇)农民集体所有。经依法批准的乡(镇)、村公共设施、公益事业使用的农民集体土地,分别属于乡(镇)、村农民集体所有。

(7)农民集体经依法批准以土地使用权作为联营条件与其他单位或个人举办联营企业的,或者农民集体经依法批准以集体所有的土地的使用权作价入股,举办外商投资企业或内联乡镇企业的,集体土地所有权不变。

3. 集体土地所有权的行使

依照《民法典》第二编第五章第二百六十二条规定,"对于集体所有的土地和森林、山岭、草原、荒地、滩涂等,依照下列规定行使所有权:①属于村农民集体所有的，由村集体经济组织或者村民委员会代表集体行使所有权；②分别属于村内两个以上农民集体所有的，由村内各该集体经济组织或者村民小组代表集体行使所有权；③属于乡镇农民集体所有的，由乡镇集体经济组织代表集体行使所有权。"如果集体经济组织、村民委员会或者其负责人作出的决定侵害了集体成员的合法权益，受侵害的集体成员可以请求人民法院予以撤销。

依照《民法典》第二编第五章第二百六十一条的规定："农民所有的不动产和动产，属于本集体成员集体所有。下列事项应当依照法定程序经本集体成员决定：①土地承包方案以及将土地发包给本集体以外的单位或者个人承包；②个别土地承包经营权人之间承包地的调整；③土地补偿费等费用的使用、分配办法；④集体出资的企业的所有权变动等事项；⑤法律规定的其他事项。"

二、土地所有权的确定

1956 年以后，随着我国生产资料私有制的社会主义改造的完成，国家通过没收、征收、收归国有等法律手段，逐步建立了土地国家所有制度。《宪法》第十条规定，"城市土地属于国家所有"，使我国城市土地成为单一的国家所有制形式。《土地管理法》第二条规定，"中华人民共和国实行土地的社会主义公有制，即全民所有制和劳动群众集体所有制"，说明我国的土地所有权有国家所有和集体所有两种形式。

土地所有权在附设在土地上的各种权利中处于最基础的地位。在我国，土地的国家所有就是全民所有，其所有权主体是特定的和唯一的。土地国家所有权，指作为土地所有者的国家对于自己所有的土地依法享有的占有、使用、收益和处分的权利。土地集体所有权，指农村劳动群众集体经济组织在法律规定的范围内占有、使用、收益、处分自己所有的土地的权利。

(一)土地国家所有权的法律特征

1.土地国家所有权的主体

国有土地归国家全体人民共同所有，意味着对于国有土地的占有使用、收益和处分必须反映人民的意志，并为人民的整体利益服务，只有代表全体人民意志和利益的国家才能作为土地国家所有权的主体。从法律上讲，作为国家的代表，政府是土地国家所有权的主体，由国务院代表国家行使，除此以外，任何单位和个人均不得充当土地国家所有权的主体。只有法律授权的国家行政管理机关才有权对国家所有的土地进行管理。在我国各级政府具体行使土地国家所有权的管理，其权限依据地域和土地使用权的审批权限划分而确定。

2.土地国家所有权的客体

土地国家所有权的客体具有相当的广泛性。依据《宪法》《民法典》《土地管理法》的有关规定,土地国家所有权的客体范围包括:①城市市区土地;②农村和城市郊区中依法没收、征用、征收、征购、收归国有的土地;③国家依法确定由机关、团体、企业、事业单位和个人使用的土地;④依照法律规定属于国家所有的荒地、山岭、滩涂、林地、牧草地、水域和未利用的土地;⑤名胜古迹、自然保护区等特殊土地(不包括集体所有土地);⑥国有的农、林、牧、渔场(站)等农业企业和事业单位使用的土地;⑦划给农村集体和个人使用的国有土地;⑧县级以上人民政府依照法律认定的不属于农村集体经济组织所有的一切土地。

3. 土地国家所有权的行使

由于国家是非经济组织,虽然国家拥有土地所有权,但不能直接就每块土地行使其权利,而直接经营和利用国家所有土地。土地国家所有权行使的特点就在于国家将国有土地交由全民所有制单位、集体所有制单位、其他组织及社会成员经营使用。

(二)土地集体所有权的法律特征

1. 土地集体所有权的主体

农村劳动群众集体土地所有权是在互助组、合作社和人民公社的基础上逐步建立的一种土地所有权形式。集体所有的土地只属于某个劳动群众集体所有。由于农民集体无法行使所有权,而由某个集体经济组织代表农民集体行使所有权。依照《土地管理法》和《民法典》的有关规定,土地集体所有权的主体有村农民集体、乡(镇)农民集体、村内多个农民集体(生产队、村民小组等)。由此可见,根据有关法律,我国土地集体所有权主体同时存在多种类型,虽然适应我国农村现实状况,但存在土地集体所有权主体不明确的弊端,给土地集体所有权管理带来了巨大困难。

2. 土地集体所有权的客体

土地集体所有权的客体是集体土地。集体土地的范围包括:①农村和城市郊区的土地(法定属于国家的除外);②集体所有的耕地、森林、山岭、草原、荒地、滩地等;③集体所有的建筑物、水库、农田水利设施和教育、科学、文化卫生、体育设施所占土地;④集体所有的农林牧渔场和工业企业使用的土地;⑤农民使用的宅基地、自留地和自留山。

3. 土地集体所有权的行使

根据最新的《土地管理法》第十条规定,国有土地和农民集体所有的土地,可以依法确定给单位和个人使用,使用土地的单位和个人,有保护、管理和合理利用土地的义务。

土地集体所有权的内容是集体经济组织对其所有的土地行使占有、使用、收益和处分的权利。可以通过某种方式将其中某些权利分离出来,由其他农民集体经济组织代表农民个人行使。集体经济组织在行使土地集体所有权时,必须接受国家在充分保护农民集体土地权利的基础上实行的监督管理。国家法律特别强调对集体土地所有权的有效保护,这对于保障集体所有制经济发展具有重要作用。

(三)土地所有权性质确定的处理

我国实行社会主义土地公有制即土地国家所有权和土地集体所有权。区分并确定土地所有权的国家所有和集体所有的性质,是土地所有权管理中首要的关键问题。在处理时应当遵循以下原则:①城市土地属国家所有原则;②国家土地所有权性质不可变更原则;③国家所有土地与集体所有土地的划分原则;④集体所有土地之间的划分原则。

1. 城市土地属国家所有原则

《宪法》规定:"城市的土地属国家所有。"《土地管理法》明确规定城市市区的土地属于国家所有。城市土地属于国家所有原则,完全排除了其他任何形式组织和个人拥有城市土地所有权的可能性。由于城市和城市市区的概念和范围,目前尚未有法律明文规定,城市与城市郊区农村之间没有一个明确的界线,在实地上难以确定城市或城市市区的土地范围。按照行政区划或者城市规划来确定城市市区范围的办法是不科学的。主流观点认为,应将城市市区理解为"城市建成区"为宜。城市建成区是指已进行城市配套建设,具备城市功能和建筑集中连片的区域。

对于城市建成区内新建部分区域内存在的未经征用的集体土地,其所有权性质的确定存在两种意见:①由于未经办理征用手续,其集体所有的性质不能改变;②由原农民继续使用的农业土地,仍属原农民集体所有,建设用地则应属国家所有。对于深入城市建成区腹地零星的未征用的原集体所有土地,可以认为事实上已转为国家所有。

2. 国有土地所有权性质不可变更原则

由农民集体长期使用的国家所有土地,不能因此而改变土地国家所有权的性质。对于开发国有土地时曾有的"谁开发、谁所有",植树造林"谁种谁有"的提法,不是指的土地所有权,而是土地上财产的所有权,对于国有土地来说仅仅属使用权问题。对于已经征用过的土地,无论退还给原集体或划拨给其他农民集体使用,其国家所有权的性质不得改变。

3. 国家所有土地与集体所有土地的划分原则

《宪法》第九条第一款规定:"矿藏、水流、森林、山岭、草原、荒地、滩涂等自然资源,都属于国家所有,即全民所有;由法律规定属于集体所有的森林和山岭、草原、荒地、滩涂除外。"所谓法律规定属于集体所有的土地,是按照《中华人民共和国土地改革法》分配给农民个人所有的土地,是通过集体化和公有制产生的。由于私有土地转为集体土地一般无案可查,可以通过确定入社前是否属于私有土地来决定是否属于集体土地。土地改革完成后没有颁发土地所有权证的土地,均确定属于国家所有。

4. 集体所有土地之间的划分原则

集体所有的土地最初是本集体的农民入社带来的土地,但由于20世纪50年代以来农民集体所有制的频繁变动,农民私有土地入社时的农业生产合作社的土地界线已不能反映现实集体土地权属范围。在处理集体所有土地之间界线时,应当充分考虑引起变化的历史背景,尽量维护现有的土地权属状况,一般应按目前集体实际占有的土地的界线确定土地的权属。

三、土地征收管理

(一)征收土地的法律程序

征收土地的法律程序是指国家建设征收集体所有土地的法定程序、方法和步骤。根据新版《土地管理法》第四十七条的规定,土地征收的程序如下:

1. 拟征收土地公告

县级以上地方人民政府拟申请征收土地的,应当开展拟征收土地现状调查和社会稳定风险评估,并将征收范围、土地现状、征收目的、补偿标准、安置方式和社会保障等在拟征收土地所在的乡(镇)和村、村民小组范围内公告至少三十日,听取被征地的农村集体经济组织及其成员、村民委员会和其他利害关系人的意见。

2. 听证

多数被征地的农村集体经济组织成员认为征地补偿安置方案不符合法律、法规规定的,县级以上地方人民政府应当组织召开听证会,并根据法律、法规的规定和听证会情况修改方案。

3. 征地补偿登记

拟征收土地的所有权人、使用权人应当在公告规定期限内,持不动产权属证明材料办理补偿登记。县级以上地方人民政府应当组织有关部门测算并落实有关费用,保证足额到位,与拟征土地的所有权人、使用权人就补偿、安置等签订协议;个别确实难以达成协议的,应当在申请征收土地时如实说明。

2019年修正的《土地管理法》对改革土地征收制度提出了新的要求:

随着工业化城镇化的快速推进,征地规模不断扩大,因征地引发的社会矛盾凸显。新《土地管理法》在总结试点经验的基础上,在改革土地征收制度方面做出了多项重大突破:

一是对土地征收的公共利益范围进行明确界定。《宪法》规定:国家为了公共利益的需要可以对土地实行征收或者征用并给予补偿。但原法没有对土地征收的"公共利益"范围进行明确界定,加之集体建设用地不能直接进入市场,使土地征收成为各项建设使用土地的唯一渠道,导致征地规模不断扩大,被征地农民的合法权益和长远生计得不到有效的保障,影响社会稳定。新《土地管理法》增加了第四十五条,首次对土地征收的公共利益进行界定,采取列举方式明确:因军事和外交、政府组织实施的基础设施、公共事业、扶贫搬迁和保障性安居工程建设需要以及成片开发建设等六种情形,确需征收的,可以依法实施征收。这一规定将有利于缩小征地范围,限制政府滥用征地权。

二是明确征收补偿的基本原则是保障被征地农民原有生活水平不降低,长远生计有保障。原来的《土地管理法》按照被征收土地的原用途给予补偿,按照年产值倍数法确定土地补偿费和安置补助费,补偿标准偏低,补偿机制不健全。新《土地管理法》首次将 2004 年国务院 28 号文件提出的"保障被征地农民原有生活水平不降低、长远生计有保障"的补偿原则上升为法律规定,并以区片综合地价取代原来的年产值倍数法,在原来的土地补偿费、安置补助费、地上附着物和青苗补偿费的基础上,增加农村村民住宅补偿费用和将被征地农民社会保障费用的规定,从法律上为被征地农民构建更加完善的保障机制。

三是改革土地征收程序。由于此前多数被征地的农村集体经济组织成员对征地补偿安置方案有异议的,应当召开听证会修改,新版《土地管理法》将原来的征地批后公告改为征地批前公告,进一步落实被征地的农村集体经济组织和农民在整个征地过程的知情权、参与权和监督权。倡导和谐征地,征地报批以前,县级以上地方政府必须与拟征收土地的所有权人、使用权人就补偿安置等签订协议。

(二)征收土地的审批权限

《土地管理法》第四十四条规定:"永久基本农田转为建设用地的建设占用土地,涉及农用地转为建设用地的,应当办理农用地转用审批手续。由国务院批准。在土地利用总体规划确定的城市和村庄、集镇建设用地规模范围内,为实施该规划而将永久基本农田以外的农用地转为建设用地的,按土地利用年度计划分批次按照国务院规定由原批准土地利用总体规划的机关或其授权的机关批准。在已批准的农用地转用范围内,具体建设项目用地可以由市、县人民政府批准。在土地利用总体规划确定的城市和村庄、镇建设用地规模范围以外,将永久基本农田以外的农用地转为建设用地的,由国务院或者国务院授权的省、自治区直辖市人民政府批准。"

《土地管理法》第四十六条规定,国务院批准征收土地的权限为:①永久基本农田;②永久基本农田以外的耕地超过 35 公顷的;③其他土地超过 70 公顷的。征收以上规定以外的土地的,由省、自治区、直辖市人民政府批准。

经国务院批准农用地转用的,同时办理征地审批手续,不再另行办理征地审批;经省、自治区、直辖市人民政府在征地批准权限内批准农用地转用的,同时办理征地审批手续,不再另行办理征地审批,超过征地批准权限的,应当报请国务院审批。

(三)征收土地的补偿

新版《土地管理法》对征收补偿进行了重新规定,根据第四十八条规定,征收土地应当给予公平、合理的补偿,保障被征地农民原有生活水平不降低、长远生计有保障。征收土地应当依法及时足额支付土地补偿费、安置补助费以及农村村民住宅、其他地上附着物和青苗等的补偿费用,并安排被征地农民的社会保障费用。征收农用地的土地补偿费、安置补助费标准由省、自治区、直辖市通过制定公布区片综合地价确定。征收农用地以外的其他土地、地上附着物和青苗等的补偿标准,由省、自治区、直辖市制定。此外,还要求县级以上地方人民政府应当将被征地农民纳入相应的养老等社会保障体系。

四、农民集体非农建设用地管理

(一)农民集体非农建设用地的界定

农民集体非农建设用地在我国至今尚未有法定的确切定义。《土地管理法》(1986年)中曾将"建设用地"分解为"国家建设用地"和"乡(镇)村建设用地",未对"乡(镇)建设用地"加以界定。《土地管理法》(1998年)中不再使用"乡(镇)村建设用地"一词。"农民集体非农建设用地"一词只是在实践中的概括性提法或较为通俗的提法。农民集体非农建设用地,是指农民集体所有的,一般地处农村的,并经依法批准使用的兴办乡镇企业用地、村民建设住宅用地、乡(镇)村公共设施和公益事业建设用地,简称集体非农建设用地。农民集体非农建设用地的主要特征为:①该类建设用地的所有权属于农民集体,而不是属于国家;②该类建设用地是依法经批准由农用地转成的建设用地,是合法的而不是非法的建设用地。

(二)农民集体建设用地流转的方式

农民集体非农建设用地流转依其土地权利配置方式区分为出租、出让、转让、作价入股、合作、联营、抵押等;依其土地所有权是否发生变化,又可区分为集体土地所有权不发生变更和集体土地所有权发生变更。

1. 出租

出租指集体土地所有者将一定使用年限内的集体建设用地使用权让与承租人使用,由承租人定期向集体土地所有者交纳租金的方式。出租通常有:①集体直接将土地出租;②建好厂房,以厂房出租实现土地出租;③效益不佳的乡镇企业将全部土地或部分土地出租,以土地租赁收益弥补生产经营的亏损;④农民建房出租房屋、连带出租土地。

2. 出让

出让指集体土地所有者将一定年期的集体建设用地使用权让与土地使用者,由土地使用者向集体土地所有者交纳出让金的方式。出让通常有:①集体直接出让土地,如集体土地所有者直接转让土地开发建设商品住宅,由于有征地环节,土地收益直接由乡村两级所得;②改制企业出让,土地以出让形式进入改制后的新企业。

3. 转让

转让指取得集体建设用地使用权的企业或个人,将其土地使用权转让给新的土地使用者的行为。转让通常有:①企业因合并、兼并或转产、破产等原因导致土地转让;②农民因进城等原因而转让房产导致土地转让。

4. 作价入股

作价入股指集体经济组织将土地作价,在一定年期内以土地出资方式投资于企业,组建股份制企业,农民集体按其股份额进行企业利润分红的方式。

5. 合作、联营

合作、联营指集体土地所有者在一定的年限内以集体土地使用权作为条件与其他单位或个人进行合作、联营,共同办企业,双方通过合同来确定各自的权益和职能。

6. 抵押

抵押指土地使用权形式上未发生转移,实质上是不转移占有的方式。主要目的在于土地使用者将集体土地使用权给银行或其他债权人提供担保并取得贷款或借款。

在以上集体建设用地使用流转时可能存在土地所有权是否发生变化的情况,即集体土地所有权保持不变和集体土地所有权转为国家土地所有权。

2019年新修订的《土地管理法》破除了集体经营性建设用地进入市场的法律障碍。原来的《土地管理法》除乡镇企业破产兼并外,禁止农村集体经济组织以外的单位或者个人直接使用集体建设用地,只有将集体建设用地征收为国有土地后,该幅土地才可以出让给单位或者个人使用。这一规定使集体建设用地的价值不能显化,导致农村土地资源配置效率低下,农民的土地财产权益受到侵蚀。在城乡接合部,大量的集体建设用地违法进入市场,严重挑战法律的权威。在33个试点地区,集体建设用地入市制度改革受到农村集体经济组织和广大农民的广泛欢迎。新《土地管理法》删除了原法第四十三条关于"任何单位和个人进行建设,需要使用土地,必须使用国有土地"的规定,允许集体经营性建设用地在符合规划、依法登记,并经本集体经济组织三分之二以上成员或者村民代表同意的条件下,通过出让、出租等方式交由集体经济组织以外的单位或者个人直接使用。同时,使用者取得集体经营性建设用地使用权后还可以转让、互换或者抵押。这一规定是重大的制度突破,它结束了多年来集体建设用地不能与国有建设用地同权同价同等入市的二元体制,为推进城乡一体化发展扫清了制度障碍,是新《土地管理法》最大的亮点。

(三)集体非农建设用地流转的作用与问题

1.集体非农建设用地流转的作用

集体非农建设用地流转受制于当前不健全的法律规定和不到位的管理环境,即使如此尚能得到较大规模的推进,其中重要原因就在于它有利于国民经济发展和有效地配置土地资源。

根据全国各地集体非农建设用地流转的实践证明,集体非农建设用地流转有利于乡(镇)、村为主体的集体经济实力的迅速壮大,增加了农民的实际收入,提高了城乡接合部土地利用效益,减少了对耕地的占用,降低了企业用地成本,促进了中国土地市场的健康发展,尤其对于破解保障发展和保护资源两难问题,发挥了重要作用。目前我国现有存量集体建设用地 1800 万公顷(2.7 亿亩),若按其 30% 进入流转(其中主要部分是农民宅基地)测算,流转面积可达 540 万公顷(8100 万亩),根据我国年均建设占用耕地 13.33 万公顷(200 万亩)计算,可用 40 年。正是因为近年来实际用地中三资企业、私营企业和乡(镇)企业使用了大量的集体非农建设用地,才得以减少了城镇国有建设用地的需求量,少了国家对集体农用地的征收量。

2.集体非农建设用地流转中存在的问题

(1)集体所有土地产权不够清晰。

现代产权理论表明,产权清晰包含两层含义:第一,财产的归属关系是清楚的,即财产归谁所有,谁是财产的所有者是明确的;第二,在财产所有权明确的情况下,产权实现过程中不同权利主体之间的权、责、利关系是清楚的。我国集体所有土地产权不够清晰,具体表现为集体所有土地范围不确定,产权主体不确指。

《土地管理法》第九条规定,城市市区的土地属于国家所有,郊区的土地属于集体所有。“市区”和“郊区”是相对的和动态的概念,甚至有的地方城市政府将“城市市区”扩展至城市规划区,并要求规划区内的集体土地国有化。

《民法典》和《土地管理法》的有关规定将《宪法》所规定的“集体所有”明确为“农民集体所有”,农村集体经济组织或者村民委员会或者村民小组负责“农民集体所有”的土地经营和管理。“农民集体”是产权主体,农村集体经济组织或村民委员会或者村民小组均不是产权主体,只是行使由“农民集体”所赋予的经营和管理土地的权利。实际上,“农民集体”是一个虚幻的概念,并没有落实到每一个村民中去,最终导致产权主体往往为农村集体经济组织或村民委员会或者村民小组所代替。

《宪法》和《土地管理法》规定,集体土地所有权只能向国家以征收的方式转移,任何自愿的横向转移和向国家的自愿纵向转移均属不允许。实际工作表明,集体土地所有权是一个不完整的土地所有权,集体农民虽有使用权但并不专有,排他性不强;土地收益特别是建设用地的收益也就不能专有和在法律上自由处分。

(2)土地收益分配不均。

收益分配是集体建设用地使用制度改革的关键。主流观点认为,在收益分配中要保护农民的土地财产权,政府只能采取税收的办法参与其利益分配。至于涉及国家、土地所有者和土地使用者之间收益分配,存在如下认识和看法:①认为绝对地租、部分级差地租Ⅰ和土地资本Ⅰ归集体,其比例占总价值的53%,而部分级差地租Ⅱ和土地资本Ⅱ则应归国家,约占总价值的47%;②认为绝对地租应归土地所有者,级差地租Ⅰ归政府,级差地租Ⅱ归建设用地使用者;③认为应将收益中的大部分归土地使用权人和农村集体经济组织,要充分保障农民的知情权和相应的财产权。总之,集体非农建设用地的收益分配主要涉及国家、集体和原建设用地使用者,其三者关系可按"交够国家的、留足集体的,剩下都是自己的"思路加以处理。

五、共有所有权管理

共有所有权是指两个或两个以上的权利主体共同享有一个财产所有权的法律状态。这里主要介绍共同共有的管理、按份共有的管理、准共有的管理三种类型的共有所有权的管理。

(一)共同共有的管理

1.共同共有的性质

共同共有是依据一定原因成立共同关系的数人,基于共同关系而共享一物所有权的法律状态。共同共有是不分份额的共有,共同共有的发生是以数人之间存在共同关系为前提,各共有人对共有财产的全部享有平等的权利,承担平等的义务,对外承担连带责任。

2.共同共有的效力

共同共有的效力表现为共同共有人间的内部关系和外部关系。

共同共有人间的内部关系表现为共有财产的处分一般应经全体共有人一致同意,否则处分无效。共同共有人就共有物所享有的权利,需受产生该共同关系的法律的限制。在共同共有关系存续中,各共有人不得请求分割共有物。

共同共有的外部关系表现为共有物造成他人损害及共有人造成他人损害的赔偿义务,承担部分共有人擅自处分共有财产的法律后果。

3. 共同共有关系的消灭

共同共有关系必随着法律规定的某种共同关系的消灭而消灭。只要出现诸如婚姻关系终止、继承人分割遗产等法律事实出现,其共同关系随之不复存在,共同共有关系也就随之归于消灭。

4. 共同共有财产的分割

共同共有财产的分割应坚持法律规定的原则、约定的原则和平等协商原则,可以采用实物分割、变价分割和作价分割。

(二)按份共有的管理

1. 按份共有的性质

按份共有是指数人按应有份额(部分)对共有财产共同享有权利和分担义务的共有。按份共有的特征为:①按份共有的共有人对共有财产存在一定的应有部分;②按份共有的主体为两人或两人以上;③按份共有人对其应有部分享有相当于所有权的权利。

2. 按份共有的效力

按份共有的效力表现为按份共有人间的内部关系和外部关系。

按份共有人相互间的内部关系包括应有部分(持份比例)的处分,应有部分的分出,应有部分的出卖与优先购买权,在应有部分上设定负担和应有部分的抛弃。共有人在得到其他全体共有人同意后就共有物所做的处分变更及设定负担,方为合法有效。

按份共有的外部关系是指共有人与第三人间的法律关系,主要包括共有人基于应有部分权(持份权或份额权)向第三人提起的各种请求,共有人的对外责任有按份责任与连带责任,即按份共有人就自己的份额部分对共同债权人负清偿责任和按份共有人须就全部债务对共同债权人负清偿责任。

3. 共有物的分割和共有关系的终止

根据罗马法的规定,按份共有制度是一种个人主义与自由主义的所有权制度,在此主义之下,按份共有人无论何时均有权请求分割共有物。分割时可采用协议分割和裁判分割,前者为共有人间基于达成的协议而分割共有物,后者为诉请法院予以分割。由于分割,共有关系发生终止。各共有人按其应有部分,对于其他共有人因分割而得到的物,负与出卖人相同的担保责任。

(三)准共有的管理

准共有指数人分别共有或共同共有所有权以外之财产权的共有。准共有的管理应当注意:①准共有之标的物仅限于财产权;②适用有关共有的规定;③在共有邻地利用权时,应注意邻地利用权具有不可分性。

第三节　土地使用权管理

一、中国土地使用权法律制度

(一)国有土地使用权

国有土地使用权是指土地使用者对依法取得的国家所有的土地享有的占有、使用、收益及依法处分的权利。根据土地用途的不同可分为建设用地使用权和农用地使用权,其中建设用地使用权根据取得方式的不同,可分为出让建设用地使用权和划拨建设用地使用权。

1.出让建设用地使用权

出让建设用地使用权是指土地使用者通过出让方式并缴纳出让金取得的国有建设用地使用权。土地使用者在依法取得出让建设用地使用权后,可以依法转让、赠与、继承、出租和用于抵押。出让建设用地使用权具有以下特征:①出让建设用地使用权是通过有偿方式取得的。②出让建设用地使用权是一项完全独立的用益物权。③出让建设用地使用权的主体具有唯一性。④出让建设用地使用权具有严格期限、用途规定。

(1)协议出让国有建设用地使用权。

协议出让国有建设用地使用权,是指国家以协议方式将国有建设用地使用权在一定年限内出让给土地使用者,由土地使用者向国家支付土地使用权出让金的行为。协议出让方式由于没有引入竞争机制,相对缺乏公开性。因为考虑现实中一些需要扶持的行业和大型设施用地,采取协议出让比较符合实际,协议出让方式还有其存在的必要,但为了防止可能出现的问题,我国的相关法律法规对其进行了严格的规定。

以协议方式出让国有建设用地使用权的出让金不得低于按国家规定所确定的最低价。即协议出让最低价不得低于新增建设用地的土地有偿使用费、征地(拆迁)补偿费用以及按照国家规定应当缴纳的有关税费之和有基准地价的地区,协议出让最低价不得低于出让地块所在级别基准地价的70%。低于最低价时,国有建设用地使用权不得出让。

出让国有建设用地使用权,除依照法律、法规和规章的规定应当采用招标、拍卖或者挂牌方式外,还可采取协议方式,主要包括以下情况:

①供应商业、旅游、娱乐和商品住宅等各类经营性用地以外用途的土地,其供地计划公布后同一宗地只有一个意向用地者的;

②原划拨、承租土地使用人申请办理协议出让,经依法批准,可以采取协议方

式,但国有土地划拨决定书、国有土地租赁合同、法律、法规、行政规定等明确应当收回土地使用权重新公开出让的除外;

③划拨土地使用权转让申请办理协议出让经依法批准,可以采取协议方式,但国有土地划拨决定书、法律、法规、行政规定等明确应当收回土地使用权重新公开出让的除外;

④出让建设用地使用权人申请续期,经审查准予续期的,可以采用协议方式;

⑤法律、法规、行政规定可以协议出让的其他情形。

(2)招标、拍卖或者挂牌出让国有建设用地使用权。

招标出让国有建设用地使用权,是指市、县人民政府自然资源主管部门发布招标公告,邀请特定或者不特定的自然人、法人和其他组织参加国有建设用地使用权投标,根据投标结果确定国有建设用地使用权人的行为。拍卖出让国有建设用地使用权,是指市、县人民政府自然资源主管部门发布拍卖公告,竞买人在指定时间、地点进行公开竞价,根据出价结果确定国有建设用地使用权人的行为;挂牌出让国有土地使用权,是指市、县人民政府自然资源主管部门发布挂牌公告,按公告规定的期限将拟出让宗地的交易条件在指定的土地交易场所挂牌公布,接受竞买人的报价申请并更新挂牌价格,根据挂牌期限截止时的出价结果或者现场竞价结果确定国有建设用地使用权人的行为。

工业(包括仓储用地,但不包括采矿用地)、商业、旅游、娱乐和商品住宅等经营性用地以及同一宗地有两个以上意向用地者的,应当以招标、拍卖或者挂牌方式出让。

2. 划拨建设用地使用权

划拨建设用地使用权,是指通过行政划拨方式取得的国有建设用地使用权。所谓划拨,是指由县级以上人民政府批准,在土地使用者缴纳补偿、安置等费用后将该幅土地交付其使用,或者将国有建设用地使用权无偿交付给土地使用者使用的行为。划拨土地使用权具有以下四个主要特征:划拨手段的行政性、土地使用的无期限性、土地使用的无偿性或低偿性、土地使用权的无流动性以及用途具有的特定性。

(1)划拨建设用地使用权的取得条件。

《土地管理法》和《城市房地产管理法》对采用划拨方式设立建设用地使用权的范围具有严格的限制。下列建设用地,确属必需的,可以由县级以上人民政府依法批准划拨:①国家机关用地和军事用地;②城市基础设施用地和公益事业用地;③国家重点扶持的能源、交通、水利等项目用地;④法律、行政法规规定的其他用地。

应当明确,并不是属于以上划拨范围的用地就当然可以采取划拨的方式,划拨方式应当是"确属必需的"才能采取。随着我国土地管理制度的改革和深化,划拨建设用地范围和程序更趋严格和规范。为了切实加强土地调控,制止违法违规用地行为,《物权法》第一百三十七条第三款也对划拨建设用地的问题做了明确规定:"严格限制以划拨方式设立建设用地使用权。采取划拨方式的,应当遵守法律、行政法规关于土地用途的规定。"

(2)划拨建设用地使用权的转让审批。

划拨建设用地使用权的处分受很大限制,《中华人民共和国城镇国有土地使用权出让和转让暂行条例》第四十四条规定:"划拨土地使用权,除本条例第四十五条规定的情况外,不得转让、出租、抵押。"其第四十五条规定,划拨建设用地使用权转让、出租、抵押要经市、县人民政府土地管理部门和房地产管理部门批准,其条件是:①土地使用者为公司、企业、其他经济组织和个人;②领有国有土地使用证;③具有地上建筑物、其他附着物合法的产权证明;④依照该条例第二章的规定签订土地使用权出让合同,当地市、县人民政府补交土地使用权出让金或者以转让、出租、抵押所获效益抵交土地使用权出让金。

《城市房地产管理法》第四十条第一、二款对划拨建设用地使用权转让的方式和条件进一步做了规定:"以划拨方式取得土地使用权的,转让房地产时,应当按照国务院规定,报有批准权的人民政府审批。有批准权的人民政府准予转让的,应当由受让方办理土地使用权出让手续,并依照国家有关规定缴纳土地使用权出让金。""以划拨方式取得土地使用权的,转让房地产报批时,有批准权的人民政府按照国务院规定决定可以不办理土地使用权出让手续的,转让方应当按照国务院规定将转让房地产所获收益中的土地收益上缴国家或者作其他处理。"

土地使用者无论以何种方式转让划拨建设用地使用权,都应遵守上述规定。不过应当明确,如果划拨建设用地由土地使用者与政府主管部门签订了土地使用权出让合同,并缴纳土地使用权出让金,就转化为出让建设用地使用权,此后再处分的就是出让建设用地使用权,而非划拨建设用地使用权。

3. 国有土地使用权的收回

《土地管理法》第五十八条对国有土地使用权的收回进行了规定:"有下列情形之一的,由有关人民政府自然资源主管部门报经原批准用地的人民政府或者有批准权的人民政府批准,可以收回国有土地使用权:①为实施城市规划进行旧城区改建以及其他公共利益需要,确需使用土地的;②土地出让等有偿使用合同约定的使用期限届满,土地使用者未申请续期或者申请续期未获批准的;③因单位撤销、迁移等原因,停止使用原划拨的国有土地的;④公路、铁路、机场、矿场等经核准报废的。依照前款第①项的规定收回国有土地使用权的,对土地使用权人应当给予适当补偿。"在上述情况下,土地使用权人有义务服从人民政府收回国有土地使用权的决定。

（二）集体土地使用权

集体土地使用权是指土地使用者依照法律规定或合同约定，对农民集体所有的土地享有的占有、使用和收益的权利。集体土地使用权是由集体土地所有权派生出来的一种具有物权性质的权利。其具有以下三个法律特征：①集体土地使用权主体具有特定性；②集体土地使用权的取得一般是无偿的；③集体土地使用权的行使要受到较多限制。

1.土地承包经营权

土地承包经营权是指承包人在法律和承包合同规定的范围内，对农民集体所有或国家所有依法由农民集体使用的耕地、林地、草地，以及其他依法用于农业的土地所享有的占有、使用和收益的权利。2002 年颁布的《中华人民共和国农村土地承包法》（以下简称《农村土地承包法》）将土地承包经营权作为用益物权，但未明确使用"用益物权"的概念。而 2007 年 10 月 1 日开始实施的《物权法》则明确将土地承包经营权规定为用益物权，体现了党的十五届三中全会"要抓紧制定确保农村土地承包关系长期稳定的法律法规，赋予农民长期而有保障的土地使用权"的要求，最新的《民法典》也继承了此前的相关规定。土地承包经营权具有如下主要特征：①土地承包经营权的主体可以是本集体经济组织及其成员，也可以是本集体经济组织以外的单位和个人；②土地承包经营权的客体是农村土地；③承包经营权中的各项权利为法定权利，不得随意变更；④土地承包经营权作为用益物权，期限较长，比较稳定。

（1）土地承包经营权的设立。

根据《民法典》第三编和《农村土地承包法》第二十二、第二十三条规定，土地承包经营权作为用益物权的一种，它的设立以土地承包合同生效为前提，登记造册是作为对承包经营权予以确认的程序。土地承包经营权证、林权证、草原使用证，是承包人享有土地承包经营权的法律凭证。土地承包经营合同一般包括以下内容：发包方、承包方的名称，发包方负责人和承包方代表的姓名、住所；承包土地的名称、坐落、面积、质量等级；承包期限和起止日期；承包土地的用途；发包方和承包方的权利和义务；违约责任。

（2）土地承包经营权的流转。

①土地承包经营权流转应遵循的原则。

根据《农村土地承包法》的规定，土地承包经营权流转应当遵循以下原则：平等协商、自愿、有偿，任何组织和个人不得强迫或者阻碍承包方进行土地承包经营权流转；不得改变土地所有权的性质和土地的农业用途；流转的期限不得超过承包期的剩余期限；受让方须有农业经营能力；在同等条件下，本集体经济组织成员享有优先权。

②关于家庭承包的土地承包经营权的流转。

依据《民法典》和通过家庭承包取得的土地承包经营权可以依法采取转包、出租、互换、转让或者其他方式流转。

A.转包、出租。转包是指土地承包经营权人把自己承包期内承包的土地,在一定期限内全部或者部分转交给本集体经济组织内部的其他农户耕种,通常情况下,受转包人要向转包人支付转包费;出租是指土地承包经营权人作为出租人,将自己承包期内承包的土地,一定期限内全部或者部分租赁给本集体经济组织以外的单位或者个人耕种并收取租金的行为。

B.互换。互换是指土地承包经营权人将自己的土地承包经营权交换给他人行使,自己行使从他人处换来的土地承包经营权。

C.转让。转让是指土地承包经营权人将其拥有的未到期的土地承包经营权转移给他人的行为。土地承包经营权的受让对象可以是本集体经济组织的成员,也可以是本集体经济组织以外的农户。转让土地承包经营权,承包人与发包人的土地承包关系即行终止,转让人也不再享有该土地承包经营权。

D.入股从事农业合作生产。根据《农村土地承包法》的规定,承包人之间为发展农业经济,可以自愿联合将土地承包经营权入股,从事农业生产合作。

③关于以其他方式承包的土地承包经营权流转的规定。

依照《民法典》《农村土地承包法》等法律和国务院有关规定,通过招标、拍卖、公开协商等方式承包荒地等农村土地,其土地承包经营权可以转让、出租、入股抵押或者以其他方式流转。以其他方式承包的承包经营权流转主要具有以下四个特点:A.流转的客体一般为"四荒地"等农村土地的承包经营权。B.流转方式有转让、入股、抵押等方式。C.以招标、拍卖、公开协商等方式取得的土地承包经营权,有的与发包人是债权关系,约定期限较短,其间是一种合同关系,而承包"四荒地",由于期限较长,投入又大,双方需要建立一种物权关系,因此应当依法登记,取得土地承包经营权证或者林权证等证书。在此前提下,承包经营权才具备流转的资格。D.其他方式的承包是通过市场化行为并支付一定的代价获得的,其流转无须向发包人备案或经发包人同意。对受让方也没有特别限制,接受流转的一方可以是本集体经济组织以外的个人、农业公司等。

(3)土地承包经营权的消灭。

土地承包经营权的消灭是指因某种法定事由发生,权利人丧失土地承包经营权,发包人收回承包地,概括起来主要有以下五种情形。

①期限届满。土地承包经营权是有期限的用益物权,只能在法律规定的期限内存续。因此,土地承包经营权期限届满未续期的,土地承包经营权应归于消灭。

②承包地交回。承包地的交回主要有如下两种情形:一是土地承包经营权人应当交回承包地。《农村土地承包法》第二十七条第三款规定:"承包期内,承包农

户进城落户的,引导支持其按照自愿有偿原则依法在本集体经济组织内转让土地承包经营权或者将承包地交回发包方,也可以鼓励其流转土地经营权。"二是土地承包经营权人自愿交回承包地。《农村土地承包法》第三十条规定:"承包期内,承包方可以自愿将承包地交回发包方。承包方自愿交回承包地的,可以获得合理补偿,但是应当提前半年以书面形式通知发包方。承包方在承包期内交回承包地的,在承包期内不得再要求承包土地。"应当指出,承包地交回只是家庭承包经营权消灭的原因,对"四荒"承包经营权不适用。

③承包地收回。承包地收回是指在承包期内,发包方因发生了法律规定的事由而收回土地承包经营权人的承包地。在承包期内,发包方一般是不能收回承包地的。但在具备了法律规定事由的情况下,发包方有权收回承包地。

④土地征收、占用。国家出于公共利益的需要,征收承包地的,土地承包经营权归于消灭;因乡(镇)村公共设施、公益事业建设的需要而占用承包地的,土地承包经营权亦归于消灭。在承包地被征收、占用时,土地承包经营权人享有补偿请求权。

⑤土地灭失。在土地承包经营权存续期间,承包地因自然灾害而损毁灭失时,如耕地完全沙漠化、承包地全部成水面等,土地承包经营权归于消灭。

2. 集体建设用地使用权

集体建设用地使用权,是指乡(镇)村办企事业单位、联营企业生产经营或建房以及农村居民建房未通过土地征收和补偿而使用的农村集体土地的使用权。取得集体建设用地使用权,不影响集体土地所有权的存在。农村集体建设用地使用权,按照用地目的可以分为宅基地使用权、乡(镇)村企业建设用地使用权、乡(镇)村公共设施和公益事业建设用地使用权。

(1)农村建设用地使用权的设定。

①宅基地使用权。《土地管理法》和《中华人民共和国担保法》(以下简称《担保法》)对宅基地使用权做了规定。

A. 宅基地使用权的取得。根据《土地管理法》的规定,农村村民一户只能拥有一处宅基地,其宅基地的面积不得超过省、自治区、直辖市规定的标准。在这里,作为土地所有者的农民集体同意向其成员提供宅基地使用权的行为,是作为土地所有者的农民集体向其成员分配宅基地的行为。农村村民建住宅,应当符合乡(镇)土地利用总体规划,不得占用永久基本农田,并尽量使用原有的宅基地和村内空闲地。

B. 行政审查批准。农村村民住宅用地,由乡(镇)人民政府审核批准;其中,涉及占用农用地的依照《土地管理法》第四十四条的规定办理审批手续。农村村民出卖、出租、赠与住宅后,再申请宅基地的,不予批准。《担保法》规定,宅基地使用权不得抵押。

C.依法进行宅基地使用权登记。土地使用者向土地所在地的县级人民政府自然资源主管部门提出土地登记申请,由县级人民政府登记造册,核发集体土地使用权证书,确认建设用地使用权。

此外,中共中央、国务院通过有关文件,多次强调农村居民建住宅要严格按照所在的省、自治区、直辖市规定的标准,依法取得宅基地。农村居民每户只能有一处不超过标准的宅基地,多出的宅基地,要依法收归集体所有。同时,禁止城镇居民在农村购置宅基地。

2019年新修订的《土地管理法》进一步完善了农村宅基地制度。长期以来,宅基地一户一宅、无偿分配、面积法定、不得流转的法律规定,导致农村宅基地大量闲置浪费,农民宅基地的用益物权难落实。新《土地管理法》完善了农村宅基地制度,在原来一户一宅的基础上,增加宅基地户有所居的规定,明确:人均土地少、不能保障一户拥有一处宅基地的地区,在充分尊重农民意愿的基础上可以采取措施保障农村村民实现户有所居。这是对一户一宅制度的重大补充和完善。考虑到农民变成城市居民真正完成城市化是一个漫长的历史过程,新《土地管理法》规定:国家允许进城落户的农村村民自愿有偿退出宅基地,这一规定意味着地方政府不得违背农民意愿强迫农民退出宅基地。同时,在总结试点经验的基础上,新《土地管理法》下放宅基地审批权限,明确农村村民住宅建设由乡(镇)人民政府审批。

②乡(镇)村企业建设用地使用权。乡(镇)村企业建设用地使用权是指乡(镇)村企业农家乐或个人因经营需要集体建设用地而依法获得的土地使用权。

A.乡村企业建设用地使用权以出资的方式设定。在几种集体所有建设用地使用权中,乡(镇)村企业建设用地使用权是唯一的一种以有偿方式设定的建设用地使用权。按出资的方式设定建设用地使用权,作为土地所有者的农民集体可以按土地使用权之作价而享有企业出资者的权利,包括参与企业盈利分配的权利,从而使土地所有者获得长期的土地收益。

B.行政审查批准。农村集体经济组织使用乡(镇)土地利用总体规划确定的建设用地兴办企业或者与其他单位、个人以土地使用权入股、联营等形式共同举办企业的,应当持有关批准文件,向县级以上地方人民政府自然资源主管部门提出申请,按照省、自治区、直辖市规定的批准权限,由县级以上地方人民政府批准;其中,涉及占用农用地的,依照《土地管理法》第四十四条的规定办理审批手续。按照上述规定兴办企业的建设用地,必须严格控制。省、自治区、直辖市可以按照乡镇企业的不同行业和经营规模,分别规定用地标准。

③乡(镇)村公共设施和公益事业建设用地使用权。乡(镇)村公共设施和公益事业建设用地使用权,是指乡(镇)村公共设施、公益事业建设,如乡村行政办公、文化科学、医疗卫生、教育设施、生产服务和公用事业等,需要使用集体建设用地而依法获得的土地使用权。乡(镇)村公共设施、公益事业建设,需要使用土地的,经乡

（镇）人民政府审核,向县级以上地方人民政府自然资源主管部门提出申请,按照省、自治区、直辖市规定的批准权限,由县级以上地方人民政府批准;其中,涉及占用农用地的,依照《土地管理法》第四十四条的规定办理审批手续。

（2）农村建设用地使用权的收回。

按我国现行土地立法的规定,以农民集体土地为客体的建设用地使用权,是一种以审批程序设立的无偿、无期的使用权,因此农民集体经济组织依法收回是其消灭的唯一原因。根据《土地管理法》第六十六条的规定,农民集体组织可以收回建设用地使用权的法定情形有以下三种。

①因乡（镇）村公共设施建设和公益事业建设,需要收回使用权人使用的土地。因此种原因收回土地,农民集体组织须对土地使用权人给予适当的经济补偿。

②使用权人不按批准的用途使用土地。此种情形是指土地使用者经依法批准使用土地后,又擅自改变土地用途的情况,在此种情况下收回土地使用权的,原土地使用权人无权要求赔偿。

③使用权人因撤销、迁移等原因而停止使用土地。这种情形通常指乡（镇）企业和公益事业单位,因某种原因被撤销或迁移他处,不再需要或无法使用原用地的。这种情况下,农民集体组织可以依法收回土地使用权,重新安排土地的使用。

二、土地使用权出让管理

（一）土地使用权出让的方式

根据《城市房地产管理法》和《中华人民共和国城镇国有土地使用权出让和转让暂行条例》的规定,土地使用权出让可以采取三种方式,即协议出让、招标出让、拍卖出让。

1.协议出让

协议出让土地使用权是指土地使用者在用地申请经有关部门批准后,与自然资源主管部门协商地价、用地年限、面积、付款方式和时间、用地条件等事项,在双方达成一致意见的前提下,签订出让合同,受让方按合同约定支付土地出让金,取得土地使用权。这种方式经常用在土地使用者向政府提出用地要求,且要求地块没有竞争者的场合,主要是用于工业项目和国家鼓励产业的项目用地。协议出让金的确定不是竞争的结果,而是谈判的结果。

2.招标出让

招标出让土地使用权是政府对某块土地有了明确的开发意图和规划条件后,在市场中寻求一个有利于实现政府开发计划的开发者而采取的一种方式。这种方式要求在规定的期限内,符合规定的单位和个人按照出让方规定的出让地块的条件或者要求,以书面投标形式提出开发愿望,竞投该地块土地的使用权,由政府组织评标委员会择优确定,将土地使用权出让给某个开发者。

招标出让方式中,投标者有多个,因此较好地引入了竞争机制。但在实践中,获得土地使用权的,并不一定是出价最高的单位和个人。因此,这里的中标地价,也不等同于市场地价。从这个意义上说,招标出让土地使用权市场,也不完全是一个竞争的市场。

3. 拍卖出让

拍卖出让土地使用权是指政府对某块土地有了明确的规划条件后,在指定的时间地点,组织符合条件的有意受让人到场,对出让使用权的土地公开叫价竞投,按"出价最高者得"的原则确定受让人的一种方式。

拍卖出让土地使用权充分引进了竞争机制,排除了任何主观因素,是公开的完全竞争的土地市场,也是最成熟的土地市场。其缺点在于对土地管理部门的组织要求较高,对于拍卖工作的前期准备要充足,能把握整个拍卖过程,并力图获得最高价,因此有可能失败。此外,得地者不一定是最优开发建设者。

综观协议出让、招标出让、拍卖出让三种形式,各具特色。协议出让在一定程度上还带有行政意识,是先选定受让人再商议受让条件,一般适合于非营利性用地和其他特殊用地的出让。招标出让可以激发投标单位对用地方案研究的积极性,但由于必须在事前花费较大的代价(投标时要缴纳保证金且不计息),可用于较大面积土地的出让。拍卖出让最能体现出公正的原则,且简易可行,适宜于土地利用上有较大灵活性的土地的出让,但事前需做充分准备,否则易出现流标。三种形式可以相互配合、灵活运用。原则上,对于商业、旅游、娱乐和豪华住宅用地,有条件的,必须采取拍卖或招标方式;不能采取拍卖、招标方式的,可以采取双方协议的方式。

(二)土地使用权出让的程序

土地使用权出让程序大致分为拟订方案、正式报批、组织实施和登记发证四个步骤,由于土地使用权出让形式的不同,具体操作时有一定的差异。

1. 协议出让土地使用权的程序

(1)准备工作。

出让者(自然资源主管部门)在完成农用地转用土地征用等工作后,提供待出让土地的资料。

(2)提交申请。

有意受让人(用地的单位或个人)根据生产经营等的需要,向出让地块所在地的市、县人民政府自然资源主管部门提交申请书。同时还应当向自然资源主管部门报送一些附件,如经批准的建设项目设计任务书或其他批准文件、建设项目资金来源的证明材料及年度投资计划等。

（3）协商出让。

自然资源主管部门在接到申请文件后,同意供地的,应在规定的时间内,向有意受让人发出协议用地通知书及宗地资料。有意受让人接到协议用地通知书后,及时与自然资源主管部门协商出让土地的用地面积、使用年限、出让地价等用地条件。双方就有关内容达成一致后,草签土地使用权出让合同。协议的实施就是双方当事人通过协商达成一致意见。

（4）正式报批。

土地使用权出让合同草签完毕后,持有关材料按审批管理的规定报有批准权限的政府批准出让土地使用权。经批准后,正式签订土地使用权出让合同。申请人逾期不签订出让合同的视为放弃受让权。

（5）组织实施。

土地使用权受让人按合同约定支付出让金价款,政府按合同约定提供土地使用权。土地使用权受让人办理土地登记的有关手续,领取国有土地使用证。

2.招标出让土地使用权的程序

（1）准备工作。

招标人(市、县人民政府自然资源主管部门)准备招标文件,如招标书、投标书、土地使用和规划条件及土地使用权出让合同书等,发布招标公告。招标出让又分公开招标和定向招标(邀请招标)两种方式。招标公告也相应地采取两种方式,即招标广告和招标通知(或者招标邀请书)。

（2）提交申请。

有意受让人在见到或者接到招标公告后,在规定的报名时间内向招标人报送申请表,索取招标文件。招标人根据确定的投标人资格条件对有意受让人进行资格审查,最后向被批准的申请人发送招标文件,同时通知未被选定的单位。获得批准的投标人在规定的时间内向招标人缴纳保证金或者定金(不超过土地使用权成交价的20%)。交付保证金的目的是为使投标人履行投标的诺言,未中标的,所交保证金予以退还。保证金不计息。在缴纳投标保证金后,投标人方可在规定的期限内将密封的投标书投入指定的标箱。投标书一经投入标箱,即不得从标箱中取出。如投标人需要修改标书,可以在招标截止日期前另投修改标书,原标书无效。

（3）评决标书。

招标人会同有关部门并聘请专家组成评标委员会,主持开标、评标和决标工作,对有效标书进行评审,确定中标人。评标委员会签发决标书后,招标人给中标人发出中标证明书(或中标证明通知书)。开标、评标、决标的工作都应当在公证机关的参加下进行。

招标人在开标后,可以拒绝全部投标,这种情况称为废标。一般有两种情况可产生废标：①所有标书在实质上均未按招标文件要求编制；②投标单位过少,没有竞争性。按照规定,在决标后的一定时日内,未中标者所交保证金由招标人如数退回。

(4)签订合同。

中标人在接到中标证明书后在规定的日期内持中标证明书与招标人签订出让合同,并支付规定数额的定金。如中标人在规定的日期内不与招标者签订出让合同,则取消中标权,所交保证金也不予退还。

(5)组织实施。

中标人按合同约定支付全部出让金及有关费用后,办理土地登记手续,领取"国有土地使用证"。

3.拍卖出让土地使用权的程序

(1)准备工作。

拍卖出让方发布拍卖公告。拍卖公告是指拍卖出让方通过新闻媒介向社会公开发出的一种特殊的出让土地使用权邀约,其目的在于引起拟受让土地使用权者参加竞买。

开展拍卖展示。拍卖展示是在正式拍卖前,拍卖出让方按照拍卖公告规定的时间、地点对拍卖的地段进行公开展示,以使有意参加竞买者了解该标的实际情况,以决定是否参加竞买。

(2)提交申请。

有意受让人在拍卖前一定的期限内,持有关证件到指定地点向拍卖方申报登记,领取拍卖土地使用权的文件、资料、竞投牌号。如委托他人代办,则被委托人应向拍卖出让方提交有委托人签名或盖章的授权委托书。拍卖出让方要求交保证金的,竞买人应按规定交付。

(3)实施拍卖。

实施拍卖是拍卖主持人在拍卖公告规定的时间、地点宣布并主持拍卖,竞买人报价竞买,由出价最高者购买的过程。在拍卖过程中,竞买人的最高应价未达到自然资源主管部门确定的拍卖出让保留价时,该应价不发生效力,拍卖主持人应当停止拍卖。在实际操作中,如出现拍卖主持人宣布底价后,没有一个竞买人应价,此时,拍卖就应当停止;如只有一个竞买人应价且达到保留价的,拍卖则成立。

(4)签订合同。

竞买人的最高应价经拍卖主持人落槌或以其他公开表示买定的方式确认后,拍卖成交,最高应价的竞买人成为土地使用权受让人,双方签署成交确认书。然后,受让人持拍卖成交确认书和其他相关材料,与自然资源主管部门签订土地使用权出让合同。

(5)组织实施。

受让人支付土地出让金,办理土地登记手续,领取国有土地使用证。对拍卖成交后受让人签订出让合同的,其交付的保证金可冲抵出让金;对未受让者,自然资源主管部门应于拍卖结束后及时退还其竞买保证金。受让人在拍卖成交后拒不签订出让合同的,其交付的保证金不予退还。

4. 出让土地使用权的收回

具有下列情况之一,自然资源主管部门可以有偿或无偿收回土地使用权:

(1)出让合同规定的使用期满,土地使用者未申请续期的。根据《中华人民共和国城镇国有土地使用权出让和转让暂行条例》第四十条的规定,土地使用权期满,土地使用权及其地上建筑物、其他附着物所有权由国家无偿取得。因此,由自然资源主管部门收回使用权,同时注销土地使用证,该地块上的建筑物和其他附着物同时无偿收回。出让合同中规定必须拆除的技术设备、非通用建筑物等,受让人应按时拆除。

(2)根据社会公众利益的需要收回。这种情况下收回土地使用权的,需给予受让人合理的补偿,补偿金额应按出让合同的余期土地使用性质、地上建筑物、其他附着物的价值和出让金等项内容,由自然资源主管部门与受让人协商确定。确定不了的,可由法院裁决,但金额的确定不应影响收回土地的日期。

(3)受让人违背出让合同,情节严重的,可由自然资源主管部门无偿收回土地的使用权。

(4)因不可抗力或意外事故的发生,致使合同无法履行的,如自然原因造成土地灭失或地面形态有重大改变的,可以请求变更或解除土地使用权出让合同。

(三)土地使用权出让的监管

1. 土地使用权出让的计划

(1)国有土地使用权出让的用地指标管理。

除旧城改造和已开发的建设用地外,出让土地使用权的用地指标应纳入国家下达的地方年度建设用地计划指标,确需增加指标的,按有关规定办理。

(2)编制土地使用权出让的供应计划。

为了有效地调控土地使用权出让市场及整个房地产市场,应在中长期土地利用计划的基础上,分析、预测市场需求发展趋势,编制相应的具有指导性的土地使用权出让计划。这是政府稳定地价、平抑地产市场以及有效配置土地资源的有力手段。

(3)制定科学合理的土地利用规划。

通过土地利用规划,合理安排各类用地,使各行各业都能协调发展,达到经济效益、社会效益、环境效益的统一。

出让计划由市、县人民政府自然资源主管部门拟订,经同级人民政府审核,报省、自治区、直辖市人民政府批准。

2. 土地使用权出让的审批

（1）土地使用权出让的报批程序：①事先预报；②拟订方案；③正式报批；④组织实施；⑤备案建档。

（2）出让国有土地使用权的批准权限。出让国有土地使用权的批准权限一般在市县人民政府。据有关规定，国有土地使用权出让由县级以上人民政府统一组织，自然资源主管部门负责具体实施。

3. 土地使用权出让的监督

（1）土地使用权出让过程中的监督。

①上级政府及自然资源主管部门监督检查下级政府是否按照国务院规定的权限出让土地，如采用欺骗手段进行批准的，应按《土地管理法》的有关规定处理。

②上级政府及自然资源主管部门监督检查被出让的土地所有权是否明确，对于未办理征用手续的集体所有土地，不得进行出让。

③上级政府及自然资源主管部门与物价部门联合对出让土地的价格进行监督，防止价格过低而影响国家利益或哄抬地价而影响出让的正常进行。

④上级政府及自然资源主管部门与规划部门联合进行监督，对违背土地利用总体规划和城市规划的，要坚决纠正。

⑤上级政府及自然资源主管部门与工商行政管理部门监督检查受让单位是否具有土地经营权及是否是经注册的合法单位，否则应督促其办理相关手续并取得经营资格或竞投资格，或取消其土地经营权或竞投权。

（2）土地使用权出让后的监督。

①对受让人是否按合同要求进行开发利用、经营土地进行监督，未按合同规定的期限和条件开发、利用土地的，市、县人民政府自然资源主管部门应当予以纠正，并根据情节可以给予警告、罚款直至无偿收回土地使用权的处罚。

②监督检查获得土地使用权的受让人是否在规定的时间内到自然资源主管部门办理土地登记手续，领取土地使用证，否则该土地使用权不受法律保护。

③检查土地使用权受让人是否按规定缴纳土地使用权出让金，未按规定缴纳的，要处以罚款。

④土地使用权出让期满未获准续期又不办理手续的，自然资源主管部门有权无偿收回土地使用权及地面建筑设施等。

⑤土地使用权受让人不按合同要求开发后转让的，按倒卖土地进行查处。

三、土地使用权转让管理

（一）土地使用权转让的条件

根据《城市房地产管理法》和《中华人民共和国城镇国有土地使用权出让和转让暂行条例》等有关法律法规的规定，土地使用权转让应当符合下列条件：

1.转让的一般条件

(1)转让土地使用权的单位或者个人必须是合法的土地使用权享有人,必须持有土地使用权证书,对该土地使用权拥有处分权。如果转让时,地上房屋等建筑物已建成的,除了土地使用权证书外,转让方还应当持有房屋所有权证书。转让方必须是土地使用权人或者房地产权利人。

(2)土地使用权必须在法律上是可以转移的,也就是说,转让方对其转让的土地可以实际交付给受让方。其中一项重要的条件是:土地使用权没有受到司法机关、行政机关任何形式的限制,包括查封等,否则影响土地使用权的转移。

(3)转让土地使用权,必须依法办理产权过户登记手续和土地使用权变更登记手续。只有这样,转让才有法律效力。未办理产权过户手续的,转让无效。

(4)由于土地使用权出让合同确定的权利义务随转让而转移,土地使用权的转让必须由受让方履行原土地使用权出让合同规定的原土地使用者未尽的义务。

(5)土地使用权转让应当符合法律规定的形式,需签订合同的应当签订合同。在中国境外进行的转让,应取得所在国或者地区的公证、外交机构的认证。

(6)转让方应当依法向国家缴纳土地使用权流转方面的税收,如土地增值税、契税等。

2.转让的特别条件

转让共有、已抵押和已出租的土地使用权(连同地上建筑物),除了转让双方的利益外,还往往涉及第三人的合法利益。根据有关规定,除了必须符合转让的一般条件外,还需具备自身需要的特殊条件。具体来讲包括:

(1)已抵押的土地使用权转让的特别条件。

①必须事先通知抵押权人,并将土地使用权已经抵押的情况告知受让人。

②需要其他担保的,必须提供担保。

③出售给第三人的,抵押人应当用转让土地使用权的价款提前清偿债权人的债权。

(2)已出租的土地使用权转让的特别条件。

①出租人必须提前通知承租人,给承租人以必要的准备时间。

②在出售的情况下,承租人在同等条件下有优先购买的权利。

③租赁合同的权利、义务不受转让的影响,承租人享有的租赁权可以对抗受让人取得的土地使用权。

(3)土地使用权和房屋分割转让的特别条件。

①土地使用权与地上房屋的分别转让。这只在地上建筑物、构筑物可以作为动产的条件下才可以进行,"作为动产"指的是把建筑物及其他附着物作为建筑材料等看待。

②土地使用权或者地上房屋分别分割转让。

（二）土地使用权转让的方式

1. 买卖

土地使用权买卖即土地使用权出售。买卖是土地使用权转让最常见的形式，是将土地使用权单独或连同地上建筑物、其他附着物的所有权转移给购买方，并由购买方支付相应购买价款的行为。买卖是商品流通最典型的形式，因为买卖双方当事人之间的经济关系，正是商品使用价值和价值的交换关系，商品经济的特征在买卖中可以得到最充分的体现。买卖是土地使用权转让的主要方式。

2. 交换、赠与和继承

土地使用权交换（即互易）是指两个土地使用权人之间相互交换各自的土地使用权的行为。国有土地使用权的交换，是我国法律规定的国有土地使用权的转让方式之一。

土地使用权赠与是土地使用权人自愿将自己的土地使用权单独或者连同地上建筑、其他附着物的所有权一起无偿转移给他人，他人予以接受的行为。土地使用权作为一种财产，其享有者有权将其赠送给法律允许的人或组织，因此赠与是土地使用权转让的法律形式之一。

土地使用权继承是指公民个人死亡后，其生前享有的土地使用权作为遗产由被继承人依法继承。土地使用权继承也是土地使用权转让的一般方式。国有土地使用权的继承是权利继承而非实物继承，同时国有土地使用权的继承又是不动产的继承，必须办理过户注册登记手续才产生法律效力。

3. 其他转让行为

其他转让行为是土地使用权的享有者以土地使用权或连同地上建筑物、其他附着物的所有权作为交换条件，交换股权、房产权及其他经济收益的行为。其具体包括：

（1）以房地产作价入股、与他人成立企业法人，房地产权属发生变化的。

（2）一方提供土地使用权，另一方或者多方提供资金，合资、合作开发经营房地产，而使房地产权属发生变更的。

（3）因企业被收购、兼并或合并，房地产权属随之转移的。

（4）以房地产抵债的。

（5）法律、法规规定的其他情形。

（三）土地使用权转让的监管

1. 转让资格的认证监管

自然资源主管部门应审查土地使用者是否依法取得土地使用权，是否与自然资源主管部门签有土地使用权出让合同，是否按出让合同规定的期限和条件进行了投资和开发。不符合上述转让条件的,土地使用权不得转让。

2. 转让合同的监督检查

转让合同是原土地使用权受让人与新受让人就转让土地使用权而签订的合同,是在出让合同基础上签订的,它是出让合同中土地使用者和土地所有者的权利、义务方面的延续。因此,转让合同中必须包括出让合同和登记文件所载明的权利和义务。具体的权利义务,因不同地块的状况而不同。

3. 变更过户登记监管

土地所有者和使用者变更土地的所有权和使用权必须依法进行,变更的行为必须是法律允许的,而且变更程序要合法。同时土地权属发生变更的,必须进行变更登记。只有经过依法登记,土地权属及其主要内容才具有法律效力。此外,只有通过变更过户登记,国家才能实现依法管理土地,监督土地的合理利用,维护土地使用者的合法权益,避免国有资产的流失,从而保证国家作为土地使用权转让的行政管理者和土地所有者的地位的实现。

4. 转让价格监管

为防止土地使用权转让时由于土地使用权转让者的投机心理等因素造成效益的损失,国家有必要对土地使用权转让价格进行监管。即土地使用权转让价格明显低于市场价格的,市、县人民政府有优先购买权;土地使用权转让的市场价格不合理上涨时,市、县人民政府可以采取必要的措施。

5. 用途变更监管

土地使用权转让要继续履行原土地使用权出让合同和登记文件中所载明的权利和义务,而且每个出让地块的使用都是与城市土地利用规划紧密相连的,土地使用权转让后,土地使用者需要改变土地使用权出让合同规定的土地用途的,必须得到出让方,即市、县人民政府的同意,并经自然资源主管部门和城市规划部门批准,依照土地使用权出让有关规定,重新签订土地使用权出让合同,调整土地使用权出让金,并办理登记。

此外,土地使用权转让的监管还包括负责分割转让的审批、对转让划拨土地使用权的监管、对违法违纪的查处和权属纠纷的调处等。

四、土地使用权出租与抵押管理

(一)土地使用权出租管理

1. 土地使用权出租的概念和法律特征

土地使用权出租是指国有土地所有者或使用者将土地使用权单独或连同地上建筑物、其他附着物租赁给承租人使用,并由承租人向出租人支付租金的行为。对于未按土地使用权出让合同规定的期限和条件投资开发、利用土地的,土地使用权不得出租。其法律特征包括：

（1）出租的主体是土地的所有者和使用者。出租既可以是政府直接出租，也可以是享有土地使用权的使用者将土地使用权租赁给其他使用者。

（2）政府出租的土地使用权，承租人必须按照出租合同规定的条件使用土地。

（3）出租是有期限的，出租期满后承租人应按要求返还其承租的土地，包括地上建筑物与附着物。

2. 土地使用权出租的程序

一般来说，土地使用权出租的程序主要包括签约和登记。

（1）签约。

签约即由出租人与承租人签订土地使用权租赁合同，以协议形式规定出租人按照约定将其土地使用权随同地上建筑物及其他附着物在一定期限内一并交给承租人使用，承租人向出租人支付租金，并在租赁关系终止时返还所租土地使用权。

（2）登记。

登记即由出租人分别向自然资源主管部门和房产管理部门办理土地使用权和地上建筑物、其他附着物的出租登记，不经登记的出租行为无法律效力。即只有登记后，出租人和承租人在出租关系中的相应权利才受到法律保护。

（二）土地使用权抵押管理

1. 土地使用权抵押的概念

土地使用权抵押是指土地使用者作为债务人在法律上把土地使用权转让给债权人，但债权人并不占有土地使用权，债务人保留对土地使用权的占有。以土地使用权担保的债务一经偿付，土地使用权在法律上的转让便立即失效。但如果抵押人到期未能履行债务或者在抵押合同期间宣告解散、破产的，抵押权人有权依照国家法律、法规和抵押合同的规定处分抵押财产，抵押权人对处分所得有优先受偿权。

2. 土地使用权抵押的前提条件

（1）土地使用权的有偿性。

（2）土地使用权的他物性。

（3）土地使用权的长期性和稳定性。

3. 限制抵押的土地使用权

（1）用于教育、医疗、市政等公共福利事业的土地使用权。

（2）产权不明或者有争议的土地使用权。

（3）被列入文物保护的建筑物和有重要纪念意义的其他建筑物所占用的土地使用权。

（4）被依法列入拆迁范围的土地使用权。

（5）依法被查封、扣押、监管的土地使用权。

（6）依法不得抵押的其他土地使用权。

4. 土地使用权抵押登记与管理

（1）抵押登记的概念和作用。

土地使用权抵押登记，是指当事人依法就其设定的土地使用权或者连同地上房屋抵押有关事项向自然资源主管部门或者房地产管理部门进行的登记注册。土地使用权抵押登记对保护当事人的合法利益，维护抵押市场秩序都具有重要作用：①土地使用权抵押登记是抵押合同生效的必备条件。②土地使用权抵押登记有助于保护当事人，特别是债权人的合法利益。③土地使用权抵押登记是维护抵押市场秩序的重要法律手段。

（2）办理抵押登记的程序。

根据《城市房地产抵押管理办法》规定，房地产抵押合同自签订之日起 30 日内，抵押当事人应当到房地产所在的房地产管理部门办理房地产抵押登记。对于无地上附着物的土地使用权抵押，应向核发国有土地使用权证书的自然资源主管部门办理抵押登记；以城市房地产抵押的，应向县级以上自然资源主管部门和房产管理部门办理抵押登记。办理程序如下：

①申请。申请时提交的有关文件包括：A. 主合同和抵押合同；B. 房屋所有权、土地使用权证书；C. 可以证明抵押人有权设定抵押的文件与证明材料；D. 可以证明房地产价值的资料；E. 共有房地产的，应当提交其他共有人的书面同意材料；F. 抵押当事人的身份证明或者法人资格证明；G. 以划拨土地使用权抵押的，提交自然资源主管部门确认的抵押宗地的土地使用权出让金额的证明；H. 评估机构出具的地价评估报告即当事人确认的报告；I. 登记机关认为必要的其他文件等。

②审查。有关登记管理部门接到当事人申请后，应按规定对当事人有关情况和提交的文件进行审查、核对，检验抵押是否符合法律规定。

③登记。登记管理部门经审查，认定抵押符合法律规定的，应当及时予以登记，将抵押权人、抵押人的名称及有关事项记载在登记簿上，并向抵押权人签发有关抵押权的证书。

第四节　土地他项权利管理

一、其他权利概述

土地制度是最重要的财产制度，公民的土地权利是重要的财产权利。在各国财产法的立法过程中，高度重视土地物权的立法。在法律上，土地物权的意义就在于抵抗政府权力的滥用，使人们获得稳定的利益预期。回顾我国物权法立法保护的过程,不难看出,土地物权体系经历了由静态到动态的过程,并且每时每刻都伴随着人类对土地的利用开发在早期立法中,主要偏重于土地所有权的保护。土地所有权是物权的基础,绝大多数的物权都是在土地所有权制度的基础上形成的。土地所有权是绝对的排他权利。但是,随着人类的土地利用行为的拓展与深化,人们发现,单纯的土地所有权保护不能促进土地利用活动的有效开展,因为土地所有权人并没有开发利用土地的积极性,而有些非土地所有人则渴望开发利用土地,这说明所有权观念被证明是对社会发展起阻碍作用的,由此产生了对土地所有权这种被视为一种最完全的支配权的限制,如以保护相邻权为目的而受到的限制。创设保护相邻关系法权的理论依据是:凡行使权利者不得以侵害他人权利为条件。为此,罗马法对此做了较严格的规定:土地所有人耕种土地或建筑房屋时须沿用留置古尺二尺五寸的空间(约 0.825 米),土地交界处须有古尺五寸宽度的空间作界址等。又如以保护社会的公共利用而受的限制,如沿河川的土地所有人的两岸土地,在航务的范围之内,有供公共使用的义务;发现矿产者给付矿产价值的 20%,一半给矿地所有人,一半给国家,归国家所有,方可从事矿产开采等。

于是对所有权的社会限制和促进地尽其用,促使"土地所有权向土地用益权让步",土地用益权(土地使用权)应运而生。现代社会经济进步促进立法越来越明显地由土地所有者权利的关注转向对土地使用者权益的保护,这样就形成了土地所有权之外的他物权,如地上权、地役权、准物权(采矿权、渔业权)等。他物权的出现,虽然对所有权的行使有一定的限制,但对于促进土地的合理利用起到了巨大的作用。时至今日,随着科技进步和经济发展,土地物权出现了由简单到复杂、由抽象到具体的趋势,有的国家又在传统的地上权、地役权的基础上,分离出了日照权、采光权、空中权等权利。正是由于形成了紧密的土地权利体系,才能保障人类利用土地的行为规范有序,使政府滥用权力的行为得到遏制。完善的公民土地财产权体系是世界上最严格的土地管理措施的法律基础。

随着社会经济发展和土地利用的深化,土地他项权利应运而生。随着房地产业的发展,土地所有人和使用人之间因土地相邻而为他人土地提供便利的情况,引发了地役权的产生。在矿产资源开采中,也从土地所有权中分离出矿业权,并将探矿权、采矿权"卖"给他人,让其探矿和采矿。同样,从土地所有权中分离出了地上权,并"卖"给他人 50 年或 100 年,期满后将土地及地上建筑物归还;从土地所有权中分离出攀登权,在鱼塘所有权中设立渔业权、捕捞权等。在我国法律中设定的土地他项权利还包括租赁权、抵押权、地役权等土地所有权之外的相对独立的权利,但又不是土地使用权。

除此以外,在传统的农业社会中,无论农地或市地,都注重平面空间的利用,尚无必要对立体空间的分层使用和分层处分立法。随着城市化过程的推进,兴建建筑物多趋向土地上空和地下两端垂直发展。原来平面区分的建筑物区分所有权,现已发展成为垂直的立体分层区分所有权。同一宗土地,地面上现有高架道路和立交桥,地下兴建地下街或地铁线路,同时在高架桥、高架路任何两端支柱之间的空间,尚可充作人行道停车场、摊贩市场、花卉市场、菜市场、拍卖场等。在这样分层、多目标使用的情况下,同一宗土地,已可将此三层(上空、地面、地下)分层区分使用权或区分所有权的垂直空间分层区分、分层分割处分、分别出售给三个不同的权利主体,则可分别建立三个独立使用的区分使用权或区分所有权。在《英国城乡规划法》(1947)中明文规定,土地发展权(更高度使用的权利)属于国家。综上所述,土地他项权利研究可谓是方兴未艾,有待不断地深化和完善。

二、农地发展权管理

(一)农地发展权的概念

人们通常认为拥有地表的所有权在法律上就意味着同时拥有了地下和地表垂直上空范围内的一切权利。有的法律主张"上及天宇,下及地心"的绝对土地所有权,甚至连飞机飞越他人所有的土地上空也被视为侵权行为。随着社会进步,世界各国立法中逐渐对土地所有权进行了适当限制,并将土地各部分的权利分离出来,如同一块土地的地表、地面上空和地下空间三部分,可以为同一所有者所有,也可以为不同的所有者拥有,从而树立了土地与其上、下部空间分开所有的思想,土地发展权也应运而生。

土地发展权是一种物权,是将土地从较低利用效益的用途或较低的利用程度转向较高利用效益的用途或较高的利用程度以此获得土地收益的财产权。土地发展权与土地所有权平行,并可以与之分离存在,单独实现其土地财产权经济效益。土地发展权可分为农地发展权和市地发展权。农地发展权是指土地用途由农用地转为建设用地的用途变更之权。市地发展权是指在土地作为建设用地使用的前提下,提高其土地利用集约度的权利。

在我国农地发展权是指土地用途由农业用地转为建设用地的权利,具体来讲包括:①国家通过征收将农村集体土地转为国家建设用地使用;②农村集体土地依法转为农村集体建设用地使用;③国家农业用地依法转为国家建设用地使用。

(二)农地发展权的归属和分类

1.农地发展权的归属

(1)国外农地发展权的归属有两种处理方式:

①美国模式。农地发展权属于所有权人,政府要保护农地,须事先向所有人购买发展权;已出售发展权的土地可以继续耕种,但不能改变其用途。

②英国模式。农地发展权属于国家,土地所有人或使用人需改变土地用途或

土地利用强度,须向国家申请或购买农地发展权。英国通过土地发展权国有化,在全国推行开发计划许可制度。

(2)我国农地发展权的归属。

关于农地发展权的归属问题,在我国学术界存在三种观点:

①主张将发展权归国家所有,使用者在对土地开发前须先向国家购买发展权。

②主张将发展权归土地所有者所有,国家可以向土地所有者购买发展权,或者允许农地发展权如同其他商品一样在市场上自由贸易。

③主张将发展权的决策交给国家,由国家作为发展权的权利主体代表,地方政府作为国家代理人具体行使征地权,农民则通过建立社会保障机制的方式参与分享发展权的权益。

2. 农地发展权的分类

根据不同的分类标志,农地发展权分为下列类型:①普通农地发展权与具体农地发展权;②虚拟农地发展权与可移转农地发展权;③国家农地发展权、集体农地发展权与个人农地发展权。

普通农地发展权属于所有农地,其中部分农地具有具体发展权,意味着在一定时期内有部分农地可以或应当转变为非农建设用地,另一部分农地则长期不得转为非农建设用地。对于景观用地、历史文物保护用地等可以设置虚拟农地发展权,虽不能在原地行使,但可作为独立财产权,按规定移转或转让,可以于适当时机在指定区域内出售。国家农地发展权是由国家享有的权限,由国家主导使用;集体农地发展权是由国家授予集体经济组织使用的农地发展权,由乡级政府、村民委员会、村民小组代替行使;个人农地发展权是国家授予个人使用的农地发展权,以保证农民个人以原土地权利人身份参与土地用途变更的权益分配。

(三)农地发展权的配置

我国现行法律规定,农地发展权归国家所有,国家是农地发展权配置与流转管理的主体,这有利于土地参与宏观经济调控,有利于实施土地利用总体规划,有利于实现城乡统筹。农地发展权的具体物质构成是其创新、配置与流转的主要内容。

1. 农地发展权的行政配置

尽管资源的行政配置不能实现帕累托最优,但它仍然是保证资源分配公平和制度运行效率的必要手段。农地发展权的配置要体现土地用途管制的国家意愿和要求,不能脱离行政干预。

由于农用土地与建设用地之间存在巨大的经济价值差异,城市土地开发水平和范围与农地发展权配置边界,必须受到非经济因素的控制。一个城市的边界确定问题的实质是与农地发展权的配置数量与类别紧密相关的对此,国家除去运用规划中的分区手段以外,可运用土地发展权的产权手段来弥补分区规划造成的分配不公。对城市土地空间开发的上限与下限、土地平面开发与土地立体开发均受制于城市土地开发总量的行政干预。政府通过经济、政治、环境等诸方面效益的均衡,合理配置农地发展权及其交易数量,测算一定时期内土地开发总规模,定出平面开发与立体开发的控制指标与控制路径。

农地发展权的物质构成以规划为依据,通过规划创设农地发展权。规划以其技术性和技术特质成为农地发展权设立的技术保障从而使农地发展权配置具有科学性和合理性,能够具备明确的量化的物质内容以测算其价格。具体物质构成是土地发展权配置的重要内涵。作为社会经济、生态理想目标的空间化、物质化的技术过程,规划反映人类对土地利用的认识与能动反应,借助土地利用结构、土地利用分区、农业用地和建设用地的布局以及个体地块的开发强度的控制,从宏观到微观、从粗到细的物质构成,从而确定了农地发展权的空间格局和配置。

作为行政配置手段,规划为个体地块土地发展权的设定和量化提供技术依据。一定区域内各个地块的土地开发存在相互影响和相互作用的关系,需要依据规划设定其土地发展权的规模和范围,使相邻地块上的土地用途相容、开发强度协调、建筑间距合理和交通组织有序,以实施土地发展权的变更与转让。

2. 农地发展权的市场配置

为了改善农地发展权的行政配置模式,引入了市场机制,以实施农地发展权的市场配置,实现规划指标的区域间调剂,破解保障发展与保护资源的难题。清晰量化的农地发展权是农地发展权市场配置的基础。农地发展权的市场配置的实质就是其自愿等价交易和有偿移转。农地发展权的物质化和货币化就成为农地发展权市场交易的重要依据。通过土地市场制度创新,可以完善农地发展权的转让交换运作模式,构建农地发展权交易市场,实现农地发展权在国家、集体和农民之间的有序流转。

作为农地发展权所有者,国家应对全国农地发展权进行总量配置,设定普遍的农地发展权和可抵押农地发展权。国家委托代理方式是由各级政府根据国家统一配置的农地发展权总量,代表国家在本辖区内对农地发展权总量进行再次分配。在已经配置发展权的范围内,根据需要分设基本农田农地发展权、一般农田农地发展权、园地发展权、牧草地发展权等,并考虑地块所处位置、质量等级、经济社会需求等因素再具体配置,使之形成层级清晰、错落有致、价值明确、有利于市场交易的农地发展权结构。

3. 农地发展权的价格

土地价格是关于土地权利收益的价格。农地发展权价格是一个综合价格,其中包括农地作为农业生产资料的价格、农民生存保障权价格、农地粮食安全价值和农地生态安全价值。农地发展权价格是在正常农业生产能获得的社会投资平均利润的条件下,因失去农地而应得的经济补偿。

农地发展权价格包括农地的粮食安全价格和农地的生态安全价格。农地的粮食安全价格是国家占用耕地的费用和因保护现有耕地而支出的费用。农地的生态安全价格是指在农地上植物所构成的生态系统具有的生态价值,包括调节气候、净化与美化环境维持生物多样性等方面的价值。

决定农地发展权价格的要素有区位要素、用途类型和土地开发密度(容积率)。在实际生活中,区位要素总是借助于用途类型和土地开发密度来影响农地发展权价格。农地发展权价格的区位差异是设定和量化个体地块农地发展的前提条件和重要依据。同一位置不同用途土地发展权价格差异显著。容积率通过影响楼面地价继而影响土地发展权价格。规划通过控制容积率对土地发展权价格加以限定;国家通过调控不同地段的土地发展权价格,也可对容积率进行经济调节。在容积率与土地发展权价格之间建立对应关系,形成了可转让土地发展权,以消除因规划控制需要而产生的土地发展权不公现象。

三、基地使用权管理

(一)基地使用权的概念及法律特征

传统民法中与"基地使用权"一词相当的概念为地上权。基地使用权为我国学者所创。基地使用权指以在他人土地上保有建筑物或其他构筑物为目的而使用他人土地的权利,构筑物包括隧道、桥梁、广告塔、纪念碑、地铁等。先设定基地使用权,而后有建筑物,或先有建筑物,而后设定基地使用权,均无不可。基地使用权区别于相近的土地权利,如基地使用权为物权,非经登记不生效力;租赁权为债权,一般不要求经登记方生效。基地使用权不以有地租为必要;农地使用权则一般必须支付地租。基地使用权存续期间的长短,法律一般未设限制;租赁权的期限,法律则往往设有限制。

基地使用权具有以下法律特征:

(1)基地使用权为以他人之土地为标的物而成立的物权。

(2)基地使用权是以在他人土地上保有建筑物或构筑物为目的的物权。

(3)基地使用权是使用他人土地的定限物权。

(二)基地使用权的取得

基地使用权的取得可分为原始取得与继承取得,又分为基于法律行为取得与基于法律行为以外取得。

1.基于法律行为取得

基于法律行为取得的基地使用权是通过基地使用权设定契约而取得,即土地所有权与基地使用权人订立契约,在登记要件主义之法制下,该契约须以书面订之并经登记,始生效力。基于法律行为而取得还包括基地使用权可因他人之让与而取得,须以书面形式并经登记始生效。

2. 基于法律行为以外取得

基地使用权基于法律行为以外而取得即指继承。因继承而取得基地使用权,于继承开始即当然取得。学者称之为法定基地使用权。它是指土地及其土地上的建筑物,同属一人所有,于抵押物拍卖时,视为已有基地使用权的设定。

3. 基地使用权的存续期间

关于基地使用权的存续期间,各国立法既不规定其最长期间,也不规定其最短期间,而由当事人自由订定。

(三)基地使用权人的权利和义务

1. 基地使用权人的权利

基地使用权人具有对土地的使用权。基地使用权人于设定契约所约定的目的范围内,有使用他人土地的权利,有权将基地使用权出租或借贷于他人、让与他人和设定担保。

2. 基地使用权人的义务

基地使用权成立常以有地租为限,一般按约定的地租数额支付。若未加约定,则依当地习惯和类似情况确定。

(四)空间基地使用权管理

1. 空间基地使用权的概念

基地使用权又称区分基地使用权,指以在他人土地之空中或地下保有建筑物或构筑物为目的而使用其空间的权利。空间基地使用权是人类因土地立体利用而创设的。空间基地使用权的创设,使土地所有人与其他利用人分别利用同一土地之各个层面有了法律依据,以保证土地利用效益的最大化。

2. 空间基地使用权的设定与登记

由于空间基地使用权之客体为一定范围的空间,设定时必须明确设定方法、登记权利种类、设定目的、登记空间和存续期间及对土地的使用限制,并依空间所有权登记方法办理登记。

四、邻地利用权管理

(一)邻地利用权的概念和特征

传统民法上与"邻地利用权"相当的概念为地役权。邻地利用权是指以他人土地供自己土地便宜之用的权利,属于为增加自己土地的利用价值而使用他人土地的用益物权,为自己土地的通行便利而在他人土地上修建道路的邻地利用权,其中受便宜之地为需用地,供他人使用的土地为供用地。邻地利用权制度与相邻关系制度相同,在于相邻土地利用之调节。

邻地利用权的法律特征如下:

(1)邻地利用权为以限制供用地所有权为内容的他物权。

(2)邻地利用权为以他人土地供自己土地便宜之用的权利。

(3)邻地利用权之内容不得违反强行性规定或有悖于公私两说。

(二)邻地利用权的取得

基于法律行为而取得的邻地利用权的取得方式有:①契约行为;②单独行为(如遗嘱设定)。前者须有书面设定,后者须依遗嘱经登记后设定生效。

邻地利用权连同需用地一并让与,但须登记始生效。

基于法律行为以外而取得的邻地利用权为继承取得。继承人取得被继承人之邻地利用权,非经登记方可连同需用地一并让与。

(三)邻地利用权人的义务

邻地利用权人主要有以下权利义务:①供用地之利用;②得为必要的附随行为与设置(为排水需修水渠、通行需修路等);③维持设置之义务(如道路、水渠的维修、保养之义务)。

(四)邻地利用权的消灭

邻地利用权消灭的原因有:①土地灭失(供用地灭失,如引水之水源已竭);②法院宣告(供用地人申请法院宣告邻地利用权消灭);③约定事由发生(约定特定的消灭事由发生,如约定供用地上的建筑物一旦建成,通行邻地利用权就消灭)④被抛弃(需用地人抛弃)。

为了有效解决土地管理中存在的地方政府违法高发多发的问题,2006年国务院决定实施国家土地督察制度,对省、自治区、直辖市及计划单列市人民政府土地管理和土地利用情况进行督察。土地督察制度实施以来,在监督地方政府依法管地用地、维护土地管理秩序等方面发挥了重要作用。在充分总结国家土地督察制度实施成效的基础上,2019年新《土地管理法》在总则中增加第六条,对土地督察制度作出规定:国务院授权的机构对省、自治区、直辖市人民政府以及国务院确定的城市人民政府土地利用和土地管理情况进行督察。以此为标志,国家土地督察制度正式成为土地管理的法律制度。

复习思考题

1.什么是土地权属？土地权利体系是如何构成的？

2.土地权属争议如何有效解决？

3.简述中国土地所有权法律制度和中国土地使用权法律制度。

4.简述征收土地的法律程序。

5.当前集体非农建设用地流转的作用是什么？实际操作中存在哪些问题？

6.土地使用权出让的方式有哪些？这些出让方式的具体程序是怎样的？

7.何谓土地他项权利及其内容？

第四章　土地登记管理

第一节　土地登记概述

一、土地登记简介

土地登记又称土地权利登记。孟子说,"仁政必自经界始"。土地登记是地政的基石,旨在维护土地所有制,保障土地权利。土地登记是依据国家法律,对土地的坐落、面积、用途、等级、权属、关系在专门簿册上进行注记的一种制度。

土地登记是以法律手段来确立或认可土地所有者或使用者的合法权益,以维护土地所有制。我国土地登记的目的在于维护社会主义土地公有制,为保护土地所有者、使用者的合法权益不受侵犯,保障社会主义土地使用制度的稳定性与合理性,充分有效地利用与保护土地提供法律依据。

土地登记或称不动产登记,是指土地及地上建筑物的所有权、使用权与他项权利的登记。具体来讲,土地登记是指土地登记机关依权利人的申请,按照法律程序,将土地及建筑物的标示(坐落、土地编号、建筑物编号、面积、用途、结构等)价值、所有权、使用权及他项权利与其移转变更等情形,详细记载于政府特定的土地登记簿上,借以加强地籍管理,确保人民权益,维护社会秩序的行政行为。土地登记的标的通常是土地及建筑物。一个良好的土地登记制度,必须符合确定产权、手续简便、办理迅速、费用节省的原则。土地登记实施后,购买土地秩序查阅登记簿,便可知道卖主是否为土地所有人,土地权利状况如何,据此购买才不致有误。

依据不同的标准,土地登记可分为不同类型:

(1)实体权利登记与程序权利登记。实体权利登记是指对于当事人所享有的实体权利(所有权、地上权、永佃权、地役权、典权、抵押权和耕作权等)的登记。程序权利登记是指土地权利所处的顺位的登记。

(2)权利登记与表彰登记。权利登记是指所有权及其他物权的发生、移转、消灭、保存、处分限制等所进行的登记。表彰登记是指对土地建筑物以及其他地上附着物的物理现状进行公示的制度。

(3)设权登记与宣示登记。设权登记是指私自创设物权效力的登记。宣示登记是指将已经能够成立的物权变动昭示于人的登记。

(4)预备登记与本登记。预备登记是指为了保障登记请求权而做的一种登记。

本登记又称终局登记,是将土地物权的移转、设定、分割、合并、增减、消灭记入登记簿之中而具有确定的终局的效力。本登记包括总登记即第一次登记、变动登记、更正登记、回复登记、涂销登记。

二、土地登记制的类型

土地权利登记简称土地登记,是确立土地权利的法律依据。世界各国均采用土地登记制,但其具体内容和方法各异。

契据登记制(system of registration of deeds)首创于法国,又称法国制。以当事人间就不动产权利变动所订立的书面契据为登记对象,契据内容是否真实,登记机关不予审查,亦不对其真伪负责。登记完毕只能证明当事人间确曾订立该项契据,并不具有公信力。除法国外,意大利、日本、西班牙、比利时等国以及美国许多州也采用此制。

权利登记制(system of registation of tile)首创于德国,又称德国制。此制审查登记手续是否完备,对于土地权利取得或变动的原因与事实,认定无疑后方可登记。土地权利的取得与变更均以登记才发生效力,若不登记,当事人间所订契约,不仅不能对抗第三人,在法律上亦不发生效力。该登记制具有公信力,一切土地权利及变动均必须登记。除德国以外,奥地利、捷克、荷兰、埃及、匈牙利等国均采用此制。

托伦斯登记制(Torrens title system)由澳大利亚托伦斯爵士首创,亦称产权登记制。它与德国制并无多大差异。该登记制由当事人自行决定是否对土地权利进行登记,属非强制性登记,但一经初始申请登记后,土地权利变更非经登记不生效。登记机关应审查权利的取得与变更无误后方可登记,具有公信力。除澳大利亚以外,加拿大、菲律宾、泰国、南非、马来西亚等国均采用此制。

三、土地登记的特性

(一)登记规则的统一性

土地登记是一个法律行为,要求有严格的操作程序和技术规范,对土地的权属性质、面积、界线、用途、等级、价格的认定必须有统一的标准,在全国范围内每一宗地之间登记的程序、方法、内容、格式均必须统一。

(二)登记区域的完整性

土地登记的法律特性要求在一个登记区域内,且只有一个土地登记机关,以保证区域内土地登记不重不漏,资料统一完整,每一宗地界线清楚、面积准确。

（三）登记时间的连续性

土地权属不是一成不变的,土地登记应随之不断发生变化,保持资料的现势性,任何将土地登记在时间上加以割裂和分段登记的行为均是违背不动产登记法理的。

（四）登记效力的一致性

土地登记的内容具有法律效力,经过登记的每一宗地均具有统一的效力,每一宗地登记结果具有唯一性和法律地位的平等性。

四、土地登记的客体和类型

土地登记的客体是土地及其权利。土地标的物一般以坐落、面积、价值和编号加以表示。土地权利是法律规定要求登记的权利,在登记簿产权栏中反映。

土地登记的类型可分为土地总登记、土地初始登记、土地变更登记、土地注销登记和土地其他登记。

1. 土地总登记

土地总登记是一种基础性的登记,是普遍的土地权属登记,即指在一定时间内对辖区内全部土地或者特定区域内土地进行的全面登记。土地总登记发布通告的内容包括土地登记区的划分、土地登记的期限、收件地点和申请人应当提交的相关文件材料。

2. 土地初始登记

土地初始登记是指土地总登记以外对设立的土地权利进行的登记。其具体包括:划拨国有建设用地使用权初始登记;出让国有建设用地使用权初始登记;租赁国有建设用地使用权初始登记;作价出资或者入股国有建设用地使用权初始登记;集体土地所有权初始登记;集体建设用地使用权初始登记;集体农用地使用权初始登记,土地使用权抵押初始登记;等等。

3. 土地变更登记

土地变更登记是指因土地权利人发生改变,或者因土地权利人姓名或者名称、地址和土地用途等内容发生变更而进行的登记。其具体包括:国有建设用地使用权变更登记;土地使用权变更登记;土地抵押权变更登记地役权变更登记;姓名或名称;地址变更登记和土地用途变更登记;等等。

4. 土地注销登记

土地注销登记是指因土地权利的消灭等而进行的登记。具体办理土地注销登记的情形有:依法收回的国有土地;依法征收的农民集体土地;法院、仲裁机构的生效法律文书;等等。

5.土地其他登记

土地其他登记包括更正登记、异议登记、预告登记和查封登记。土地更正登记适用于土地登记簿记载的事项有错误;土地登记簿记载的权利人不同意更正的,利害关系人可申请异议登记;当事人签订土地权利转让的协议后,可以按照约定持转让协议申请预告登记;依据法院生效判决书办理查封登记。

第二节　土地登记的内容和程序

一、土地登记的法律依据

土地登记的法律依据包括实体法律依据和程序法律依据。

(一)实体法律依据

土地登记的实体法律依据是指包含土地权利规定性内容的法律、法规和规定。目前我国土地登记的实体法律依据主要有:

(1)《宪法》关于土地所有权、土地权属的有关规定。

(2)《民法典》关于土地权属的规定。

(3)《农村人民公社工作条例(修正草案)》关于生产队集体土地所有权的规定。

(4)《土地管理法》关于确认土地权属,开展土地登记、土地调查工作的规定。

(5)《城市房地产管理法》关于房地产权属、登记管理的规定。

(6)《担保法》关于土地抵押的范围、抵押登记效力等的规定。

(7)《中华人民共和国土地管理法实施条例》关于土地证书式样由自然资源部统一规定等规定。

(8)《中华人民共和国城镇国有土地使用权出让和转让暂行条例》关于土地登记的规定。

(9)原国家土地管理局《确定土地所有权和使用权的若干规定》关于土地登记中确权的规定。

(二)程序法律依据

土地登记的程序法律依据是指包含有规定土地登记的程序性内容的法律、法规和规定。目前我国土地登记的程序性法律依据主要有:

(1)《土地管理法》第十二条;

(2)《民法典》第二百一十条和二百一十一条;

(3)《城市房地产管理法》第六十条、第六十一条、第六十二条;

(4)《担保法》第四十二条;

(5)《土地管理法实施条例》第四条、第五条、第六条、第七条;

(6)《土地登记法》等。

二、土地登记的内容

土地登记内容取决于一定历史时期内国家对地权管理的要求。一般来讲,土地登记的内容包括土地的权属、坐落、界址、面积、用途、等级、价格与使用期限,以及土地权利的主体名称、产权证明材料、图号、地号等。

在全国范围内已利用的和国民经济各部门所使用的土地均在土地登记范围之内。土地登记是以土地使用单位为单位进行的,这是与土地统计的不同点。土地登记单位是指农村集体土地使用单位和国有土地使用单位。土地登记单位亦称发证单位。

目前我国土地登记内容包括土地总面积及其权属类别和土地利用类别(地类)的面积等。

(一)土地权利来源

土地登记中的首要内容是弄清土地权利的性质,查明土地权利来源,即土地所有者或使用者最初取得土地的方式。土地权属发生和变更的时间及所处地域是影响土地权属来源的两个主要因素。土地权利来源具体包括国家土地所有权来源、集体土地所有权来源、国有土地使用权来源、集体土地使用权来源。

(二)土地权利主体

土地权利主体是指集体土地所有者、国有土地使用者、集体土地使用者和土地他项权利者。

(三)土地权属界址

土地权属界址是指某一权利主体土地的位置和范围。反映在实地上,界址表现为界址点及其界标物;反映在调查簿册上,界址是各界址点的坐标或相对位置说明;反映在地籍图上,界址表现为界址点的符号、编号和界址点连线。

(四)土地用途

土地用途通常指土地权利人依照土地的特性功能和有关规定对其产权范围内的土地的利用方式。根据《土地管理法》,土地分为三大类,即农用地、建设用地和未利用土地。在土地登记中土地用途要以土地利用现状中二级地类为依据。申请土地登记的土地用途必须符合土地利用总体规划的规定。

（五）土地总面积

所需登记的土地总面积是指土地登记单位权属界线范围内的土地使用总面积（包括集体所有土地面积和使用国有土地面积），它等于各个一级地类面积之总和。在上述土地总面积中包括在外单位范围内的飞地面积，但不包括在本单位范围内的不属于本单位所有或使用的土地面积，如铁路、公路、河流、工矿用地等。计算土地登记单位的土地总面积时，要以土地征用（征收）、划拨和相应的划界文件为依据。

（六）权属类别及其面积

按权属类别登记的土地分为集体所有土地和使用国有土地，并分别按其面积登记。使用国有土地面积按政府直接划拨给土地登记单位使用的土地面积计算。集体所有土地按土地所有权的范围计算其面积。若土地登记单位内既有集体所有土地，又有使用国有土地，则应划清其权属界线，分别计算它们的面积。

（七）地类及其面积

登记不仅包括土地权属面积，而且包括地类面积。地类名称及其编号统一采用《土地利用现状调查技术规程》或《全国土地分类（试行）》中规定的土地利用现状分类体系。要求登记到一级地类面积。非农业土地登记单位内地类单一，可按实际地类及其面积登记，其名称和编号也应统一采用上述土地利用现状分类体系。

（八）土地等级和价格

土地"等"与"级"是城镇土地分等定级的两个划分层次。土地等别反映全国城镇之间土地的地域差异；土地级别反映同一城镇内部土地区位条件与利用效益的差异，在城镇内部统一排序。土地价格是土地价位的货币表现，价格的高低反映了土地质量的优势。

三、土地登记的程序

土地登记可分为初始土地登记和土地变更登记两个阶段。初始土地登记是土地登记单位的权属最初登记。土地变更登记是在初始登记之后，对土地登记单位土地合法变化的登记。由于土地登记工作是一项政策性、法律性和技术性都很强的综合措施，故应由县级自然资源主管部门承办此项业务。

（一）初始土地登记阶段

初始土地登记工作的一般程序如下：

1.发布通告

初始土地登记,由县级以上地方人民政府发布通告。通告的主要内容包括:

(1)土地登记区的划分;

(2)土地登记的期限;

(3)土地登记收件地点;

(4)土地登记申请者应当提交的有关证件;

(5)其他事项。

2.申请土地登记

对于土地的不同权利由不同的权利主体进行申请登记。其一般来说主要有四种:(1)国有土地使用权由使用国有土地的单位及法定代表人或者使用国有土地的个人申请登记;(2)集体土地所有权由村民委员会或者农业集体经济组织及法定代表人申请登记;(3)集体土地使用权由使用集体土地的单位及法定代表人或者使用集体土地的个人申请登记。(4)土地他项权利需要单独申请的,由有关权利人申请登记。

土地登记申请者申请土地所有权、使用权和土地他项权利登记,必须向土地管理部门提交土地登记申请书和其他相关证明,委托代理人申请土地登记的,还应当提交授权委托书和代理人资料身份证明。

3.土地调查

自然资源管理部门接受土地登记申请书及权属来源证明并开据收据,负责组织辖区内的地籍调查。地籍调查规程由国家土地管理局制定。

4.权属审核

自然资源管理部门应当根据地籍调查和土地定级估价成果,对土地权属、面积、用途、等级、价格等逐宗进行全面审核,填写土地登记审批表。经自然资源管理部门审核,对符合登记要求的宗地予以公告。

5.注册登记

公告期满,土地使用者、所有者和土地他项权利者及其他土地权益有关者对土地登记审核结果未提出异议的,由人民政府批准后,办理注册登记。

6.颁发土地证明书

由县级以上人民政府向国有土地使用者、集体土地所有者、集体土地使用者分别颁发国有土地使用证、集体土地所有证和集体土地使用证。县级以上地方人民政府土地管理部门向土地他项权利者颁发土地他项权利证明书。

(二)土地变更登记阶段

土地变更登记工作的一般程序如下:

1. 申请变更登记

由用地者填写变更土地登记申请书,说明变更依据和变更内容,同时提供相关的证明材料。

2. 权属审核

核定法人身份证明与申请书上的法人、委托代理人身份证明与委托书上的姓名是否一致。在土地使用者相邻双方在场的情况下共同确认变更后新界线,并将调查结果填入调查表内,同时让相邻者在表上签字、盖章。

3. 地籍测量

对变更后新产生的宗地的形状,界址点、界址线的位置,宗地面积,地籍图等进行准确的测绘、计算;同时对原宗地的界址点、界址线的位置,宗地面积,地籍图等要进行相应的修测。

4. 注册登记

变更登记申请经过变更地籍调查之后,其成果经检查验收,达到依据充分、权属合法、界址清楚、面积准确的要求,便可上报区县或市人民政府审核、批准,更改或重新填写土地登记卡、归户卡。

5. 填发土地证书

属于权属变更的要更换土地证书。

第三节　拓展:房地产登记

一、不动产物权变动与房地产登记模式

(一)不动产物权变动

1. 不动产物权变动概述

(1)不动产物权变动的概念和种类。

不动产物权变动,是不动产物权发生、变更、消灭的总称。物权变动是学界公认的术语,但我国《民法典》未采纳此概念,而是称之为"物权的设立、变更、转让和消灭"。

不动产物权的发生,是指特定不动产物权归属于特定权利主体的事实状态。从权利人的角度来讲,不动产物权的发生也叫不动产物权的取得,分为原始取得和继受取得。前者指非依他人既存的权利而取得不动产物权,例如因建造而取得房屋所有权;后者指基于他人已有的权利而取得不动产物权,一般都是依法律行为而取得,如买卖、赠与。

不动产物权的变更有广义和狭义之分。广义的变更包括权利主体变更、权利

客体变更和权利内容变更;狭义的变更仅指权利客体和权利内容的变化,通常所称的不动产物权变更是指后者。不动产物权客体的变更为量的变更,指作为不动产物权客体的不动产在数量上的增减;不动产物权内容的变更为质的变更,指不动产物权内容上发生某种变化,如不动产抵押中抵押期限的延长或者抵押权人次序的变化等。

不动产物权的消灭又称不动产物权的丧失,某一物权因一定的法律事实而不复存在,分为绝对消灭和相对消灭。前者指由于不动产物权客体灭失而导致不动产物权消灭,例如房屋因拆迁而毁灭,土地因灾害而"桑田变沧海"等,后者指原权利主体丧失某一不动产物权而由新的权利主体取得,这实质上是不动产物权主体的变更,如房屋买卖和赠与、土地被征收等。

(2)不动产物权变动的原因。

不动产物权变动的原因,是指引起不动产物权发生、变更和消灭的法律事实。根据原因的不同,不动产物权的变动分为依法律行为和非依法律行为而发生者。前者是以当事人的意思为基础之法律行为而使不动产物权发生变动;后者是因法律行为以外的原因引起不动产物权发生变动。这里的法律行为既可以是单方法律行为(如抛弃、设定遗嘱),也可以是双方法律行为(如买卖、赠与、互易等)。非依法律行为而发生者大体包括事实行为和某些公法行为,事实行为如建造房屋、取得时效、添附等,公法行为如征收、没收等。

在《民法典》中,不动产物权变动的基本规则和制度主要体现在第二编第一分编第二章第一节"不动产登记"之中;非依法律行为引起的不动产物权变动主要体现在第二编第一分编第二章第三节"其他规定"及第九章"所有权取得的特别规定"等章节之中。在"其他规定"中,《民法典》肯定了人民法院、仲裁委员会的法律文书,人民政府的征收文件,继承和受遗赠,合法建造、拆除房屋等为非依法律行为引起物权变动的原因。

(3)不动产物权变动模式。

所谓不动产物权变动模式,主要是各国针对依法律行为而发生的不动产物权变动所作出的规定,这在大陆法系国家尤为明显。英美法系虽然没有明确提出物权变动模式的问题,但其法律规定也与大陆法系的某些国家相似。

不动产物权变动需要具备原因和形式两个要素。其中:原因要素是引起不动产物权变动的契约等法律行为和某些非法律行为的法律事实;形式要素通常是指不动产物权的登记等。根据大陆法系国家对上述两要素的不同规定,不动产物权变动主要形成了债权意思主义、物权形式主义和债权形式主义三种主要模式。

①债权意思主义。债权意思主义是指只需当事人之间达成债权合意即产生物权变动的法律后果,不承认有单独的旨在引起物权变动的物权意思。不动产登记的公示行为仅具有对抗第三人的效力,不是引发不动产物权变动的原因,不具有公

信力。这种模式的公式是:债权合意＝不动产物权变动。法国、日本等国采纳的是该模式。我国《民法典》第二百三十三条第一款规定:"土地承包经营权自土地承包经营权合同生效时设立。"该规定表明,土地承包经营权这种不动产物权的取得采用的就是纯粹的债权意思主义。《民法典》第三百七十四条规定:"地役权自地役权合同生效时设立。当事人要求登记的,可以向登记机构申请地役权登记;未经登记,不得对抗善意第三人。"该规定表明,地役权这种不动产物权的产生也适用债权意思主义的不动产物权变动模式,登记仅具有对抗效力。

②物权形式主义。该模式以物权行为理论为基础,其基本内容是:物权变动不仅需要当事人达成债权合意,而且需要当事人之间单独成立一个纯粹以转让物权为内容的物权合意,且以动产交付占有或不动产登记为发生物权变动的生效要件,法律对于这种物权公示形式赋予公信力。这种模式的公式是:债权合意＋物权转移合意登记＝不动产物权变动。《德国民法典》是该模式的代表。虽然在理论上我国很多学者承认物权行为理论,且认为我国的物权变动应采纳物权形式主义,但在制定法层面我国是不承认物权行为理论的,自然也就不采纳物权形式主义。

③债权形式主义。债权形式主义是指欲产生物权变动的法律后果,需要当事人之达成债权契约,同时须践行动产交付或者不动产登记的形式,这两者缺一不可。该模式认为债权契约中自然包含物权变动的意思,不承认物权意思的独立性;作为物权公示的形式,当事人必须践行不动产登记和动产交付占有的公示行为,否则不产生物权变动的法律结果。物权变动系债权合意和公示形式的结合,物权变动的效力受债权行为的影响,债权行为无效或被撤销,物权变动的结果也将无效或被撤销。这种模式的公式是:债权合意登记＝不动产物权变动。奥地利、瑞士、韩国和拉丁美洲一些国家采纳的是该模式。我国《民法典》第二百零九条第一款前一句规定:"不动产物权的设立、变更、转让和消灭,经依法登记,发生效力。"该规定表明我国的不动产物权变动是以债权形式主义为原则的,如房屋所有权、建设用地使用权、房地产抵押权的物权变动。例如,《民法典》第四百零二条规定,以在建建筑物抵押的,应当办理登记,抵押权自登记时生效。

上述三种不动产物权变动模式根据不动产登记的效力不同,又可分为公示对抗主义模式和公示要件主义模式。前者是指不动产物权变动取决于当事人之间的债权合意,不动产登记不具有公信力,仅具有对抗第三人的效力,要适用债权意思主义,如我国对取得地役权的规定。后者是指不动产物权变动在形式上须践行不动产登记行为,否则不发生物权变动的法律效果,不动产登记被法律赋予公信力,主要适用债权形式主义和物权形式主义,如我国对取得房地产抵押权的规定。

可以说,采纳不同的不动产物权变动模式,对房地产登记的影响至关重要。

2. 不动产物权变动与房地产登记的关系

(1)公示对抗主义与房地产登记。

在采纳不动产物权变动公示对抗主义模式的国家,不动产物权变动仅需当事人之间达成债权合意即可,不需要履行登记行为。例如,甲欲将其所有的房地产转让给乙,只要甲乙之间形成了转让该房地产的合同关系,该房地产的权利就转让给了乙,不需要甲乙向有关部门进行登记。该模式符合效率原则,手续简单,最大限度地促进交易,更为尊重当事人的意思表示。但其缺点也是显而易见的,那就是不动产作为社会经济中最为重要的财产,其物权的变动没有任何外在表现,不容易为外界了解,不利于保护善意第三人的利益和公共利益。正是考虑到上述缺点,法国于1855年颁布了《不动产登记法》,规定不动产物权变动不登记的,不可对抗第三人。但是,这里的登记仍然不具备决定不动产物权变动的效力,而仅仅具有证明力、对抗力,故这种登记又被称为形式意义上的登记。

(2)公示要件主义与房地产登记。

在采纳不动产物权变动公示要件主义模式的国家,不动产物权变动均须具备形式要件,即不动产登记。一般而言,仅有当事人的合意(不论是债权合意还是物权合意)不足以发生不动产物权变动的法律效果,必须附加一个不动产登记的要素。例如,甲欲将其所有的房地产转让给乙,甲乙除需签订房地产买卖合同外,还需要到法定的登记部门办理房地产权属转移登记。不登记,不产生房地产物权变动法律效果,故此种不动产登记又被称为实质意义上的登记。我国在不动产物权变动领域基本采纳债权形式主义模式,办理房地产登记是至关重要的。

从物权法理论上来讲,在公示要件主义模式下,房地产登记构成了不动产物权的表征效力,即具备公信力。如果没有足够的相反证据,那么被登记在登记簿上的不动产权利就被法律推定为绝对正确的,任何人都可以基于对不动产登记簿记载信息的绝对信任而进行交易。如果出现因登记簿登记的不动产信息错误而导致原权利人受损,则原权利人不能向善意受让方主张返还不动产权利。例如,甲购买了一处房地产,由于登记时出现错误,将该房地产的权利人登记为乙。善意第三人丙在查阅了不动产登记簿后,与登记公示的权利人乙签订了买卖合同,并办理了所有权转移登记手续。此时如发生纠纷,则甲不能要求丙返还该房地产,而只能依据实际过错向登记机构或者乙主张赔偿。丙依然为该房地产的合法物权人。对此,我国《物权法》肯定的不动产善意取得制度就是不动产登记推定正确性在外部效力上的规定。

(二)房地产登记的性质与模式

房地产登记,是指国家法定机关依法将不动产权利归属和其他法定事项等进行登记,并对所登记信息赋予一定法律效力的制度。房地产登记主要有三大功能:

权利确认、公示及管理功能。

根据登记的基础和功能的不同，房地产登记可分为事实登记和权利登记。事实登记又称表彰性登记和表示登记，是对房地产的物理现状进行登记公示的制度。它将诸如土地的面积、性质、取得方式、用途、坐落等和建筑物的面积、坐落、层数、种类等信息记载于登记簿中。权利登记是对房地产物权的发生、变更、消灭、限制等所作的登记，包括首次登记、查封登记等。事实登记既是房地产权利保护的基础，也是国家进行房地产管理、税收管理的基础；权利登记是对房地产权利主体的保护，正是基于权利登记的效力不同才产生了对抗效力和生效效力的不同。事实登记是权利登记的基础，权利登记是事实登记的归宿。

1. 房地产登记的性质

关于房地产登记的性质，我国学界素有争议，主要有以下几种观点：第一，公法行为说或者行政行为说；第二，私法行为说或者民事行为说；第三，登记行为是私法行为和公法行为的统一，当事人进行的登记申请行为为民事行为，而登记机关审查登记的行为则是行政行为；第四，证明行为说，这种学说避免了对房地产登记于公、私法性质上的判断，认为不动产登记在本质上是国家证明行为，而不是对房屋买卖合同的审查和批准；第五，社会服务说。

（1）行政行为说的观点与规定。

这种学说认为，登记是房地产行政管理机关依职权所实施的行政行为，它体现了不动产登记机构与登记申请人之间管理与被管理的关系。在登记法律关系中，不动产登记机构享有审查登记申请、作出登记决定、对不履行登记义务的房地产权利人进行处罚的职权，而房地产权利人负有及时向不动产登记机构申请房地产权属登记及服从权属登记和服从管理的义务。具体而言，第一，不动产登记行为是一项必须由不动产登记机构行使公权力的行为。第二，不动产登记行为是国家行政权力的一部分，体现了一定的强制性。第三，不动产登记行为是对不动产物权的确认与宣告，是根据客观事实和法律规定决定的行为，必须严格按照法律规定和有关规范进行。因此，基于不动产登记机构与登记申请人之间的管理和被管理的关系，房地产登记自然为一种行政行为，房地产权属登记是房地产产权管理的主要行政手段。

我国有关法律法规曾经也将登记的性质定位为行政行为，如 1997 年的《城市房屋权属登记管理办法》第三条规定，房屋权属登记是指房地产行政主管部门代表政府对房屋所有权以及由上述权利产生的抵押权、典权等房屋他项权利进行登记并依法确认房屋产权归属关系的行为。一些调整房地产登记的部门规章进一步将办理登记视为当事人应当履行的行政义务，违背这些义务所应承担的法律责任也相应地被规定为行政责任，例如，1997 年的《城市房屋权属登记管理办法》第三十六条规定，当事人未按期进行房屋权属登记的，"由登记机关责令其补办登记手续，并按原登记费的三倍以下收取登记费"。我国有些地方法规则明确将登记机关的赔偿责任规定为国家赔偿,如《贵州省土地登记条例》第三十二条规定:"因国土行政管理部门及其登记工作人员过错造成错、漏登记的,国土行政管理部门应当及时更正或者补登记,给权利人造成经济损失的,依照国家赔偿法及有关规定赔偿。"2010年1月18日实施的《房屋登记案件司法解释》亦将"房屋登记行为以及与查询、复制登记资料等事项相关的行为"界定为行政行为。

(2)民事行为说的观点与规定。

不可否认,由于房地产这种商品的特殊性,房地产登记的确具有相当程度的国家干预性,这也是国家行政机关行使行政管理权的表现。但是,综合考察房地产登记行为,房地产登记在性质上应为民事行为。第一,登记行为源于登记申请人的请求行为,即发端于当事人为登记申请的意思表示,在权利登记中通过登记申请意欲使其享有的权利,或产生不动产物权的法律效果,或产生对抗效力。不动产登记对不动产物权的作用不是行政授权或者许可、管理,而是当事人引起不动产物权变动合意或对抗效力的结果。所以,该申请权及所谓的意思表示和法律效果当为民事领域所覆盖的范围。第二,登记的功能主要表现为权利确认功能和公示功能,其本质是为了确保房地产权利人的合法物权,承认并保障权利人对房地产的法律支配关系,以及保护交易安全和稳定而设计出来的法律制度,也是保障房地产买卖合同圆满履行的必要制度,是双方当事人债权债务关系的延伸。因此,房地产登记绝不仅仅是一个行政管理的过程,而是更注重将权利设立和变动的信息向社会公开,使第三人了解这些信息。登记,能够使权利的移转形成一种公信力,使已经形成的权利成为一种干净的权利,而且还能使第三人了解权利的状况以及权利上是否存在负担等,为不动产交易当事人提供风险警示,从而决定是否与登记的权利人从事各种交易。虽然在公示要件主义模式下没有登记机构的登记行为不能产生物权变动效力,但登记并不是行政机关的权力,登记机构对符合法律规定的登记申请有登记的义务,否则,登记机构应承担相应的法律责任。所以,登记的功能及产生的法律效果皆为民事功能及民事效力。如果将登记的性质认定为行政行为,则登记机构运用公法强力干预登记行为就有了合法理由。第三,从世界范围来看,诸多登记行为产生的诉讼,比如因预告登记、异议登记、撤销登记等产生的纠纷,当事人向法院提起的是民事赔偿之诉,而非国家赔偿之诉;登记机构所承担的赔偿责任是民事赔偿责任,而非国家赔偿责任。第四,登记与交付是物权变动的公示方法,也是民法物权法中的重要内容,动产的交付为典型的民事行为,与之并列的在民法物权法中规定的不动产登记行为自然不能定性为行政行为。第五,在国际上,许多国家也将不动产登记的性质界定为民事行为,登记是民事制度不可缺少的组成部分。比如在不动产登记法的性质认定上,德国的不动产登记法是民法物权法的程序法;日本的不动产登记法是民法的特别法。基于此,我们认为,房地产登记的性质应当界定为民事行为。

我国 2015 年 3 月 1 日实施的《不动产登记暂行条例》事实上采纳了此种定性。该条例第 1 条开宗明义地规定其依照《物权法》等法律制定。除登记不动产的物理属性外,重点在于对不动产权利登记进行规定,其着眼点亦为确认和保护不动产民事权利。该条例第三章"登记程序"中,规定不动产登记依当事人的申请而进行。在登记机构赔偿责任问题上,该条例第二十九条规定:"不动产登记机构登记错误给他人造成损害或者当事人提供虚假材料申请登记给他人造成损害的,依照《中华人民共和国物权法》的规定承担赔偿责任。"登记机构依照《物权法》承担的赔偿责任必然是民事责任,这也是不动产登记行为系民事行为在赔偿责任上的必然体现和逻辑结果。

当然,房地产登记不仅体现了平等主体间的私权关系,也反映了纵向的行政关系,是个人目标与国家目标双重价值的表现。所以,在认定房地产登记行为为民事行为的同时,也须承认登记机构在登记过程中所承担的行政管理功能。

2. 房地产登记模式的比较法考察

房地产立法与一国政治、经济、文化、历史等因素密切联系,固有法色彩十分浓厚。各国在漫长的法治实践中,逐渐形成了各自独特的房地产登记法律模式,并与本国所采纳的不动产物权变动模式相契合。纵观世界主要国家的房地产登记立法,有三种典型的房地产登记模式。

(1)契据登记模式。

契据登记模式系法国首创,日本、意大利、比利时、西班牙和美国的几个州也采纳该模式。该模式主要是指不动产物权变动的生效以当事人之间达成债权契据为准,不必进行登记;不登记,不得对抗第三人。登记机构登记时,以契据内容为准进行登记。这种不动产登记模式与法国所采纳的公示对抗主义物权变动模式相契合。该模式的主要特点是:

①形式审查主义。登记机关在登记时,仅进行形式上的审查,仅依照契据内容进行登记,不对契据所载内容进行实质性审查,至于所载权利是否有瑕疵,则不予过问。

②登记没有公信力。由于登记机关不对不动产登记事项进行实质性审查,所以法律也不赋予登记以公信力,登记簿上的权利信息不一定绝对正确和真实。

③登记簿内容具有对抗第三人的效力。登记虽然不具有公信力,但可以对抗第三人。不动产物权变动在公示对抗主义模式下仅以当事人形成的债权合意为要素,缺少物权变动的外在形式,无法为第三人所知晓,不利于交易安全的保护。但通过赋予登记以对抗力,一方面仍然维持了不动产交易只需当事人达成债权契约即生物权之效力,另一方面在一定程度上使其具有了外在表现。

④任意登记主义。不动产物权变动是否进行登记,完全依照当事人的意思。

⑤登记簿采用以人为中心的编成主义。登记簿上的信息不以土地、房屋等不动产为中心进行登记，而是以权利人登记的次序来编排。由于这种登记模式无法反映不动产权利的整体状况，后经改革，法国的不动产登记也具有了以物为中心的机能，在一定程度上修正了原先的缺点。日本虽然也采纳契据登记模式，但依照其动产登记法的规定，登记簿采用以物为中心的编成主义。

⑥登记不动产物权变动的信息。登记簿不仅登记不动产静态信息，也登记不动产物权变动情况。

（2）权利登记模式。

权利登记模式以德国为代表，瑞士、荷兰、奥地利等国也予以采纳。该模式的主要内容是，不动产物权变动仅有当事人的债权合意是不能形成的，必须进行登记，登记机关对交易进行实质性审查。登记完成之时，不动产物权变动方能生效。该登记模式与德国采纳的公示要件主义物权变动模式一脉相承。该模式的主要特点是：

①实质审查主义。登记机关不但审查形式要件，也对交易的内容、原因是否合法予以审查，确认无瑕疵后方予以登记。具体来讲，就是要严格审查当事人之间是否具有真实的物权合意、登记合意等。

②登记簿内容具有公信力。由于登记机关在登记时进行实质性审查，所以，法律赋予登记簿内容以公信力，除非有明显的相反证据，否则，任何人都可以绝对相信登记簿上所载内容的正确性，并以此为依据进行交易。纵使登记簿记载的事项在实体上被认定为无效、可撤销、不成立等，真实权利人也不能以此为由追究善意第三人的责任。

③强制登记主义。不动产物权变动非经登记，不产生物权变动效力。

④登记簿采用以物为中心的编成主义。权利登记模式按照不动产的地段、地号等进行登记。登记完毕，不发给权利证书，只在契约上注明登记过程即可。

⑤登记不动产物权的静态状态。登记簿中记载不动产的现状，不记载物权变动的事实。

⑥设置赔偿制度。如果因为登记机关的错误导致登记内容有瑕疵，民事主体因信任该登记内容而在交易时受到损害的，受害人可请求赔偿。

（3）托伦斯登记模式。

托伦斯登记模式系澳大利亚人托伦斯爵士提出，于1858年经南澳洲议会通过，于当年7月实施。该登记模式又被称为"澳洲登记制""权利交付主义"。托伦斯原是一名商人，曾在澳大利亚阿德雷港担任海关税务员，继任南澳大利亚殖民内阁第一届成员。他借鉴船舶登记制度，主张土地权利应用一种书状作为证明，并使其权利绝对可靠且有确定性质而便于转移。该模式的基本内容是：不动产在初次登记时，由登记机关按照法定程序做成地券。让与不动产物权时，当事人先做成让与证书,再连同地券一并交与登记机关。经登记机关审查后,在不动产登记簿上记载权利的变动,向新权利人交付新地券,或在原地券上记载该不动产权利的变动,这就使第三人可以从地券上明了该不动产的权利变动情况和现状。目前,澳大利亚、英国、爱尔兰、加拿大、美国的一些州等采用托伦斯登记模式。该模式的主要特点是:

①任意登记主义。法律不强制所有的不动产必须进行登记,是否登记完全取决于当事人的意思。但是,不动产一旦进行了登记,之后所有的权利变动都必须进行登记,否则不产生效力。与权利登记不同的是,后者采纳强制登记主义。

②实质审查主义。同权利登记一样,登记机构也要对登记原因及证明文件进行实质性审查,必须公告的,须经公告程序。

③登记内容具有公信力。

④交付不动产权利证书。在对不动产进行所有权第一次登记时,登记机关将权利证书做成一式两份,一份由登记机构留存,以供编成登记簿之用;另一份发给不动产权利人,以作为享有不动产权利的确定凭证。而在权利登记模式中,登记系就当事人的契约加以注记验证,不另发书状。

⑤如果土地上负有权利负担,应当进行负担登记。

⑥设置赔偿基金。因登记机关事先进行了实质性审查,登记内容具有不可推翻的效力,故登记如有错误、虚假或遗漏而致真正权利人受到损害的,登记机构应负赔偿责任。为此,登记机构往往设有赔偿基金,以供将来赔偿支付。这一点与权利登记模式的国家赔偿不同。

二、我国现行法调整下的房地产登记

(一)我国现行房地产登记的主要类型

根据《不动产登记暂行条例》第三条的规定,我国现行不动产登记的类型主要有首次登记、变更登记、转移登记、注销登记、更正登记、异议登记、预告登记、查封登记等。

1.首次登记

首次登记是《不动产登记暂行条例》率先使用的法律术语,是不动产权利第一次记载于登记簿,将过去分散的、不统一的总登记、初始登记、设立登记等统一概括为首次登记,既包括了土地总登记、建筑物初始登记、土地权利初始登记,也包括了建筑物抵押权的设立登记《不动产登记暂行条例实施细则》第二十四条规定:"不动产首次登记,是指不动产权利第一次登记。未办理不动产首次登记的,不得办理不动产其他类型登记,但法律、行政法规另有规定的除外。"第二十五条规定:"市、县人民政府可以根据情况对本行政区域内未登记的不动产,组织开展集体土地所有权、宅基地使用权、集体建设用地使用权、土地承包经营权的首次登记。依照前款规定办理首次登记所需的权属来源、调查等登记材料由人民政府有关部门组织获取。"从我国现行法来看,不动产总登记,土地所有权、建筑物所有权第一次登记,以及设立不动产他物权的设立登记,如以出让、划拨方式取得国有建设用地使用权,以划拨方式取得的国有建设用地使用权转为以出让方式取得国有建设用地使用权,以国有土地使用权作价出资或者入股方式取得国有建设用地使用权,以国家授权经营方式取得国有建设用地使用权,集体土地所有人以集体土地入股或者联营兴办企业,申请土地使用权抵押,在土地上设定地役权申请登记,取得集体建设用地使用权,集体土地上的房屋转为国有土地上的房屋等,应进行首次登记。

首次登记在不动产登记中意义重大,根据《不动产登记暂行条例实施细则》第二十四条第二款的规定,未办理不动产首次登记的,不得办理不动产其他类型登记。这也是不动产登记连续登记原则(也称"在先已登记原则")的具体体现。首次登记的基本事项主要有:申请人名称、地址,房地产性质,房地产坐落、面积、用途、等级、价格,房地产权属来源证明,以及其他登记事项。

2. 变更登记与转移登记

变更登记与转移登记的关系因法律法规的变化而有所变化。理论上讲,变更登记包括权利变更登记和事实变更登记。前者是因买卖、交换、赠与、继承分割、合并、人民法院发生法律效力的判决(包括裁定、调解)、仲裁机关发生法律效力的裁决(包括调解)、行政机关依法没收及其他原因导致房地产权属发生变动而进行的登记。其中,买卖、交换、赠与等均导致房屋所有权发生转移,这些登记就是俗称的"过户"登记,被称为转移登记。后者是指因房地产用途发生变化,权利人姓名或名称发生变化,共有房地产分割,土地或房屋面积增加或减少,不动产的坐落、界址、面积等状况变更,房屋倒塌、改扩建、拆除或因不可抗力导致自然状况发生变化或者灭失等情形,抵押担保的范围、主债权数额、债务履行期限、抵押权顺位发生变化等导致房地产权属发生变动而进行的登记。

《物权法》颁布之前,我国许多地方性法规,例如上海、天津、深圳的房地产登记条例,都将权利变更登记称为"转移登记",而将变更登记的范围限于房地产事实的变动。《城市房屋权属登记管理办法》也将房屋权利变更纳入转移登记之中。由于《物权法》对物权变动的登记统一使用"变更登记"这一法律术语,变更登记的范围便扩大至涵盖权利变动和事实变动两部分,相关的规定也随之做出调整。

《不动产登记暂行条例》颁布实施后,变更登记与转移登记的关系和内涵发生了变化。该条例将变更登记和转移登记并列规定,使得变更登记的范围局限于事实变更登记,转移登记则与权利变更登记的内涵一致。《不动产登记暂行条例实施细则》第二十六条规定:"下列情形之一的,不动产权利人可以向不动产登记机构申请变更登记:(一)权利人的姓名、名称、身份证明类型或者身份证明号码发生变更的;(二)不动产的坐落、界址、用途、面积等状况变更的;(三)不动产权利期限、来源等状况发生变化的;(四)同一权利人分割或者合并不动产的;(五)抵押担保的范围、主债权数额、债务履行期限、抵押权顺位发生变化的;(六)最高额抵押担保的债权范围、最高债权额、债权确定期间等发生变化的;(七)地役权的利用目的、方法等发生变化的;(八)共有性质发生变更的;(九)法律、行政法规规定的其他不涉及不动产权利转移的变更情形。"第二十七条规定:"因下列情形导致不动产权利转移的,当事人可以向不动产登记机构申请转移登记:(一)买卖、互换、赠与不动产的;(二)以不动产作价出资(入股)的;(三)法人或者其他组织因合并、分立等原因致使不动产权利发生转移的;(四)不动产分割、合并导致权利发生转移的;(五)继承、受遗赠导致权利发生转移的;(六)共有人增加或者减少以及共有不动产份额变化的;(七)因人民法院、仲裁委员会的生效法律文书导致不动产权利发生转移的;(八)因主债权转移引起不动产抵押权转移的;(九)因需役地不动产权利转移引起地役权转移的;(十)法律、行政法规规定的其他不动产权利转移情形。"

3. 注销登记

注销登记是指土地使用权和房屋所有权因抛弃、混同、存续期限届满、客体消灭、债务清偿、被行政机关撤销或被法院注销、他项权终止等消灭时,不动产登记机构对不动产权利作出的登记。注销登记主要包括申请注销登记和嘱托注销登记两种情形。申请注销登记时,申请人应提交原不动产权利证书以及相关的合同或其他证明文件。《不动产登记暂行暂行实施条例》第三条规定了注销登记。《不动产登记条例细则》第二十八条规定:"有下列情形之一的,当事人可以申请办理注销登记:(一)不动产灭失的;(二)权利人放弃不动产权利的;(三)不动产被依法没收、征收或者收回的;(四)人民法院、仲裁委员会的生效法律文书导致不动产权利消灭的;(五)法律、行政法规规定的其他情形。不动产上已经设立抵押权、地役权或者已经办理预告登记,所有权人、使用权人因放弃权利申请注销登记的,申请人应当提供抵押权人、地役权人、预告登记权利人同意的书面材料。"

4. 更正登记

一般来说,不动产登记的事项与实际的不动产事项应当是一致的,但不能否认存在两者不符的可能,这种不符的事实状态,叫作不动产登记瑕疵。为了维护真正权利人和利害关系人的利益,就有必要设计出纠正错误的制度,为此《物权法》规定了更正登记和异议登记制度。所谓更正登记,是指对不动产登记簿上记载不正确的登记信息予以更改,使之与事实状态一致的登记。按照更正登记程序启动方式的不同,更正登记可分为依申请的更正登记和依职权的更正登记两种方式。设置更正登记的意义在于保证不动产登记簿上记载的信息与事实状态相一致,避免真正权利人因为登记错误而遭受损失。更正后的登记自始具有法律效力,物权变动必须按照更正后的登记信息进行方能有效,如果仍然按照更正前的登记信息进行物权变动,则不发生法律效力。更正登记是彻底终止现实登记权利的正确性推定效力,可以最终杜绝第三人依据不动产登记簿取得现时登记的权利。但是,当在错误登记之后已经办理了涉及不动产权利处分的登记、预告登记和查封登记的,登记机构则不再准许办理更正登记。此前,《物权法》第十九条第一款规定了更正登记制度:"权利人、利害关系人认为不动产登记簿记载的事项错误的,可以申请更正登记。不动产登记簿记载的权利人书面同意更正或者有证据证明登记确有错误的,登记机构应当予以更正。"新出台的《民法典》第二百二十条有相同规定,《不动产登记暂行条例实施细则》第五章第一节对更正登记作出了系统规定。

需要说明的是,第一,《民法典》规定的更正登记仅就不动产登记簿记载的错误而言,不动产权利证书记载的事项错误或与登记簿不一致,权利人也可申请登记机构进行更正,但并非更正登记。第二,不动产登记簿记载的事项错误,既包括与登记的原始文件不符,也包括与登记的原始文件相符但与真实物权状态不符。第三,更正登记有两种情形:一是权利人、利害关系人申请更正登记;二是登记机构依职权进行更正,《民法典》仅规定了前者,《不动产登记暂行条例实施细则》第八十一条则补充规定了后者。

5.异议登记

已经纳入登记的权利推定为正确的原则只是法律为稳定经济秩序而作出的推定,但并不是说是绝对正确的。现实生活中,如果登记权利人不是真正权利人,而事实上的权利人才是真正权利人,此时法律就应当允许权利人或者利害关系人依据真正的权利状态对现时登记的权利进行更正。但鉴于更正程序耗时较长或者与登记权利人之间的争议一时难以解决,法律就有必要建立一种保护真正权利人的临时性措施,这种措施就是异议登记制度。

所谓异议登记,是指事实上的权利人以及利害关系人对现时不动产登记簿的正确性提出异议而向登记机构申请的登记。与更正登记不同,异议登记是暂时中断登记簿的公信力,维护真正权利人的合法权利。对登记记载的权利人而言,异议登记可以暂时限制其按照登记簿的内容去行使权利;对第三人而言,可以暂时排除第三人依据登记簿的公信力取得物权。《民法典》第二百二十条第二款规定:"不动产登记簿记载的权利人不同意更正的,利害关系人可以申请异议登记。登记机构予以异议登记的,申请人在异议登记之日起十五日内不起诉的,异议登记失效。异议登记不当,造成权利人损害的,权利人可以向申请人请求损害赔偿。根据《不动产登记暂行条例实施细则》第八十三条第三款的规定,异议登记失效后,申请人就同一事项以同一理由再次申请异议登记的,不动产登记机构不予受理。但是,异议登记属于程序性权利,根据《最高人民法院关于适用〈中华人民共和国物权法〉若干问题的解释(一)》第三条的规定:"异议登记因物权法第十九条第二款规定的事由失效后,当事人提起民事诉讼,请求确认物权归属的,应当依法受理。异议登记失效不影响人民法院对案件的实体审理。"另外需要注意的是,根据《不动产登记暂行条例实施细则》第八十四条的规定,异议登记期间,不动产登记簿上记载的权利人以及第三人因处分权利申请登记的,不动产登记机构应当书面告知申请人该权利已经存在异议登记的有关事项。申请人申请继续办理的,应当予以办理,但申请人应当提供知悉异议登记存在并自担风险的书面承诺。

有必要说明的是,作为保护事实上的权利人和真实权利状态的法律措施,其他国家的立法中,多是将异议登记作为更正登记之前的一种临时性措施,申请人自异议登记之日起一定期限内未向登记机构提起更正登记请求的,异议登记就失效了,而我国的《民法典》则把异议登记规定为更正登记之后的一种法律措施。换言之,申请人只有在申请登记机构予以更正登记未果的情况下,才可以要求进行异议登记,这一点也体现在《不动产登记暂行条例实施细则》第八十二条中。

6. 预告登记

预告登记是与本登记相对应的一种登记。以不动产物权的转移、设定、分割、合并、增减及消灭为目的记入不动产登记簿中的登记为本登记,而为保全将来不动产物权的转移等行为而进行的请求权登记则属于预告登记,故不动产预告登记是为了保障当事人将来的合法权益而设计的一项制度。其本质特征是使被登记的请求权具有物权的效力,产生了排他性、对抗性,以确保将来只发生该请求权所期待的法律效果。我国现行的商品房预售合同登记备案制度与其在形式上有类似之处,但该制度建立的目的是加强对预售合同的行政管理,并不能从根本上解决合同请求权到登记请求权的过程,与预告登记的功能和目的大相径庭。预告登记肯定了被登记的不动产权利具有保全效力、顺位保护效力、破产保护效力、预警效力等。《物权法》第二十条规定了预告登记制度:"当事人签订买卖房屋或者其他不动产物权的协议,为保障将来实现物权,按照约定可以向登记机构申请预告登记。预告登记后,未经预告登记的权利人同意,处分该不动产的,不发生物权效力。"《不动产登记暂行条例》第三条、《不动产登记暂行条例实施细则》第五章第三节均规定了预告登记。

预告登记毕竟不是终局登记,预告登记的本质特征是使被纳入预告登记的请求权具有物权效力,但要发生预告登记请求权人指向的物权变动,请求权人还必须以自己的行动实现物权的变动,如果以消极的态度不申请办理本登记,就会产生不利的法律后果。对此,《民法典》第二百二十一条第二款规定:"预告登记后,债权消灭或者自能够进行不动产登记之日起三个月内未申请登记的,预告登记失效。"所谓"债权消灭",是指"买卖不动产物权的协议被认定无效、被撤销、被解除,或者预告登记的权利人放弃债权"。

7. 查封登记

查封是法院对利害关系人或者被申请执行人的财产在一定期限内采取扣押、

冻结等限制使用或者交易的一种强制性措施,查封的对象既可以是动产、不动产、也可以是股票、债券等权利凭证。法院在查封动产时,应当采取加贴封条的方式;不便加贴封条的,应当张贴公告。在查封不动产或者有产权证照的动产(例如机动车、船舶等)时,则需要产权登记机关协助办理查封登记。所谓不动产查封登记,是指不动产登记机构根据人民法院及其他机关提供的查封裁定书和协助执行通知书等法律文书,将查封的情况在不动产登记簿上加以记载的行为。查封登记不同于其他类型的登记,有其自身的特点:第一,不适用登记依申请原则;第二,属于限制登记;第三,登记机构接到法院协助执行通知书后立即办理,不受收件先后顺序的限制;第四,查封时间通常为两年,届满一般可续封一次,续封期限不得超过一年。《不动产登记暂行条例实施细则》第五章第四节在吸收已有经验的基础上专节规定了查封登记。

就不动产查封而言,查封登记一旦作出,查封登记即具有公示效力、对抗效力和优先效力。第一,公示效力自不待言,第三人通过查询不动产登记簿即可知晓不动产被查封的信息。第二,对抗效力在《最高人民法院关于人民法院民事执行中查封、扣押、冻结财产的规定》中有所体现。《最高人民法院关于人民法院民事执行中查封、扣押、冻结财产的规定》第九条第二款规定:"查封、扣押、冻结已登记的不动产、特定动产及其他财产权,应当通知有关登记机关办理登记手续。未办理登记手续的,不得对抗其他已经办理了登记手续的查封、扣押、冻结行为。"《最高人民法院关于人民法院民事执行中查封、扣押、冻结财产的规定》第二十六条第三款规定:"人民法院的查封、扣押、冻结没有公示的,其效力不得对抗善意第三人。"由此可见,该规定赋予了查封登记对抗效力。第三,优先效力体现在查封与未查封的关系以及"首封"与轮候查封的关系上。《最高人民法院关于人民法院民事执行中查封、扣押、冻结财产的规定》第二十八条第一款规定:"对已被人民法院查封、扣押、冻结的财产,其他人民法院可以进行轮候查封、扣押、冻结。查封、扣押、冻结解除的,登记在先的轮候查封、扣押、冻结即自动生效。"《最高人民法院关于查封法院全部处分标的物后轮候查封的效力问题的批复》规定:"根据《最高人民法院关于人民法院民事执行中查封、扣押、冻结财产的规定》(法释〔2004〕15号)第二十八条第一款的规定,轮候查封、扣押、冻结自在先的查封、扣押、冻结解除时自动生效,人民法院对已查封、扣押、冻结的全部财产进行处分后,该财产上的轮候查封自始未产生查封、扣押、冻结的效力。同时,根据上述司法解释第三十条的规定,人民法院对已查封、扣押冻结的财产进行拍卖、变卖或抵债的,原查封、扣押、冻结的效力消灭,人民法院无须先行解除该财产上的查封、扣押、冻结,可直接进行处分,有关单位应当协助办理有关财产权证照转移手续。"由上可知,在办理了查封登记的当事人(甲)和未办理查封登记或者其查封为轮候查封的当事人(乙)均为普通债权人的前提下,根据债权平等原则,他们享有的权利顺位本无优劣之分,但是乙无法利用甲的查封来实现自身债权,而只能等待甲的债权实现并且解除查封之后才能获得自身的债权清偿。这就意味着查封优先于未查封,"首封"优先于轮候查封。但是,上述优先性是有范围的,并非绝对优先。《最高人民法院关于适用〈中华人民共和国民事诉讼法〉的解释》第五百零八条规定:"被执行人为公民或者其他组织,在执行程序开始后,被执行人的其他已经取得执行依据的债权人发现被执行人的财产不能清偿所有债权的,可以向人民法院申请参与分配。对人民法院查封、扣押、冻结的财产有优先权、担保物权的债权人,可以直接申请参与分配,主张优先受偿权。"

(二)我国房地产登记的基本程序及文件要求

1. 房地产登记的基本程序

根据《不动产登记暂行条例》和《不动产登记暂行条例实施细则》的规定,我国房地产登记程序有以下步骤:

(1)申请。

当事人进行房地产登记的,根据申请事项不同而区分为共同申请和单独申请。

①共同申请。因买卖、设定抵押权等申请不动产登记的,应当由当事人双方共同申请。

②单独申请。属于下列七种情形之一的,可以由当事人单方申请:尚未登记的不动产首次申请登记的;继承、接受遗赠取得不动产权利的;人民法院、仲裁委员会生效的法律文书或者人民政府生效的决定等设立、变更、转让、消灭不动产权利的;权利人姓名、名称或者自然状况发生变化,申请变更登记的;不动产灭失或者权利人放弃不动产权利,申请注销登记的;申请更正登记或者异议登记的;法律、行政法规规定可以由当事人单方申请的其他情形。

一般的申请均由申请人本人或者其委托代理人、监护人申请,共有人申请房地产登记的则较为复杂。《不动产登记暂行条例实施细则》第十条规定,处分共有不动产申请登记的,应当经占份额 2/3 以上的按份共有人或者全体共同共有人共同申请,但共有人另有约定的除外。按份共有人转让其享有的不动产份额,应当与受让方共同申请转移登记。

(2)受理。

不动产登记机构收到不动产登记申请材料时,应当分别按照下列情况办理:①属于登记职责范围,申请材料齐全、符合法定形式,或者申请人按照要求提交全部补正申请材料的,应当受理并书面告知申请人;②申请材料存在可以当场更正的错误的,应当告知申请人当场更正,申请人当场更正后,应当受理并书面告知申请人;③申请材料不齐全或者不符合法定形式的,应当当场书面告知申请人不予受理并一次性告知需要补正的全部内容;④申请登记的不动产不属于本机构登记范围的,应当当场书面告知申请人不予受理并告知申请人向有登记权的机构申请。另外,不动产登记机构未当场书面告知申请人不予受理的,视为受理。

(3)审核。

不动产登记机构受理登记申请的,应当按照下列要求进行查验:①不动产界址、空间界限、面积等材料与申请登记的不动产状况是否一致;②有关证明材料文件与申请登记的内容是否一致;③登记申请是否违反法律、行政法规规定。属于下列情形之一的,不动产登记机构可以对申请登记的不动产进行实地查看:①房屋等建筑物、构筑物所有权首次登记;②在建建筑物抵押权登记;③因不动产灭失导致的注销登记;④不动产登记机构认为需要实地查看的其他情形。对可能存在权属争议,或者可能涉及他人利害关系的登记申请,不动产登记机构可以向申请人、利害关系人或者有关单位进行调查。需要说明的是,实地查看并非不动产登记程序的必经阶段,只在特殊情况下为之。

(4)登簿。

不动产登记机构经审查后认为符合登记条件的,自受理登记申请之日起 30 日内办结不动产登记手续。登记事项自记载于不动产登记簿时完成登记。不动产登记机构完成登记,应当依法向申请人核发不动产权属证书或者登记证明。对于登记申请有下列情形之一的,不动产登记机构应当不予登记,并书面告知申请人:①违反法律、行政法规规定的;②存在尚未解决的权属争议的;③申请登记的不动产权利超过规定期限的;④法律、行政法规规定不予登记的其他情形。一般而言,不动产登记不需要进行公告,但是对于某些情形则需要完成公告程序后方可进行登记。《不动产登记暂行条例实施细则》第十七条规定:"有下列情形之一的,不动产登记机构应当在登记事项记载于登记簿前进行公告,涉及国家秘密的除外:(一)政府组织的集体土地所有权登记;(二)宅基地使用权及房屋所有权,集体建设用地使用权及建筑物、构筑物所有权,土地承包经营权等不动产权利的首次登记;(三)依职权更正登记;(四)依职权注销登记;(五)法律、行政法规规定的其他情形。公告应当在不动产登记机构门户网站以及不动产所在地等指定场所进行,公告期不少于 15 个工作日。公告所需时间不计算在登记办理期限内。公告期满无异议或者异议不成立的,应当及时记载于不动产登记簿。"

2. 申请房地产登记的文件要求

(1)集体土地所有权登记。

①集体土地所有权首次登记。申请集体土地所有权首次登记的,应当提交下列材料:A. 土地权属来源材料;B. 权籍调查表、宗地图以及宗地界址点坐标;C. 其他必要材料。

②集体土地所有权转移登记。农民集体因互换、土地调整等原因导致集体土地所有权转移,申请集体土地所有权转移登记的,应当提交下列材料:A. 不动产权属证书;B. 互换、调整协议等集体土地所有权转移的材料;C. 本集体经济组织 2/3

以上成员或者 2/3 以上村民代表同意的材料;D. 其他必要材料。

③集体土地所有权变更、注销登记。申请集体土地所有权变更、注销登记的,应当提交下列材料:A. 不动产权属证书;B. 集体土地所有权变更、消灭的材料;C. 其他必要材料。

(2)国有建设用地使用权及房屋所有权登记。

①国有建设用地使用权首次登记。申请国有建设用地使用权首次登记的,应当提交下列材料:A. 土地权属来源材料;B. 权籍调查表、宗地图以及宗地界址点坐标;C. 土地出让价款、土地租金、相关税费等缴纳凭证;D. 其他必要材料。其中,土地权属来源材料,根据权利取得方式的不同,包括国有建设用地划拨决定书、国有建设用地使用权出让合同、国有建设用地使用权租赁合同以及国有建设用地使用权作价出资(入股)授权经营批准文件。申请在地上或者地下单独设立国有建设用地使用权登记的,同上办理。

②国有建设用地使用权及房屋所有权首次登记。申请国有建设用地使用权及房屋所有权首次登记的,应当提交下列材料:A. 不动产权属证书或者土地权属来源材料;B. 建设工程符合规划的材料;C. 房屋已经竣工的材料;D. 房地产调查或者测绘报告;E. 相关税费缴纳凭证;F. 其他必要材料。

③房屋所有权首次登记。办理房屋所有权首次登记时,申请人应当将建筑区划内依法属于业主共有的道路、绿地、其他公共场所、公用设施和物业服务用房及其占用范围内的建设用地使用权一并申请登记为业主共有。业主转让房屋所有权的,其对共有部分享有的权利依法一并转让。

④国有建设用地使用权及房屋所有权变更登记。申请国有建设用地使用权及房屋所有权变更登记的,应当根据不同情况,提交下列材料:A. 不动产权属证书;B. 发生变更的材料;C. 有批准权的人民政府或者主管部门的批准文件;D. 国有建设用地使用权出让合同或者补充协议;E. 国有建设用地使用权出让价款、税费等缴纳凭证;F. 其他必要材料。

⑤国有建设用地使用权及房屋所有权转移登记。申请国有建设用地使用权及房屋所有权转移登记的,应当根据不同情况,提交下列材料:A. 不动产权属证书;B. 买卖、互换、赠与合同;C. 继承或者受遗赠的材料;D. 分割、合并协议;E. 人民法院或者仲裁委员会生效的法律文书;F. 有批准权的人民政府或者主管部门的批准文件;G. 相关税费缴纳凭证;H. 其他必要材料。不动产买卖合同依法应当备案的,申请人申请登记时须提交经备案的买卖合同。

(3)宅基地使用权及房屋所有权登记人管。

①宅基地使用权及房屋所有权首次登记。申请宅基地使用权及房屋所有权首次登记的,应当根据不同情况,提交下列材料:A. 申请人身份证和户口簿;B. 不动产权属证书或者有批准权的人民政府批准用地的文件等权属来源材料;C. 房屋符

合规划或者建设的相关材料;D.权籍调查表、宗地图、房屋平面图以及宗地界址点坐标等有关不动产界址、面积等材料;E.其他必要材料。

②宅基地使用权及房屋所有权转移登记。因依法继承、分家析产、集体经济组织内部互换房屋等导致宅基地使用权及房屋所有权发生转移申请登记的,申请人应当根据不同情况,提交下列材料:A.不动产权属证书或者其他权属来源材料;B.依法继承的材料;C.分家析产的协议或者材料;D.集体经济组织内部互换房屋的协议;E.其他必要材料。

(4)集体建设用地使用权及建筑物、构筑物所有权登记。

①集体建设用地使用权及建筑物、构筑物所有权首次登记。申请集体建设用地使用权及建筑物、构筑物所有权首次登记的,申请人应当根据不同情况,提交下列材料:A.有批准权的人民政府批准用地的文件等土地权属来源材料;B.建设工程符合规划的材料;C.权籍调查表、宗地图、房屋平面图以及宗地界址点坐标等有关不动产界址、面积等材料;D.建设工程已竣工的材料;E.其他必要材料。此外,集体建设用地使用权首次登记完成后,申请人申请建筑物、构筑物所有权首次登记的,应当提交享有集体建设用地使用权的不动产权属证书。

②集体建设用地使用权及建筑物、构筑物所有权变更登记、转移登记、注销登记。申请集体建设用地使用权及建筑物、构筑物所有权变更登记、转移登记、注销登记的,申请人应当根据不同情况,提交下列材料:A.不动产权属证书;B.集体建设用地使用权及建筑物、构筑物所有权变更、转移、消灭的材料;C.其他必要材料。另外,因企业兼并破产等原因致使集体建设用地使用权及建筑物、构筑物所有权发生转移的,申请人应当持相关协议及有关部门的批准文件等相关材料,申请不动产转移登记。

(5)土地承包经营权登记。

①土地承包经营权首次登记。以家庭承包方式取得土地承包经营权的,由发包方持土地承包经营合同等材料申请土地承包经营权首次登记。以招标、拍卖、公开协商等方式承包农村土地的,由承包方持土地承包经营合同申请土地承包经营权首次登记。

②土地承包经营权变更登记。已经登记的土地承包经营权有下列情形之一的,承包方应当持原不动产权属证书以及其他证实发生变更事实的材料,申请土地承包经营权变更登记:权利人的姓名或者名称等事项发生变化的;承包土地的坐落、名称、面积发生变化的;承包期限依法变更的;承包期限届满,土地承包经营权人按照国家有关规定继续承包的;退耕还林、退耕还湖、退耕还草导致土地用途改变的;森林、林木的种类等发生变化的;法律、行政法规规定的其他情形。

③土地承包经营权转移登记。已经登记的土地承包经营权发生下列情形之一

的,当事人双方应当持互换协议、转让合同等材料,申请土地承包经营权的转移登记;互换;转让;因家庭关系、婚姻关系变化等导致土地承包经营权分割或者合并的;依法导致土地承包经营权转移的其他情形。以家庭承包方式取得的土地承包经营权,采取转让方式流转的,还应当提供发包方同意的材料。

④土地承包经营权注销登记。已经登记的土地承包经营权发生下列情形之一的,承包方应当持不动产权属证书、证实灭失的材料等,申请注销登记:承包经营的土地灭失的;承包经营的土地被依法转为建设用地的;承包经营权人丧失承包经营资格或者放弃承包经营权的;法律、行政法规规定的其他情形。

(6)地役权登记。

①地役权首次登记。按照约定设定地役权,当事人可以持需役地和供役地的不动产权属证书、地役权合同以及其他必要文件,申请地役权首次登记。地役权设立后,办理首次登记前发生变更、转移的,当事人应当提交相关材料,就已经变更或者转移的地役权,直接申请首次登记。

②地役权变更登记。经依法登记的地役权发生下列情形之一的,当事人应当持地役权合同、不动产登记证明和证实变更的材料等必要材料,申请地役权变更登记:地役权当事人的姓名或者名称等发生变化的;共有性质变更的;需役地或者供役地自然状况发生变化的;地役权内容变更的;法律、行政法规规定的其他情形。供役地分割转让办理登记,转让部分涉及地役权的,应当由受让方与地役权人一并申请地役权变更登记。

③地役权转移登记。已经登记的地役权因土地承包经营权、建设用地使用权转让发生转移的,当事人应当持不动产登记证明、地役权转移合同等必要材料,申请地役权转移登记。申请需役地转移登记的,或者需役地分割转让,转让部分涉及已登记的地役权的,当事人应当一并申请地役权转移登记,但当事人另有约定的除外。当事人拒绝一并申请地役权转移登记的,应当出具书面材料。不动产登记机构办理转移登记时,应当同时办理地役权注销登记。

④地役权注销登记。已经登记的地役权,有下列情形之一的,当事人可以持不动产登记证明、证实地役权发生消灭的材料等必要材料,申请地役权注销登记:地役权期限届满;供役地、需役地归于同一人;供役地或者需役地灭失;人民法院、仲裁委员会的生效法律文书导致地役权消灭;依法解除地役权合同;其他导致地役权消灭的事由。

需要注意的是,对于地役权登记,不动产登记机构应当将登记事项分别记载于需役地和供役地登记簿。供役地、需役地分属不同不动产登记机构管辖的,当事人应当向供役地所在地的不动产登记机构申请地役权登记。供役地所在地不动产登记机构完成登记后,应当将相关事项通知需役地所在地不动产登记机构,并由其记载于需役地登记簿。

(7)抵押权登记。

①抵押权首次登记。自然人、法人或者其他组织为保障其债权的实现,依法以不动产设定抵押的,可以由当事人持不动产权属证书、抵押合同与主债权合同等必要材料,共同申请办理抵押登记。抵押合同可以是单独订立的书面合同,也可以是主债权合同中的抵押条款。同一不动产上设立多个抵押权的,不动产登记机构应当按照受理时间的先后顺序依次办理登记,并记载于不动产登记簿。当事人对抵押权顺位另有约定的,从其规定办理登记。

②抵押权变更登记。有下列情形之一的,当事人应当持不动产权属证书、不动产登记证明、抵押权变更等必要材料,申请抵押权变更登记:抵押人、抵押权人的姓名或者名称变更的;被担保的主债权数额变更的;债务履行期限变更的;抵押权顺位变更的;法律、行政法规规定的其他情形。因被担保债权主债权的种类及数额、担保范围、债务履行期限、抵押权顺位发生变更申请抵押权变更登记时,如果该抵押权的变更将对其他抵押权人产生不利影响的,还应当提交其他抵押权人书面同意的材料与身份证或者户口簿等材料。

③抵押权转移登记。因主债权转让导致抵押权转让的,当事人可以持不动产权属证书、不动产登记证明、被担保的主债权的转让协议、债权人已经通知债务人的材料等相关材料,申请抵押权的转移登记。

④抵押权注销登记。有下列情形之一的,当事人可以持不动产登记证明、抵押权消灭的材料等必要材料,申请抵押权注销登记:主债权消灭;抵押权已经实现;抵押权人放弃抵押权;法律、行政法规规定抵押权消灭的其他情形。

(8)最高额抵押权登记。

①最高额抵押权首次登记。设立最高额抵押权的,当事人应当持不动产权属证书、最高额抵押合同与一定期限内将要连续发生的债权的合同或者其他登记原因材料等必要材料,申请最高额抵押权首次登记。当事人申请最高额抵押权首次登记时,同意将最高额抵押权设立前已存在的债权转入最高额抵押担保的债权范围的,还应当提交已存在债权的合同以及当事人同意将该债权纳入最高额抵押权担保范围的书面材料。

②最高额抵押权变更登记。有下列情形之一的,当事人应当持不动产登记证明、最高额抵押权发生变更的材料等必要材料,申请最高额抵押权变更登记:抵押人、抵押权人的姓名或者名称变更的;债权范围变更的;最高债权额变更的;债权确定的期间变更的;抵押权顺位变更的;法律、行政法规规定的其他情形。因最高债权额、债权范围、债务履行期限、债权确定的期间发生变更申请最高额抵押权变更登记时,如果该变更将对其他抵押权人产生不利影响,当事人还应当提交其他抵押权人的书面同意文件与身份证或者户口簿等。当发生导致最高额抵押权担保的债权被确定的事由,从而使最高额抵押权转变为一般抵押权时,当事人应当持不动产

登记证明、最高额抵押权担保的债权已确定的材料等必要材料,申请办理确定最高额抵押权的登记。

③最高额抵押权转移登记。最高额抵押权发生转移的,应当持不动产登记证明、部分债权转移的材料、当事人约定最高额抵押权随同部分债权的转让而转移的材料等必要材料,申请办理最高额抵押权转移登记。

债权人转让部分债权,当事人约定最高额抵押权随同部分债权的转让而转移的,应当分别申请下列登记:当事人约定原抵押权人与受让方共同享有最高额抵押权的,应当申请最高额抵押权的转移登记;当事人约定受让方享有一般抵押权、原抵押权人就扣减已转移的债权数额后继续享有最高额抵押权的,应当申请一般抵押权的首次登记以及最高额抵押权的变更登记;当事人约定原抵押权人不再享有最高额抵押权的,应当一并申请最高额抵押权确定登记以及一般抵押权转移登记。

最高额抵押权担保的债权确定前,债权人转让部分债权的,除当事人另有约定外,不动产登记机构不得办理最高额抵押权转移登记。

(9)在建建筑物抵押权登记。

①在建建筑物抵押权首次登记。以建设用地使用权以及全部或者部分在建建筑物设定抵押的,应当一并申请建设用地使用权以及在建建筑物抵押权的首次登记。当事人申请在建建筑物抵押权首次登记时,抵押财产不包括已经办理预告登记的预购商品房和已经办理预售备案的商品房。申请在建建筑物抵押权首次登记的,当事人应当提交下列材料:A.抵押合同与主债权合同;B.享有建设用地使用权的不动产权属证书;C.建设工程规划许可证;D.其他必要材料。在建建筑物竣工,办理建筑物所有权首次登记时,当事人应当申请将在建建筑物抵押权登记转为建筑物抵押权登记。

②在建建筑物抵押权变动登记。在建建筑物抵押权变更、转移或者消灭的,当事人应当提交下列材料,申请变更登记、转移登记、注销登记:A.不动产登记证明;B.在建建筑物抵押权发生变更、转移或者消灭的材料;C.其他必要材料。

(10)预购商品房抵押权登记。

申请预购商品房抵押权登记的,应当提交下列材料:①抵押合同与主债权合同;②预购商品房预告登记材料;③其他必要材料。

预购商品房办理房屋所有权登记后,当事人应当申请将预购商品房抵押预告登记转为商品房抵押权首次登记。

(11)更正登记。

权利人、利害关系人认为不动产登记簿记载的事项有错误,可以申请更正登记。权利人申请更正登记的,应当提交下列材料:①不动产权属证书;②证实登记确有错误的材料;③其他必要材料。利害关系人申请更正登记的,应当提交利害关系材料、证实不动产登记簿记载错误的材料以及其他必要材料。

（12）异议登记。

利害关系人认为不动产登记簿记载的事项错误，权利人不同意更正的，利害关系人可以申请异议登记。利害关系人申请异议登记的应当提交下列材料：①证实对登记的不动产权利有利害关系的材料；②证实不动产登记簿记载的事项错误的材料；③其他必要材料。

（13）预告登记。

①首次预告登记。申请预购商品房预告登记的，应当提交下列材料：A.已备案的商品房预售合同；B.当事人关于预告登记的约定；C.其他必要材料。

预售人和预购人订立商品房买卖合同后，预售人未按照约定与预购人申请预告登记的，预购人可以单方申请预告登记。预购人单方申请预购商品房预告登记，预售人与预购人在商品房预售合同中对预告登记附有条件和期限的，预购人应当提交相应材料。申请预告登记的商品房已经办理在建建筑物抵押权首次登记的，当事人应当一并申请在建建筑物抵押权注销登记，并提交不动产权属转移材料、不动产登记证明。不动产登记机构应当先办理在建建筑物抵押权注销登记，再办理预告登记。

②转移预告登记。申请不动产转移预告登记的，当事人应当提交下列材料：A.不动产转让合同；B.转让方的不动产权属证书；C.当事人关于预告登记的约定；D.其他必要材料。

③抵押权预告登记。抵押不动产，申请预告登记的，当事人应当提交下列材料：A.抵押合同与主债权合同；B.不动产权属证书；C.当事人关于预告登记的约定；D.其他必要材料。

④注销预告登记。预告登记未到期，有下列情形之一的，当事人可以持不动产登记证明、债权消灭或者权利人放弃预告登记的材料以及法律、行政法规规定的其他必要材料申请注销预告登记：预告登记的权利人放弃预告登记的；债权消灭的；法律、行政法规规定的其他情形。

（14）查封登记。

人民法院、人民检察院等国家机关要求不动产登记机构办理查封登记的，应当提交下列材料：①人民法院、人民检察院等国家机关工作人员的工作证；②协助执行通知书；③其他必要材料。两个以上人民法院、人民检察院等国家机关查封同一不动产的，不动产登记机构应当为先送达协助执行通知书的国家机关办理查封登记，对后送达协助执行通知书的国家机关办理轮候查封登记。轮候查封登记的顺序按照国家机关协助执行通知书送达不动产登记机构的时间先后进行排列。

查封期间，人民法院、人民检察院等国家机关解除查封的，不动产登记机构应当及时根据该国家机关协助执行通知书注销查封登记。不动产查封期限届满，人民法院、人民检察院等国家机关未续封的，查封登记失效。

(三)我国房地产登记制度的法律改进

不动产登记制度对于保障不动产权利、维护不动产交易安全作用巨大。在我国不动产登记制度日趋完善的今天,仍有以下问题需要继续研究。

1. 建立涂销登记制度

涂销登记,是指在既存的登记中,基于原始的或后发的理由而致登记事项全部不适法,从而消灭这一登记的记载行为。这种不适法的理由既有实体上的,又有程序上的。涂销登记是以消灭原有的登记事项为目的的一种登记,它会导致不动产物权实质上的变化。涂销登记以登记事项全部不适法为必要,如果仅仅是部分不适法,则进行更正登记即可,无须涂销登记。

我国现行法没有涂销登记的概念,而有类似的注销登记,但两者的内涵却是不一样的。注销登记是指建设用地使用权和房屋所有权等因抛弃、混同、存续期限届满、客体消灭、债务清偿、被行政机关撤销或被法院注销等消灭时,房地产登记机构对房地产权利作出的登记。

2. 完善回复登记制度

回复登记,是指与实体权利关系一致的登记因不当原因而从登记簿上消灭时,对消灭的登记予以回复,以保持原有登记效力的一种登记类型。回复登记又可以分为灭失回复登记和涂销回复登记两种。

灭失回复登记,是指登记的全部或者一部分因水灾、地震等而发生物理上的灭失从而予以回复的一种登记。它是对灭失的登记的一种恢复保存行为,不涉及新的权利关系变动,故其顺位并不发生变动,仍依原有登记而定。《不动产登记暂行条例》第十三条对此进行了原则规定。涂销回复登记,是指登记事项的全部或者一部分被不适法地涂销,为了使登记恢复到涂销前的状态而进行的一种登记。需要说明的是,涂销回复登记完成之前,原有的不适法的登记依然有公信力,善意第三人依然可以主张房地产的善意取得,而在此情况下真实权利人不能再主张涂销回复登记。

3. 建立信托登记制度

《中华人民共和国信托法》第十条规定:"设立信托,对于信托财产,有关法律、法规规定应当办理登记手续的,应当依法办理信托登记。未依照前款规定办理信托登记的,应当补办登记手续;不补办的,该信托不产生效力。"这与不动产物权变动的规则相一致,登记不但是不动产等信托财产公示的方式,而且也是不动产信托生效的要件。《不动产登记暂行条例》没有规定信托登记制度,《不动产登记暂行条例实施细则》第一百零六条规定:"不动产信托依法需要登记的,由国土资源部会同有关部门另行规定。"但是,目前尚无这方面的规定出台。

不动产信托登记当事人应当共同到登记机构办理信托登记,不但要在登记簿上记载信托公示,还要在不动产权利证书上作同样的标记。由于不动产价值巨大,加之信托财产制度的特殊性,不动产信托登记制度一般都加重其公示的表征。具体来讲,就是要在普通不动产登记簿之外,再另外设立不动产信托登记专簿。信托登记专簿上应当记载如下事项:①信托目的;②委托人、受托人、受益人的姓名或者名称、住所;③信托期限;④信托财产的管理方法;⑤信托终止事由;⑥其他信托条款。

此外,不动产登记能力,不动产登记机构的审查模式,不动产登记簿的设计,不动产登记人员的管理,公证与不动产登记,不动产登记机构错误登记引发的赔偿责任,不动产登记信息公开查询制度等,均需通过立法的形式予以明确或细化规定。

三、农民集体土地与其上房屋登记

我国以往的房地产登记存在一个突出的问题,即重视城市而忽视农村。在城市范围内,不论是土地登记还是房屋登记,制度相对比较完善,登记内容既包含物理状态、使用情况、权界划分等登记,还包含权利登记以及对权利进行限制的登记。但是,在广大农村地区,土地登记普遍停留在资源性调查登记层面,房屋登记较少,房地产权属登记尚不健全。从长远来看,农村不完善的房地产登记制度必然阻碍农村的发展。

(一)存在的问题

1.问题的表现

(1)农村房地产登记的规定较少。

从立法角度考察,规范农村房地产登记的规定较少,这与城市房地产登记形成了鲜明的对比。我国历来重视城市房地产登记方面的立法,也颁布了多部涉及城市房地产登记的行政法规、部门规章,各地人大、政府也都针对本地区城市房地产登记颁布了各类规定,但是农村地区的房地产登记规定尤其是房屋登记规定较少。由于缺少相关规定,农村房地产登记的要件、效力、程序等都欠缺可以遵循的办法,农村房地产登记制度必然难以发展。

(2)房屋土地分别登记现象严重,登记资料不准确。

在广大农村地区,有的只有土地登记,而其上的房屋没有登记;有的只有房屋登记而其下的土地没有登记。已经登记的,还存在登记资料有遗漏、不准确、更新慢的情况,降低了登记的公示作用和公信力。上述情况的存在,导致农村发生房地产纠纷之后,对于房地产权利的保护和举证主要不是依靠登记制度实现的,而是依靠乡村习惯和证人证言,这种状况容易造成事实认定的困难和偏差,进而导致对纠纷的裁判出现偏差,不利于化解矛盾纠纷。

2. 问题的原因

首先,土地登记是一项耗资巨大的系统工程,需要长久坚持方可见到成效。我国开展农村土地登记工作较晚,且以资源性调查登记为主,这无疑迟滞了在农村建立现代意义上的房地产登记制度。

其次,农村普遍缺乏专业的房地产权属调查和登记人员,在测绘技术上普遍存在技术手段落后的问题,导致地籍测量登记效率和准确度都不高。

再次,现代房地产登记制度的功能之一就是准确确定权属,而农村实际上对此功能需求不大。我国农村地区的房地产权属纠纷(常见的是买卖、出租、继承、分家析产、相邻关系、土地承包纠纷等)主要是依靠当地的习惯调整,对于现代登记制度的依赖性不强。例如,许多农户承包土地之间的界限区分标志往往是树木、水沟、历史道路和各种遗迹等,加之相当部分农村社会依然处于乡土社会和情理社会形态,农村居民流动性较低,彼此十分熟悉,发生房地产纠纷后对事实问题的证明和权利的主张往往不需要借助登记资料,而是借助于乡村中知情人的证词来予以澄清。而且,在农村地区区分房地产界限不需要像城市那样精确,通常"差不多"就可以,所以农村地区对现代房地产登记制度的需求并不强烈。

最后,现代房地产登记制度的另一大功能就是维护交易安全,但从整体上看,农村尚未形成规模化的房地产交易流转市场,且农村与城镇之间的房地产流转途径被限制,所以农村对现代房地产登记制度维护交易安全的功能需求不大。

总之,农村地区现代意义上的房地产登记制度不完善是由农村内在发展的实际情况和外在法律的供给状况决定的。这一情况的改观不是一朝一夕能够完成的,完善农村地区的房地产登记制度也是一个长期过程。不过可以确定的是,随着我国农村经济和社会的发展,尤其是城乡土地一体化市场的建立与发展,以及近些年中央顶层设计出台的关于集体土地流转改革的政策文件,必将使农村地区对现代房地产登记制度产生巨大需求,完善这方面的法律制度亦是必然趋势。

(二)问题的解决

由于农村地区在房地产登记问题上存在上述具体情况,所以我国法律对于农村房地产登记问题并没有采取强制性登记的办法。例如,《物权法》第一百二十七条规定,土地承包经营权自土地承包经营权合同生效时设立,登记不是生效要件。再如,对地役权也采取了登记对抗主义的做法,不要求强制登记。这些规定充分考虑了我国农村地区的实际情况,但是从物权公示、准确界定房地产权利界限、维护农村房地产流转安全顺畅的角度来看,引导农民对房地产进行登记和加强农村房地产登记制度建设势在必行。《不动产登记暂行条例》和《不动产登记暂行条例实施细则》显然也注意到了这一点。一方面该条例和实施细则将城乡房地产登记一体纳入规定,不论在形式上还是实质上都极大地增强了城乡房地产登记规定的一致性,并特别注重登记的公示功能、权利保护功能等,与以往的类似规定注重行政管理功能有很大不同。另一方面,该条例尤其是实施细则对农村地区土地和房屋登记的特殊问题做了专门规定。实施细则用了大量条款较为详细地规定了集体土地所有权登记,宅基地使用权及房屋所有权登记,集体建设用地使用权及建筑物、构筑物所有权登记,土地承包经营权登记,地役权登记等。

1. 遵循的原则

《民法典》对主要涉及农村房地产权利的登记问题采取了登记对抗主义的立法模式,在实际工作中不应当通过强制性的手段违背农民意愿迫使农民对房地产权利进行登记,而应当通过加强宣传工作,促进登记制度便民、利民以及减少登记负担等方式引导农民自愿登记。首先,有关部门应当大力宣传农村房地产登记的优点,这些优点主要包括:明确权利界限,出现纠纷时易于举证,进行房地产流转时充分知悉标的物状况从而降低交易风险,登记后具有公示效力从而可以对抗第三人等。其次,法院通过对具体案件的审理,让当事人充分了解如果房地产已经登记,那么当事人将会在权利主张、事实证明以及审理结果上享有较之于房地产未登记时无法比拟的优势。最后,完善和加强农村房地产登记的着眼点不能是方便行政管理,而是保护农民的房地产权利。登记程序应当最大限度地便民利民,登记费用应当尽量减少,登记资料查询应当尽量便利。

2. 几个具体问题的解决

(1)登记的范围。

集体土地所有权、房屋所有权、集体建设用地使用权、宅基地使用权、地役权、土地承包经营权都可以纳入登记范围是毫无疑问的。农村房地产抵押权可否登记？如果属于乡镇企业房地产,则根据法律规定可以设定抵押权,自然应当纳入登记范围;如果属于农户自有的用于居住的房地产,则根据现行法的规定是无法设定抵押权的,所以这类抵押权不能登记。但近些年,随着农村经济的发展以及宅基地使用权制度的改革,宅基地及其上农民住房财产权的抵押亦在不断探索之中。如果抵押权客体是土地承包经营权,则依现行法的规定,需要区分两种情况:第一,属于家庭承包的,目前不能设定抵押权,故不能登记;第二,属于其他方式承包的,可以设定和登记抵押权。与农民住房财产权的流转试点改革一样,现行政策亦通过试点改革在推行家庭承包的土地经营权的抵押。

(2)不予登记的情形。

根据现行法律和政策,对于农村中常见的下列情形应不予登记:

第一,违法建筑和临时建筑;

第二,超过审批范围的房屋建筑面积;

第三,权属尚有争议的房地产;

第四,农村房地产流转至本集体组织以外的农民或者城镇居民,申请转移登记的,但是继承的除外；

第五,已经划入土地征收范围内或者乡村(镇)规划需要拆迁的房屋进行扩建、翻建、改建的,但依法继承或者经法院判决的除外；

第六,对已经依法限制的房地产申请转移登记或者设定他项权登记的；

第七,其他依法不能办理房地产相关登记的情形,如将农村宅基地使用权设定抵押权的登记。

(3)登记中的特殊情形。

对农村而言,登记适用的程序、标准应当与城镇保持一致,只是在某些具有农村特征的问题上采取有别于城镇的特殊登记方法。例如,宅基地使用权以户为单位进行登记。除依法继承、买受等以继受取得方式取得的,一户只能拥有一块宅基地,多余宅基地应不予以登记。再如,农村地区转移房屋所有权的,农村集体组织的态度是一个关键因素,这和城镇的情况截然不同。这一点在《不动产登记暂行条例》中没有规定。

复习思考题

1.简述土地登记的概念及其特性。

2.简述土地登记的内容与程序。

3.土地登记应该依据哪些法律?

4.简述房地产登记的性质与模式。

5.简述我国房地产登记的基本程序。

6.农民集体土地与其上房屋登记存在哪些问题? 如何进行解决?

第五章　土地价格评估与管理

第一节　土地价格评估概述

一、地价理论

(一)古典经济学的地价理论

威廉·配第是古典政治经济学的奠基人之一。他认为,土地的价值取决于投入土地的劳动量,土地所有权的价格等于祖、父、孙三代人通常可以同时生存的年数(约为 21 年)的地租,从而他把土地价格定义为一定年期的地租总额。

英国经济学家詹姆斯·安德森认为,"不是地租决定土地产品的价格,而是土地产品的价格决定地租"。这说明了社会对土地产品的需求导致对土地的需求与土地供给共同决定土地的地租和价格,这与现代地价理论相一致。这也说明了几百年来,土地能为土地所有者或购买者带来的市场所承认的经济收益决定了土地价格的高低。

英国古典政治经济学家亚当·斯密坚持劳动价值论。他在 1776 年出版的《国民财富的性质和原因的研究》中指出,劳动是衡量一切商品交换价值的真实尺度,地租、利润和工资"这三个组成部分各自的真实价值,由各自所能购买或所能支配的劳动量来衡量"。"作为使用土地的代价的地租,当然是一种垄断价格。它完全不和地主改良土地所支出的费用或地主所能收取的数额成比例,而和租地人所能缴纳的数额成比例。"这说明地租地价不由土地改良成本决定而由市场有效需求决定。

(二)马克思主义地价理论的主要观点

马克思在批判地继承古典政治经济学地租地价理论的基础上,提出了以劳动价值论为基础的地租地价理论,认为地租是剩余价值的一部分,地价是地租的资本化。马克思主义地价理论的主要观点包括如下几方面:

1. 自然状态的土地虽然不是劳动产品,没有价值,但有使用价值

马克思认为,任何物品要具有价值,就必须是用来交换的人类劳动产品。自然状态的土地,未经人类的开发,没有投入人类劳动,因而不存在劳动价值,也没有以这种价值为基础的用货币表现的价格。马克思指出,未开垦的土地"没有价值,因为没有人类劳动物化在里面"。"土地不是劳动的产品,从而没有任何价值。"但是,土地具有特殊的使用价值,在一定的土地关系下即产生地租。正是因为有了地租,才产生了土地价格。马克思指出,实际上,这个购买价格不是土地的购买价格,而是土地所提供的地租的购买价。而地租的产生,是源于人们对土地的垄断。由于土地有限,在一定的社会经济条牛下便产生了土地私有权的垄断。"地租的占有是土地所有权借以实现的经济形式,而地租又是以土地所有权,以某些个人对某些地块的所有权为前提。"

2. 土地价格的实质是地租的资本化

在资本主义制度下,任何一定的货币收入都可以资本化。"假定平均利息率是5%,那么一个每年 200 镑的地租就可以看作一个 400 镑的资本的利息。""如果一个资本家用 4000 镑购买的土地每年提供 200 镑地租,那么,他从这 4000 镑得到 5%的平均年利息,这和他把这个资本投在有息证券上,或按 5%的利息直接借出去完全一样。"因而,将地租按一定的利息率还原成一个资本量便是土地价格。马克思指出,资本化的地租表现为土地价格。用公式表示就是

$$P = \frac{a}{r} \tag{5-1}$$

式中:P——土地收益价格;

a——地租;

r——土地还原利率。

例如,一块土地的年地租量是 200 元,而当时的银行利率为 5%,这块土地的价格就为 4000 元(200÷5%)。

3. 土地资本的折旧和利息同样决定土地价格

现在所利用的土地,大都经过了人类长期的开发利用,已经包含了人类的物化劳动。马克思把这种固定在土地中的劳动称为土地资本,它属于固定资本范畴。土地资本本身也像其他固定资本一样,会损耗和消失。土地资本能为土地所有者带来利息和折旧,它是租金的一部分。而纯粹的自然土地,即抛开了土地资本或土地改良物价值的土地就称为土地物质。土地物质纯粹是自然的恩赐,它给土地所有者带来真正的地租。土地资本的利息、折旧和真正的地租一样,都构成了土地所有者的收入,从而都决定土地价格。正如马克思所说:"土地价格无非是出租土地的资本化的收入。"

(三)现代西方经济学的地价理论

现代西方经济学的地价理论形成于 19 世纪末,其核心观点是:持有土地可能得到的利益,不仅只有土地的利用收益,而且还应把卖掉土地产生的利益考

虑进去,因此,不只是土地收益决定地价,而且资本市场也参与了土地价格的决定。

英国经济学家马歇尔是现代地价理论的创始人。他在土地报酬递减规律和边际效用价格理论基础上,应用古典学派的供应-成本模型分析地租地价,认为土地是自然存在的,自然供给固定不变,因此没有土地的供给价格;土地价格只受需求的影响,土地的需求决定了土地的耕作边际,地租和地价永远由土地的需求决定。他指出,由于土地需求的上升,种植蛇麻的收益将不足以抵偿其生产成本,无力支付地租,因而其土地将转给有支付能力的菜商,而又随着需求的上升,菜商的总收益又不能抵偿其生产总成本,其土地又不得不转让给能支付更高地价水平的建筑商。

现代西方经济学的代表人物萨缪尔森认为,土地的自然供给是无弹性的,而土地的需求是一种引致需求,土地的价格由土地的市场供给和市场需求决定。由于土地供给无弹性,因此,土地价格主要由土地需求决定。

奥地利经济学家弗·冯·维塞尔(F. V. Wieser)认为,当人们把资本运用于土地上面的时候,当人们把土地和资本拿来互相比较和互相交换的时候,地租资本化的标准就被发现了。"是土地和资本开始按照它们所生产的租金数额来互相交换,于是人们就用资本的价值来表示土地的价值。""正像资本只有按同一利率来计算的时候才能够正确地互相比较一样,土地和资本也同样地只有采取资本的利率来估价土地的时候才能够正确地加以比较。"

土地经济学的创始人伊利认为,土地所能带来的收益是确定其价值的基础。"把预期的土地年收益系列资本化而成为一笔价值基金,这在经济学上就称为土地的资本价值,在流行词汇中则称为土地的售价。"

日本一桥大学经济学教授野口悠纪雄将地价理论总结为两个层次:

(1)古典地价理论。以地租的现值作为地价即地价是由市场上的地租决定的,因此,地价是一个被动的变数,地价没有起到重要的作用。古典地价理论用公式表示为

$$q = \frac{R}{i-g} \qquad (5-2)$$

式中:q——现时地价;

R——现时地租;

i——利息率;

g——未来地租的增长率($g < i$)。

(2)将地价作为资产价格的现代地价理论。这种理论的核心就是持有土地可

能得到的利益,不仅有土地的利用收益,而且还应把卖掉土地所产生的利益考虑进去,因此,不是用土地收益决定地价,而是在资产市场上决定土地价格。

设现在的地价为 q,土地的利用收益为 R,利息率(土地以外的资产收益率)为 i,以心理预期地价上升额为 Δq^{e}。在不考虑税收的前提下,资产市场的均衡条件是:土地资产的收益率等于其他资产的收益率。用公式表示为

$$i = \frac{R}{q} + \frac{\Delta q^{e}}{q} \tag{5-3}$$

从上式进一步推导出

$$q = \mathrm{PVR}(n-1) + \frac{q_n^{e}}{(1+i)^n} \tag{5-4}$$

式中:$\mathrm{PVR}(n-1)$——到 $n-1$ 年后的利用收益现值的和;

q_n^{e}——n 年后的预期地价。

如果对未来的预期是正确的话,式(5-4)的地价与式(5-2)表示的古典地价没有本质区别,因为这时 $q_n^{e} = q_n$(q_n 是 n 年后的现实地价)。但在现实生活中,预期一般是不正的,因此,式(5-4)更具有现实性。

戴维·皮尔思在研究资源环境问题时,认为为了有效利用资源,产品价格应按边际社会成本(marginal social cost)确定,而在市场上的价格一般是按边际私人成本(marginal private cost)确定的。边际社会成本包括边际生产成本和由于污染或由于生产该物品而引起的资源退化导致的外部成本(external costs)。土地价格不仅包含它所产生的经济价值,还应计入土地的生态价值等。

美国哈佛大学教授威廉·阿朗索在杜能研究的基础上,于 1964 年提出城市地价的竞租模型。他假定研究的城市坐落在一个均质平原上,买主和卖主都对市场非常了解,各种潜在的土地使用者将对土地竞价,而地主将把土地出售给出价最高的竞价者。由于土地使用者都受其收入一定情况下效用最大的约束,其所利用或购买土地的区位都由其最低竞价曲线(即土地需求价格)在与价格结构曲线(即土地供给价格)相切时出现的切点来决定,这时,市场出现均衡(见图 5-1)。竞争的结果,农场主选择区位 t_3 和 t_4,支付的价格分别为 $P_{ag}(t_3)$ 和 $P_{ag}(t_4) = 0$。个人 i 居住在 t_2,所支付的价格为 P_2,由在 t_3 的价格 $P_3 = P_{ag}(t_3)$ 所决定。i 的竞价曲线经过 (t_3, P_3),由此也决定了 $P_2 = P_i(t_2) \amalg (t_3, P_3)$。城市厂商 f 位于 t_1,支付的价格为 P_1,该价格经过 (t_2, P_2) 的竞价曲线由 $P_1 = P_f(t_1) \amalg (t_2, P_2)$ 决定。

总之,现代西方经济学的地价理论分为土地收益理论和土地供求理论。土地收益理论认为,土地纯收益(地租)最终决定土地价格。土地供求理论的核心是,土地市场的供求关系决定土地价格。

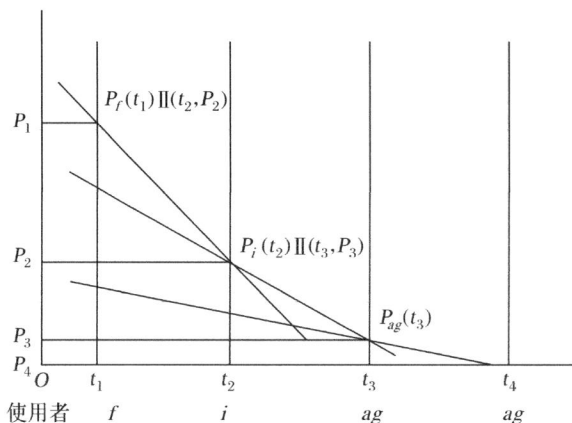

图 5-1　阿朗索区位博弈

二、地价的内涵和种类

(一)地价的内涵

土地是一种自然物,并非人类所创造。马克思主义的劳动价值论认为,土地没有价值,因而也就不存在其价值的货币表现即土地价格。但是,由于土地是人们垄断的特殊财产,而垄断的起因乃是土地本身的稀缺性和具有满足人类需求的特殊的使用价值即为人类提供产品和服务。谁垄断土地,谁就能得到土地的产品和服务。谁要获得土地的产品和服务,就必须购买这种垄断的权利。这种权利一旦发生转移,就出现了土地价格。

土地权利主要是指土地所有权和使用权,它们是两个既独立又联系的物权,可以独自发生转移。土地价格是指土地的购买价格,包括土地所有权价格和土地使用权价格。

众所周知,土地能向人类永远提供产品和服务即在一定的劳动条件下土地能产生纯收益,谁垄断了土地,谁也就垄断了土地纯收益即地租。由于土地的恒久性,这种地租是一种恒久的收益流,即每年均产生收益。随着土地权利的转移,这种收益流的归宿也发生转移。购买土地的权利,实际上是购买一定时期的土地收益。因此,土地收益现值的总和就表现为土地价格。可见,土地价格的本质内涵是若干年的土地纯收益即地租贴现值的总和。其具体包括土地所有权垄断而产生的绝对地租和由土地的生产条件而产生的级差地租。

土地经过人类长期的开发,已经不再是一块纯粹的自然土地,而是在各个时期都凝结着人类劳动。在现实经济运行中,土地在交换活动发生之前,土地所有者或土地开发商总是先对土地进行开发,那些完全是为了改造土地性能而非营利性的投资就称为土地资本,属于固定资本的范畴,这些固定资本投入必然要求回收,从而以折旧和利息的形式在租金里体现。正如马克思所说:"这种贡赋和真正的地租有一个共同点:它决定土地价格,如上所述,土地价格无非是出租土地的资本化的收入。"

值得注意的是,我们不应因为土地经过人类长期的改造而认为凝结了人类长期的劳动,使土地物质与土地资本难以分离,而特别规定只有最近一次投资才算是土地资本。其实,价值并不具有累积性,并非开发年代愈久价值愈高。土地资本属于固定资本范畴,到一定时候它必然折旧完毕而不存在任何价值。因此,人类长期的投资经过长期的利用而折旧完毕,只要它还未折旧完,不论是最近一次还是以前的投资,都可以以折旧利息形式从土地价格中加以体现。综上所述,土地价格内涵包含三个部分:①真正的地租即绝对地租和级差地租;②土地投资的折旧;③土地投资的利息。土地价格即为以上三部分之和的资本化。

认清地价的内涵后可进一步分析地价的构成因素。凡是凝结在土地上、无法人为分开的投资都应计算在地价构成内,而土地拆迁费(地上建筑物和附着物所有权人的损失费)和城市基础设施费(受益人应分的补偿费)不应计算在地价内。地价应是指土地在其利用过程中所能带来的收益(收益地价),而不是指为获得土地所发生的费用(成本地价)。

土地出让金是指让与土地时政府所获或土地受让者所付的全部金额,是土地使用权价格的反映,是购买或卖出若干年地租现值的总和。不应将拆迁安置费、基础设施配套费等包括在土地出让金中,否则,就是对地价的挤压而使中央政府对地价的分成减少。

(二)地价的特点

地价是一个经济学概念。与市场上一般商品不同,土地具有独特的属性,具体有:①每宗土地在其区位和构成上具备独特性;②土地实体具有不可移动性;③土地具有永续利用性;④土地供给具有有限性;⑤土地对人类具有有用性。土地的上述属性是地价的基础,从而使地价形成如下特点。

1. 地价是关于土地权利的价格

土地是一种财产,能给人们提供恒久的产品和服务,而这种产品和服务的获得都伴随着土地权利的限定。因此,土地买卖实质上是一种财产权利的买卖,人们购买土地并不是要购买土地本身,而是购买土地获得收益的权利。土地权利是一束权利的集合,具体可分为土地所有权、土地使用权、土地租赁权和土地抵押权等。土地买卖从广义上讲,是对某项权利的界定。获得某项土地权利,就可获得某种程度的收益;因而,也就必须为获得这项权利付出代价。

2.地价不是土地价值的货币表现

一般商品都是人类劳动的产品,具有价值,其交换价值是其价值的货币表现,人们可以根据其生产成本确定其价格,因而比较客观。土地是一种自然物,不是人类劳动的产品,没有价值,因而其价格也就不是价值的货币表现。既然土地不是劳动产品,也就无所谓生产成本,土地价格也就不会以土地价值或生产成本为依据。这意味着,在对土地估价时估价人员的主观因素对土地价格的高低有很大的影响。

3.地价主要由土地需求决定

一般商品的市场供给和需求,共同决定该商品的市场价格,然而,土地却不同,在宏观上土地的实质供给(即自然供给)是不能改变的,土地的经济供给弹性也很小。因此,相对于需求而论,土地供给的变动总是小的。这样,土地市场价格就主要由土地需求决定。当社会人口增加和经济发展对土地的需求日益增大时,地价不断上涨;反之,当社会或某一地区人口减少、经济衰落,人们对土地的需求减少时,地价就下跌。从微观上看,在某一个具体地域性市场上,土地的供给是可变的,特别是对某一购买商而言,在某一价格水平下,它可以在众多的土地供给中选择自己所需的土地。

4.地价随社会经济发展呈上升趋势

随着社会发展和人口增加,人地比率不断增大,社会对土地需求日益扩大,从而使地租呈不断上涨的趋势,体现为土地的社会利用效益愈来愈高。同时,随着高技术、高投资的产业日趋发达,工人的劳动总量在生产中的比重日趋缩小,从而整个社会的资本有机构成在提高,这使社会平均利润率下降,从而导致利息率呈下降趋势。地租的上升和利息率的下降,也就决定了土地价格呈上升趋势。

5.地价由个别交易而形成

从理论上讲,是根据土地的供给和需求来确定土地的市场价格的,但是由于土地位置的固定性,无法像其他产品那样可以到处流动,而使土地市场具有强烈的地域性。这致使土地几乎不能在统一的大市场内流动,而不能形成统一的市场均衡价格。在各地域性市场之间,地价很难相互影响,所以,地价一般没有统一的市场价格,而由交易双方当面论价成交。

(三)地价的种类

一位土地投资商以 1000 元购入一块土地,为了改良土地以适应自己的需求,又投入 5000 元改良资金。他发现能以 20000 元的拍卖价格出售这块土地的所有权,而若是 50 年的使用权,其价格只能是 18000 元。但把这块土地向银行做抵押时,其价格只有 12000 元,而政府则只能以 17000 元价格征收。当政府向这块土地课税时,该土地只值 14000 元,然而,若是他把这块土地租赁出去,他每年就能得到

1850 元的收益。可见,在不同情况下,同一块土地具有不同的价格形式。常见地价种类有:

1. 交易价格

交易价格(分为公平交易价格和非公平交易价格)指土地市场交易中成交的买卖价格,即市场价格。征地价格、拍卖价格、协议价格、投标价格、转让价格等均属交易价格。在公平竞争的市场里,买卖双方均了解市场行情,公平竞争,无不正常因素的影响,价值规律能有效地调节市场,在这种市场条件下形成的买卖双方均愿意接受的最高交易价格,称为公平交易价格。如果在交易过程中受到许多非正常因素的影响,如一方了解市场行情或交易受到政府的某种压力,或交易双方有某种利害关系等,都会导致不公平交易,由此形成非公平交易价格。

2. 评估价格

依据一定的评估方法对土地所做的价格性估计,如采用收益还原法、市场比较法、剩余法等对某块土地进行评估,其结果属评估价格。它是交易价格的基础。土地交易前一定要对土地进行评估,买卖双方根据自己的评估在市场中讨价还价,直至最后成交。同一块土地应用不同方法评估,有不同的评估价格;评估人不同,其评估价格亦不同。交易价格可能与评估价格相等,也可能不相等。

3. 估定价格

国家或地方政府为了课征地价税,由估价人员估定土地课税价格,即估定价格,通常为市场交易价格的若干百分比。由于每块土地并非都要买卖,因而并非都有交易价格,但国家或地方政府却要对每一块土地课税。因而,国家或地区每隔一段时间都要对土地进行估价,得出评估价格,再参照交易价格确定一个仅供课税用的价格,一般比市场交易价格低。

4. 租赁价格

租赁价格指主佃之间发生租赁行为,承租方为取得土地租赁权向出租方支付的代价。土地所有者和土地使用权人都可以把土地租赁出去,租赁价格的实质是定期支付的地租。

5. 抵押价格

抵押价格指以土地为担保物而取得贷款时,银行对土地估定的价格。发放贷款时,银行为了减少自身的风险,一般要求贷款方以土地作为抵押,并对土地进行估价。估价结果便是抵押价格,一般要比交易价格低。贷款数额是根据抵押价格的某一个百分比计算的。

6. 土地所有权价格

土地所有权价格是人们为购买土地所有权而支付的代价。土地所有权一经买卖,则土地所有权人发生改变,由土地所有权垄断而获取的地租收益流向也发生变化。购买土地所有权也就购买了获取地租的权利,所以所有权价格的实质是地租的资本化。

人们通常所讲的"土地价格"就是指土地所有权价格。伊利认为"把预期的土地年收益系列资本化而成为一价值基金,这在经济学上就称土地的资本价值",在这里,"土地资本价值"指的就是所有权价格。

7. 土地使用权价格

土地使用权是一种财产物权,可以买卖、租赁、抵押等。土地使用权价格是人们为取得土地使用权而支付的一定的经济代价,其实质是地租。在土地所有权和土地使用权分离状态下,土地使用权取得年限可长可短,土地所有权人交纳地租的形式可以年支付,也可以是一次付清。

在逐年支付的情况下,土地使用权一年的价格就是当年支付的地租;如果是一次性付清,则一定年期的土地使用权价格就是按现值计算的一定年期的地租总和。有限年期且其他因素不变的地价公式为

$$P=\frac{a}{r}\left[1-\frac{1}{(1+r)^n}\right] \qquad (5-5)$$

式中:P——地价;

a——土地纯收益;

r——土地还原率;

n——年限。

当 $n\to\infty$ 时,$V=a/r$,即在数量上与土地所有权价格一致。不过,在实际生活中,即使 $n\to\infty$,土地使用权价格一般也要比土地所有权价格低。

8. 总地价、单位地价、楼面地价

总地价称为土地总价格,是指某地块的全部价格。地块面积大小不同,总地价也不同。总地价不能说明地价水平的高低。

单位地价是指每平方米土地面积的价格,它可以反映地价水平的高低。

$$单位地价＝土地总价/土地面积$$

楼面地价又称建筑面积地价,是单位地价分摊到单位建筑面积上的土地价格。它与地块的容积率大小呈反比。

$$楼面地价＝土地总价格/建筑总面积＝单位地价/容积率$$

建筑面积为建筑物各层面积的总和,每层建筑面积按建筑物外墙勒脚以上外围墙水平截面积计算。建筑面积包括使用面积、交通面积和结构面积。

$$平面系数＝使用面积/建筑面积$$

$$建筑系数(建筑土地系数/建筑密度)＝建筑物占地面积/用地面积$$

$$容积率＝建筑总面积/占地面积$$

三、地价评估的目的和作用

所谓地价评估,是指专业人员按照一定的地价评估目的,遵循科学的土地评估

原则、程序与方法,对土地市场价格的测定。《城镇土地估价规程》(GB/T 18058—2014)强调:"土地估价工作旨在为加快形成统一开放、竞争有序的现代市场体系,发展要素市场,完善反映市场供求关系、资源稀缺程度的价格形成机制,保证土地权益在经济上的实现。为全面、科学、合理地利用土地提供依据。"具体来说,土地价格评估的目的和作用主要有以下几方面:

1. 有助于土地交易的顺利进行

随着经济的发展,土地交易日趋频繁,而土地经济价值却随着经济的发展而日益变化。由于土地市场具有强烈的地域性,每幅土地又有很大的差异,因而通过市场难以获得全面系统的地价信息资料。而土地交易除专业人员与机构之外,一般人也很少具有这方面的实践经验。因此每幅土地交易之前,只有经过专业人员的评估,才能使买卖双方免除上当受骗的担忧,交易自然会便捷顺畅。

2. 有助于企业投资决策

土地作为一种重要的生产要素,地价高低常常是企业决策的主要依据。根据替代原理,在资金一定的情况下,为了达到某一生产水平,土地投资的多少直接影响其他要素的投资。若地价昂贵,则可减少土地投资而增加资本、劳动的投入;若地价低廉,则可增加土地投资而减少资本、劳动的投入。另外,作为资金融通的手段,也必须对土地进行估价。

3. 有助于土地市场的完善

我国改革开放以来,城镇国有土地逐步由无偿使用改为有偿使用,土地市场逐步建立起来。城镇国有土地的配置方式日趋多样化,有土地出让、作价入股、授权经营、国有土地租赁和行政划拨等多种方式。土地市场配置的基础是土地资产价值的量化,而量化的基本手段是估价。另外,城镇土地使用税、土地增值税的征收,土地抵押、发行土地债券等土地金融手段的运用,也要以土地资产价值的量化为前提。

4. 有助于土地市场管理

土地市场管理是土地管理的一项重要内容,而土地市场管理的核心又是土地价格管理。由于土地价格随市场变化波动较大,地价波动幅度一般又比经济增长波动更大,因此,土地投机极易发生。为防止地价波动过大及土地投机行为,必须了解该地区的土地真实价值,把专业人员估定的有代表性的地价作为控制地价水平的依据。

上述四点是就地价评估的总体目的和作用而言,至于每幅土地的价格评估,还有更为具体的目的和要求。

四、地价评估的原则

《城市房地产管理法》第三十四条规定,"国家实行房地产价格评估制度。房地

产价格评估,应当遵循公正、公平、公开的原则"。一般来讲,土地价格评估应遵循以下原则:

1. 公平原则

公平原则是指估价人员在土地估价过程中,应以公正的态度,在公开市场条件下求得一个公平合理的土地价格。土地估价是一种主观与客观相结合的艺术,估价人员的主观判断对估价结果影响较大。因此,估价人员必须公正廉洁,认真客观地评估,决不能受任何私念的影响,偏袒一方。同时,为求得一个公平价格,估价人员还必须全面地了解市场上土地供需情况及其他影响因素,提高估价专业水平,严格遵循土地估价程序。

2. 最有效利用原则

最有效利用原则是指,在一般情况下土地估价应以估价对象的最有效利用为前提进行。土地的权利、经济用途和利用程度是多方面的。在不同的权利形态及不同的用途下,土地的价值不同;同一用途不同利用程度下土地价值也不同。只有当土地利用在当时当地处于最有效利用状态时,其土地价值才能达到最大。以土地的最大价值进行土地资源配置,有利于土地资源的最有效利用。因此,土地价格评估要以土地的最有效利用为前提。但是,在现实土地利用中,土地的不合理利用和非最佳利用的案例很多,当待估宗地处于非最有效利用时,除个别行政性政策性评估外,应以最有效利用为前提估价。几种特殊的地价评估,对土地利用状态有不同的要求:基准地价评估以估价对象的现状利用为最有效利用;企业改制、资产清算、地税征收、公益用地等估价,以估价对象的现状利用为最有效利用;农地估价中,未获得转用许可的农地以现状利用为最有效利用;可转为建设用地者,以实际最佳用途为最有效利用。

3. 替代原则

根据经济替代原理,在同一公开市场上同质的商品应有相同的价格。根据市场规律,在同一商品市场中,价格相同效用大者需求大,效用相同价格低者需求大。一种商品的价格升高会引起另一种商品的需求增大,则称这两种商品是互为替代品。土地作为一种特殊商品也是如此。在同一供需圈,同一时期同一功能或类似功能的土地在相同土地利用条件下,其价格相近,即在同一区域或类似区域,同一用途土地彼此间形成竞争,价格互相影响,最后趋于一致。这一原则是运用市场比较法的理论基础,即在评估某一宗土地的价格时,可以在同一供需圈内,或同一区域内,调查取得近期发生的多宗同一用途的土地交易实例,通过对地价因素的比较修正,求得待估宗地的价格。

4. 预期收益原则

土地价格是土地未来收益的资本化。过去的土地收益不决定土地价格,但有助于估价人员推测未来收益的变化趋势。遵循预期收益原则是指土地估价应以估价对象在正常利用下的未来客观有效的预期收益为基准。预测的未来收益必须是客观的、合理的,是在正常的市场状况、经营管理水平下的土地纯收益。这要求估价人员必须了解过去的收益状况,认真分析土地市场的现状、发展趋势,以及对土地市场产生影响的政治经济形势、各项政策,合理预测各种土地投资行为在正常情况下客观的投入产出状况。对预期收益的准确预测,是运用收益还原法和剩余法评估土地价格的关键。

5. 供需原则

在市场经济条件下,一种商品的价格由该商品的市场需求和市场供给共同决定。土地作为一种特殊的商品,其供给与需求对其价格决定的影响也很大。由于土地位置的固定性和市场的地域性,土地的供给与需求不同于一般商品的供给与需求,也带有强烈的地域性特点。从总体上说,土地的自然供给是固定的、无弹性的;土地的经济供给因土地用途不同、地域不同和政策不同而有多种表现。因此在一般情况下,土地价格主要取决于需求方的竞争。同时,由于土地的经济供给在一定程度上是可变的,它对市场价格的影响也很大。由于土地市场的不完全性,以及我国城镇土地一级市场由国家垄断,因此,土地价格不可能完全由市场的供给与需求决定。在运用此估价原则时,一定要结合预期收益原则,并充分考虑一些非市场因素对土地价格的影响。

第二节　地价评估的方法

一、市场比较法

1. 市场比较法的基本原理

地价评估的基本内涵是,通过科学的方法预测一幅土地的真实市场价值。因此,通过市场比较的方法来确定土地的市场价值或价格,以此作为地价评估的基本方法,显然是顺理成章、毫无疑义的。市场比较法具体说是将待估土地与具有替代性的且在近期市场上交易的类似土地进行比较,并对类似土地的成交价格作适当修正,以此估算待估土地价格的方法。市场比较法的理论依据是替代经济原理。根据经济学理论,在同一市场上,具有相同效用的商品,具有相同的市场价格,即具有完全的替代关系。在同一市场上具有替代关系的两个以上商品会因为相互竞争而使其价格相互牵制而趋于一致。市场比较法就是通过对具有替代关系的类似土地的交易价格进行修正,求得待估宗地价格。这里的"类似土地"是指比较实例土地所在区域的区域特性,以及影响地价的个别因素和条件,均与待估土地相同或相近的土地。市场比较法主要用于地产市场发达、有充足的具有替代关系的土地交易实例的地区。

2. 市场比较法的基本公式

商市场比较法的基本公式为

$$P = P_B \times A \times B \times C \times D \times E \tag{5-6}$$

式中：P——待估宗地价格；

P_B——比较实例价格；

A——待估宗地情况指数/比较实例宗地情况指数；

B——待估宗地估价日期地价指数/比较实例宗地交易日期地价指数；

C——待估宗地区域因素条件指数/比较实例宗地区域因素条件指数；

D——待估宗地个别因素条件指数/比较实例宗地个别因素条件指数；

E——待估宗地年期修正指数/比较实例年期修正指数。

3. 市场比较法的应用程序

市场比较法的应用程序具体包括：①收集宗地交易实例；②确定比较实例；③建立价格可比基础；④进行交易情况修正；⑤进行估价期日修正；⑥进行区域因素修正；⑦进行个别因素修正；⑧进行使用年期等其他因素修正；⑨测算比准价格。

二、收益还原法

1. 收益还原法的基本原理

收益还原法又称收益资本化法、地租资本化法等，是将待估土地未来正常年纯收益（地租），以一定的土地还原率还原为一定量的资本，来估算待估土地价格的方法。由于土地具有永续性，因而人们可以期待未来的恒久性土地纯收益。当把未来若干年延续而不断取得的土地年纯收益以一定的还原率折现为现在的价值时，它就表现为土地的价格。这就是收益还原法的基本原理。这种土地估价方法既符合马克思主义的地价理论，也为大多数西方经济学者所接受。因此这种方法成为世界各国通用的地价评估基本方法之一。

由于土地收益往往是不同生产要素组合的结果，土地只是其中的要素之一，此外还有人类劳动、资本、管理和科学技术等因素，因此土地纯收益是在土地收益中扣除非土地因素对土地收益的贡献量。这种土地纯收益是因使用土地而带来的，理应归土地所有者所有，因此，它实质上就是地租。

收益还原法以土地纯收益的确定为前提，因此，这种方法只适用于有收益的土地和建筑物或房地产的估价。

2. 收益还原法的基本公式

无限年期土地收益的土地价格公式为

$$P = \frac{a}{r} \tag{5-7}$$

式中：P——土地收益价格；

a——土地纯收益(地租)；

r——土地还原率。

这一公式的来源是:在第一年末得到的土地纯收益 a 元,如欲将其折算成现值,则乘以贴现率(即复利率)即可。

$$R_1 = a \times \frac{1}{1+r} = \frac{a}{1+r}$$

式中: R_1——第一年纯收益贴现值。

同样,第二年纯收益贴现值

$$R_2 = \frac{a}{1+r} \times \frac{1}{1+r} = \frac{a}{(1+r)^2}$$

第三年纯收益贴现值

$$R_3 = \frac{a}{(1+r)^2} \times \frac{1}{1+r} = \frac{a}{(1+r)^3}$$

第 n 年纯收益贴现值

$$R_n = \frac{a}{(1+r)^n}$$

这样, n 年土地纯收益贴现值的总和就是 n 年期土地价格,即有限年期的土地价格。

$$P = R_1 + R_2 + R_3 + \cdots + R_n$$

$$= \frac{a}{1+r} + \frac{a}{(1+r)^2} + \frac{a}{(1+r)^3} + \cdots + \frac{a}{(1+r)^n}$$

$$= \frac{a}{1+r} \times \frac{1-(\frac{1}{1+r})^n}{1-\frac{1}{1+r}}$$

当 $n \to \infty$ 时,

$$P = \frac{\dfrac{a}{1+r}}{\dfrac{1}{1+r}} = \frac{a}{r}$$

即无限年期的土地价格。

3. 收益还原法的应用程序

收益还原法的应用程序具体包括:①收集相关资料;②测算年总收益;③确定年总费用;④计算年纯收益;⑤确定还原率;⑥选用适当的计算公式;⑦测算收益价格。

三、成本逼近法

1. 成本逼近法的基本原理

成本逼近法是以开发土地所耗费的各项正常费用之和为主要依据,再加上一定的利润、利息、应缴纳的税金和土地增值收益来确定土地价格的方法。成本逼近法是从投资成本角度来考察土地的价值,但事实上它难以准确反映土地的真实价值。因为一宗土地的价值高低,主要取决于土地在未来利用中产生的收益大小,而不是取决于对这块土地投资改造的费用大小。如一宗填海造地生成的土地,其投资改造成本较大,但当地市场行情有可能低于这一成本价格;而一宗没有投资改造的土地,其市场价格却可能很高。成本逼近法一般仅限于新开发土地。既无收益又无比较实例的公建公益用地的价格评估,选择该方法时应当慎重。

2. 成本逼近法的基本公式

成本逼近法的基本公式如下:

$$P=E_a+E_d+T+R_1+R_2+R_3=P_E+R_3 \tag{5-8}$$

式中:P——土地价格;

E_a——土地取得费;

E_d——土地开发费;

T——税费;

R_1——利息;

R_2——利润;

R_3——土地增值收益;

P_E——土地成本价格。

3. 成本逼近法的应用程序

成本逼近法的应用程序具体包括:①收集与估价有关的成本费用、利息、利润及土地增值等资料;②通过直接或间接方式求取待估宗地的土地取得费、土地开发费及相关的税费、利息、利润;③确定土地增值;④对地价进行必要的修正,确定待估宗地价格。

需要注意的是,土地增值依据土地所在区域内,因用途等土地使用条件改变或进行土地开发而产生的价值增加额成比率测算。在不同地区,不同利用方向的土地具有不同的土地增值收益率。

另外,运用成本逼近法是否需要进行年期修正,要具体分析:①当土地增值是以有限年期的价格与成本价格的差额确定时,不再另行年期修正。②当土地增值收益是以无限年期的价格与成本价格的差额确定时,土地增值收益与成本价格一并进行年期修正。③当待估宗地为已出让土地时,应进行剩余使用年期修正。

以上三种方法是地价评估的三种基本方法。此外,还有剩余法和基准地价系数修正法等,是上述基本方法的变形或衍生,也是地价评估的常用方法。

四、剩余法

1.剩余法的基本原理

剩余法又称假设开发法,是在预计开发完成后不动产正常交易价格的基础上,扣除预计的正常开发成本及有关专业费用、利息、利润和税收等,以价格余额来估算待估土地价格的方法。土地投资者预计获得多少报酬,这个潜在的报酬就决定了土地价格的高低。剩余法的理论依据与收益还原法基本相同,都是通过对未来剩余收益的计算来评估土地价格。收益还原法中的地租或土地纯收益,是对土地收益的非土地因素的扣除;而剩余法则是直接从资本化后的价格中扣除非土地因素的贡献。可见,剩余法与成本逼近法和收益还原法对土地纯收益的计算思路是一致的,只是后者为前者的逆算。

剩余法主要适用于具有投资开发商或再开发潜力的土地估价,一般可运用于以下情形:①待开发不动产中的土地估价;②拆迁改造后再开发房地产中的土地的估价;③仅将土地开发整理成可供直接利用的土地估价。

剩余法还适用于现有不动产中地价的单独评估。

2.剩余法的基本公式

以剩余法评估待开发土地价格的公式如下:

$$P=A-B-C \qquad (5-9)$$

式中:P——待估宗地价格;

A——不动产总价;

B——开发项目整体的开发成本;

C——客观开发利润。

3.剩余法的应用程序

运用剩余法评估待开发土地价格的程序如下:①调查待估宗地的基本情况;②确定待估宗地的最有效利用方式;③测算完成开发后的土地或不动产总价;④估计开发建设周期和投资进度安排;⑤测算开发成本和开发商客观开发利润;⑥测算待估宗地价格。

五、基准地价系数修正法

1.基准地价系数修正法的基本原理

基准地价系数修正法是通过对待估宗地价格影响因素的分析,对各城镇已公布的同类用途同级土地基准地价进行修正,估算待估宗地价格的方法。由于基准地价都是运用地价评估三种基本方法评估的成果,因此,将基准地价进行系数修正,显然是地价评估三种基本方法的衍生或延续。由于基准地价是区域平均价,因此,要评估该区域中某一宗地的价格,还必须根据该宗地的个别条件,对区域平均价进行修正,方能得出宗地价格。宗地价格的修正因素及系数,均为基准地价的成果之一。对宗地价格进行评估时,只需将待估宗地区域因素、个别因素与之对照比较,即可得出修正系数,求得地价。它主要适用于已公布基准地价的区域。

2. 基准地价系数修正法的基本公式

基准地价系数修正法的基本公式如下:

$$P = P_{1b} \times (1 \pm \sum K_i) \times K_j + D \qquad (5-10)$$

式中:P——宗地价格;

P_{1b}——某一用途、某一级别(均质区域)的基准地价;

$\sum K_i$——宗地价格修正系数;

K_j——估价期日、容积率、土地使用年期等其他修正系数;

D——土地开发程度修正值。

3. 基准地价系数修正法的应用程序

(1)收集有关基准地价资料。

(2)确定待估宗地所处级别(均质区域)的基准地价。

(3)分析待估宗地的价格影响因素。

(4)编制待估宗地价格影响因素指标说明表。

(5)依据宗地价格影响因素指标说明表和基准地价系数修正体系,确定待估宗地价格修正系数。

(6)进行估价期日、容积率、土地使用年期等其他因素修正。

(7)测算待估宗地价格。

第三节 地价管理

一、我国的土地价格体系

因土地交易方式和条件的不同及土地市场管理的需要,土地价格表现为多种形式,多种土地价格形式构成了土地价格体系。地价体系中的每一种价格形式都有其独特的不可替代的作用。我国自 20 世纪 80 年代后期,逐步开放了土地使用权市场,并建立起完善的土地价格体系。这一体系主要包括以下几种价格形式:基准地价、标定地价、交易地价及其他价格形式。

(一)基准地价

基准地价由县(市)级以上政府制定、发布。基准地价的作用主要是:①政府宏观周控和管理地价的依据;②引导投资决策,促进土地有效利用的手段;③国家征税和制度改革的依据;④市场交易价及清产核资价的基础。

1.城镇土地基准地价

城镇土地基准地价是指在城镇规划区范围内,对现状利用条件下不同级别的土地或者土地条件相当的地域,按照商业、居住、工业等用途,分别评估法定的某一时点的最高年期物权性质的土地使用权区域平均价格。

在我国,基准地价评估的土地使用权首先是物权性质的土地使用权,含有土地的占有、使用、收益和处分等多项权能。土地租赁使用权也包括在土地使用权概念之内,而租赁土地使用权是债权性质的土地使用权。

基准地价评估的范围是城市规划区,但由于大中城市的规划区一般比建成区要大几倍,故在实际评估工作中可将城市建成区作为评估范围。在评估范围内的土地有的属于国家所有,有的属于农村集体所有。在基准地价的评估中,农村集体土地视同国有土地进行评估。

基准地价是某一时点的土地使用权价格,这一时点就是基准地价评估的基准日基准评估。

地价的评估年期就是各类用地国有土地使用权出让的最高年期。

基准地价是各类用途土地的区域平均价格,是现状用途下土地未来地租的资本化。

基准地价是现状开发程度下的土地使用权价格。市政基础设施投资(宗地红线外的上水、下水、道路、供电、通信、供气、供暖等费用)依实际的正常投资对宗地价格的影响程度按土地面积或建筑面积或对宗地价格的贡献程度分摊。实际投资是指宗地外开通的市政设施项目数量和程度;正常投资是指该程度下的市政设施建设当时的社会平均投资水平。宗地内的基础设施投资一般为土地购买方投资,称为前期开发费用,故不计入基准地价。宗地红线内的土地平整费用计入基准地价。新开发土地的平整费用为平整实际发生费用,建成区内的平整费用为拆迁安置平整费用。

2.农地基准地价

农地基准地价是指在农村范围内,以县域为单位对现状利用条件下不同级别的土地(主要是耕地),或者土地条件相当的地域,按照土地所有权、土地使用权等不同权利分别评估的某一时点的平均价格。

农地所有权基准地价是农地在正常生产条件下未来无限年期土地纯收益、农地的农民社会保障年价值以及农地发展权年价值之和的资本化。它是某一时点的价格。农地使用权基准地价是农地在正常生产条件下未来有限年期土地纯收益的资本化。这一年期的长短一般与国家规定的农地承包期相符。

农地基准地价目前是以耕地为评估对象。林地、草地、荒地等不同用途的农地可以耕地基准地价为基准,确定各自的基准地价。

(二)标定地价

标定地价是政府根据地价管理需要评估的具体宗地在公开市场和正常经营管理条件下某一期日的土地使用权价格。标定地价是地价的一种,由政府组织或委托评估,并被政府认可作为土地市场管理的依据。其评估方法与一般宗地估价方法相同。标定地价与基准地价一样,由政府定期公布。标定地价的作用主要是:①政府出让土地使用权时确定土地出让金的依据;②企业清产核资和股份制改造中确定土地资产价格的依据;③快速评定或申报以土地价值为课税依据的不动产税基;④政府制定土地市场管理政策的依据;⑤土地市场参与者了解市场价格的依据。

(三)交易地价

交易地价是指土地买卖双方按市场交易规则,在土地市场中实际成交的价格。它与基准地价、标定地价不同,是已经实现了的土地价格。交易地价的形式很多,在中国主要有国有土地使用权出让价格、国有土地使用权转让价格、国有土地租赁价格、国有土地地役权价格等。

1. 国有土地使用权出让价格

国有土地使用权出让价格是指国家将一定年期的国有土地使用权出让给土地使用者,土地使用者向国家支付的一切代价。国有土地使用权出让价格因出让方式不同,又分为拍卖地价、招标地价、挂牌地价和协议地价四种。

(1)拍卖、招标、挂牌地价。

拍卖、招标和挂牌地价是指通过市场公开的拍卖、招标和挂牌的出让方式而成交的价格,具有市场代表性,较能体现土地的真实价值。《城市房地产管理法》明确规定:"土地使用权出让,可以采取拍卖、招标或者双方协议的方式。商业、旅游、娱乐和豪华住宅用地,有条件的,必须采取拍卖、招标方式;没有条件,不能采取拍卖、招标方式的,可以采取双方协议的方式。"2002年,国土资源部发布的《招标拍卖挂牌出让国有土地使用权规定》要求:"商业、旅游娱乐和商品住宅等各类经营性用地,必须以招标、拍卖或者挂牌方式出让。"2008年国务院下发的《关于促进节约集约用地的通知》规定:"工业用地和商业、旅游、娱乐、商品住宅等经营性用地(包括配套的办公、科研、培训等用地),以及同一宗土地有两个以上意向用地者的,都必须实行招标拍卖挂牌等方式公开出让。"

(2)协议地价。

协议地价是通过政府出让方与土地受让方双方协商的方式确定的土地成交价格。2003年6月,国土资源部发布《协议出让国有土地使用权规定》,第三条规定:

"出让国有土地使用权,除依照法律、法规和规章的规定应当采用招标、拍卖或者挂牌方式外,方可采取协议方式。"由于这种方式没有充分的市场竞争,其价格不能完全反映土地的市场价值。

2. 国有土地使用权转让价格

国有土地使用权转让价格是指土地使用者之间依市场规则转移土地使用权,受让者向转让者支付的代价。转让市场中主体对客体的选择余地较大,交换较为自由,市场竞争更为充分。转让价格是一种正常的市场价格。

3. 国有土地租赁价格

土地租赁价格是土地所有者或土地使用者将土地以出租方式交与他人使用而获得的报酬。目前,我国的土地租赁较为普遍。有国家以所有者身份直接出租土地的,也有土地使用者以土地租赁或因房屋租赁而实现的土地租赁等多种形式。租赁价格一般由租赁双方自主确定,一般显现的是正常的市场价格。

4. 国有土地地役权价格

土地役权价格是土地使用者为获得在他人土地上通行或通过等权利而支付的代价。地役权是为自己土地使用便利而在他人土地上设定的权利,如通行权、通过权等。通行权即需役地使用权人在供役地上通行的权利。通过权是需役地使用权人将某些管线设施通过供役地的地表、上空或地下而在供役地上设定的权利,如管道通过权、架线通过权等。

(四)其他价格形式

其他价格形式主要有课税价格、抵押价格等形式。课税价格是专为国家或地方政府征收土地税收而确定的价格。这种价格可以是交易价格,也可以是评估价格和申报价格。课税价格一般低于交易价格,它以基准地价或标定地价为标准快速评定。我国目前除土地增值税是以实际成交的土地价格增值为标的的课税以外,还没有以地价为标的的课税税种。因此,还没有专用的课税价格。

抵押价格是土地作为信用担保而确定的价格。目前我国的抵押价格仅有土地使用权抵押价格和承租土地使用权抵押价格两种。

二、我国的地价管理制度

目前我国已建立起一系列的土地价格管理制度,主要包括以下几方面:

(一)土地估价制度

自20世纪80年代后期,原国家土地管理局就在全国范围内逐步建立起土地估价制度,要求各城镇必须开展土地定级和基准地价评估,并对政府出让土地使用权进行交易底价评估。现在,土地估价已介入绝大多数土地交易,如土地出让、土地转让、企业股份制改造、土地抵押、房产买卖等。农村土地也已开展基准地价评估和征地区片价格评估。城乡土地基准地价评估和标定地价评估,为地价管理部门制定地价政策和对土地市场进行宏观调控提供了依据。

(二)土地估价机构和估价人员的资格认证制度

开展土地价格评估,必须由专门的机构和专业人员进行。为了确保土地估价结果的科学性,管理机关要求开展这一工作的机构和人员必须经过资格认证。目前,中国土地估价机构分 A 级、准 A 级和 B 级三类,对不同类型估价机构的设立标准和从业范围做了严格的规定。估价人员必须在相当学历的基础上参加专业考试,合格者经注册方可从事土地估价工作。

(三)基准地价和标定地价定期公布制度

《城市房地产管理法》规定,基准地价和标定地价要定期公布。基准地价和标定地价是城市政府管理地价的基本参照地价,也是房地产投资者进行投资决策的主要依据。

(四)城镇地价监测公布制度

为了更好地调控市场和科学制定地价政策,从 1999 年开始,原国土资源部即着手在全国各城市建立地价监测系统。通过该系统将各城市的地价变化情况传输至自然资源部,自然资源部依此及时制定相应的地价管理政策。目前,自然资源部开展地价监测的城市有 105 个,地价监测点已超过 1 万个。自然资源部每季度向社会公布地价监测结果,主要是各监测城市不同用地类型地价的变动情况,同时利用监测数据编制全国地价指数并定期发布。

(五)土地供应计划制度和土地储备制度

为了实现土地管理的宏观目标,有效地调控土地市场,保证土地价格的平稳,各地都建立了土地供应计划制度和土地储备制度。各级政府根据全国土地利用总体规划和土地利用年度计划,结合当地经济发展的实际和土地资源的禀赋,制订并公布土地供应年度计划,实施调控土地市场的土地整理储备制度。

(六)土地交易最低限价制度

《城市房地产管理法》及相关法律法规规定,土地交易价格不得低于城市政府规定的标定地价,否则政府有优先购买的权力。

三、我国的地价管理政策

地价政策是指政府为实现土地的合理市场价格而采取的宏观调控与管理的一切手段和措施。所谓土地的合理市场价格，从总体来说就是，要基本体现土地的客观价值，价格的变动要相对平稳，保证各个产业全面协调发展，土地产权人的权益得到充分的保护。土地市场价格过低过高、大起大落，不仅使得土地产权人的权益和各个产业对土地的合理需求都难以得到切实维护与保障，而且也极不利于土地的节约集约利用，甚至会催生地价泡沫，引发金融危机。

实现地价的平稳发展，关键要靠政府对土地市场进行有效的宏观管理与调控。如果认为土地市场价格的变化是市场主体行为的结果，政府不应加以干预，因而面对地价的剧烈变化而毫无作为，那就是政府职责的缺位。政府对土地市场价格进行宏观调控可以采取多种手段和办法。如城市国有土地使用权的出让市场，在市场需求过旺、供不应求时，为了防止市场过度竞争引发地价的剧烈上涨，政府可以在通过各种途径适当增加供给、抑制需求的同时，从土地出让方式，出让土地的布局、数量、规模和节奏上进行灵活的调节，以降低市场的竞争程度，引导市场竞争主体的理性参与，促进土地市场及地价平稳发展。

调整土地市场的供求关系是实施正确地价政策的重要手段。针对我国耕地资源少、生态环境恶化的现实，中央政府在中共十八大以后，作出了划定城市发展边界、划定永久基本农田和划定生态保护红线的决定，严格控制特大城市人口规模，合理供给城市建设用地，提高城市土地利用率。因此，从土地供应方面看，首先是调整城市建设用地供应结构，压缩工业用地供应规模，提高住宅用地的供应比例和规模；其次是保证在住宅用地供应中保障性住房和普通商品住房用地不低于70％；最后是要提高建设用地的节约集约利用水平，加大存量建设用地的再开发和再利用。从土地需求方面看，首先是改革现行财税制度，增加有关房地产保有环节的税种，抑制住房投机投资需求；其次是通过放开中等城市以下的城镇人口落户限制，严格控制特大城市的人口规模，引导人口向中小城市和建制镇合理流动，同时，在一些土地供求矛盾尖锐的城市，继续实行住房限购政策；最后是调整工业用地和住宅用地的比价关系，提高工业用地价格，控制工业用地的过度需求。

为了有效解决土地管理中存在的地方政府违法高发多发的问题，2006 年国务院决定实施国家土地督察制度，对省、自治区、直辖市及计划单列市人民政府土地管理和土地利用情况进行督察。土地督察制度实施以来，在监督地方政府依法管地用地、维护土地管理秩序等方面发挥了重要作用。在充分总结国家土地督察制度实施成效的基础上，2019 年《土地管理法》在总则中增加第六条，对土地督察制度作出规定：国务院授权的机构对省、自治区、直辖市人民政府以及国务院确定的城市人民政府土地利用和土地管理情况进行督察。以此为标志,国家土地督察制度正式成为土地管理的法律制度。

复习思考题

1.概述主要的地价理论,分析其中的联系和区别。

2.简述地价的概念、特点、种类。

3.简述不同地价评估方法的基本原理。

4.我国的土地价格管理制度主要包括哪些内容?

第六章　土地利用规划与国土空间规划

第一节　土地利用规划

一、土地利用规划概述

（一）土地利用概述

土地利用和土地利用规划是两个密切联系的概念,要准确理解土地利用规划的内涵与外延,首先就必须准确界定土地利用的概念。土地利用是土地利用方式、利用程度和利用效果的总称。它是指人类通过一定的行为,以土地为劳动对象或手段,利用土地的特性来满足自身需要的过程。这一过程是人与土地进行物质、能量和信息的交流及转换的过程。

土地利用实质上是一个综合性概念,即指在特定的时期和空间条件下,对土地资源的开发、利用、治理、保护和管理,并通过一系列的合理利用,组织、协调人地关系及人与资源的关系,以期达到最大生态经济效益的过程。

土地利用,既是人类生产和生活的物质基础,也决定着人们在生产生活过程中的社会关系和利益分配机制。具体而言,它既可以是生产性的活动,如种植作物、养殖动物、建造工厂等;也可以是非生产性活动,如修建公园、建造住宅、设立自然资源保护区等。

影响土地利用的因素主要包括自然因素、社会经济因素和人的文化因素。自然因素主要指气候、地形地貌、土壤、水文等,它们很难能为人力所改变,我们尽量要在自然条件允许的范围内做到"因地制宜"。社会经济因素主要指社会制度、政策、城市化与工业化、土地所处的位置、交通条件,成本、效益、土地利用现状等。其中,土地所有制和国家的经济政策对土地利用有着巨大影响;位置、交通条件对土地的经济用途、利用方式和利用效益有着重要的影响;单位面积投入的成本和取得的收益,也在很大程度上影响着土地的利用结构。此外,人的知识水平、科学技术水平、对土地利用的整体性和长远性的认识,都会给土地利用带来深远的影响。因而通过宣传教育,普及科学知识,提高对自然规律和社会经济规律的认识,可以促进对土地资源的合理利用。

由于土地利用是一个复杂的系统,土地的用途、土地资源的分配、土地利用效益都会随着其影响因素的变化而不断变化。因而,在土地利用的动态过程中,我们必须坚持生态平衡原则、最大经济效益原则和节约原则。具体而言,就是要处理好土地利用和生态环境保护的关系,实现成本最小化、收益最大化的土地利用目标,做到经济建设与耕地保护统筹兼顾。一个好的土地利用方案应该是:自然因素适宜,经济因素可行,社会因素容许。

(二)土地利用规划的概念及内涵

何谓土地利用规划?西方学术界把以合理组织土地利用为研究对象的学科称为"土地利用规划"或"土地整治"。

在我国,土地利用规划被定义为:对一定区域未来土地利用超前性的计划和安排,是依据区域社会经济发展和土地的自然历史特性在时空上进行土地资源合理分配和土地利用协调组织的综合措施。具体而言,该定义包括以下几层含义:①土地利用规划是对土地利用的一种计划和安排;②土地利用规划针对的是未来的土地利用而不是过去或者现在的土地利用;③土地利用规划既涉及土地资源的配置,也涉及土地利用的协调组织;④土地利用规划既要考虑土地的自然历史特性,又要考虑社会经济发展因素。

因此,土地利用规划以协调人地关系为目标,可以理解为人们为了改变并控制土地利用方向,优化土地利用结构和布局,提高土地产出率,对一定区域范围内的土地利用,进行空间上的优化组合,并在时间上予以实现的统筹安排。土地利用规划是经济和社会计划中最基本的规划之一。无论在何种社会制度下,也无论实行何种土地制度,都需要进行土地利用规划工作。

从以上论述可知,土地利用规划不单研究制约土地利用的生产力因素,也不单研究制约土地利用的生产关系因素,更不是研究土地利用的全部内容,而是着重研究土地资源合理分配和土地利用协调组织这一特殊矛盾,这就构成了土地利用规划学的研究范畴。

土地利用规划(land use planning)与城市规划(urban planning)、区域规划(regional planning)、国土规划(territory planning)、土地利用计划(land use plan)之间既有明显的区别,又有着密切的联系。

城市规划是一定时期内城市建设的总体部署,也是城市建设的管理依据。其任务是根据国民经济计划,在全面研究城市区域经济发展的历史和自然条件的基础上,确定城市的性质和规模、城市各部分的组成、选择各部分用地并加以合理地组织和安排,使它们各得其所、相互配合,为生产和生活创造良好的环境。从规划的空间范围看,城市总体规划的范畴比土地利用总体规划小,两者是局部与整体的关系。

区域规划是指在一定区域范围内,对整个国民经济建设进行总体的战略部署,即根据国民经济发展的要求,从当地具体的自然条件和经济条件出发,通过综合平衡和多方案比较,确定区域经济发展方向和地域生产类型,使一定区域国民经济各个组成部分、各部门、各行业之间形成协调发展的格局。区域规划是具体落实国民经济计划的重要手段,也是编制土地利用规划的基本依据。

国土规划是从宏观角度,对全国或地区国土资源的综合开发利用所进行的长远性、战略性筹划。国土资源包括土地资源、生物资源、水资源(包括海洋资源)、矿产资源、气候资源等。土地资源是国土资源的一部分。土地利用规划与国土规划是局部与整体的关系,国土规划成果是编制土地利用规划的重要依据。

土地利用计划是指立足经济发展规律和国民经济社会发展计划的要求,依据土地利用总体规划,从科学、合理用地的角度,对区域未来一定时期内土地的开发和利用所做的安排。土地利用总体规划是编制土地利用计划的主要依据,规划在计划之前,计划是规划的具体落实。

(三)西方土地利用规划的概念及实践

西方现代土地利用规划概念起源于1948年美国数学家魏纳(Norbert Wiener)确立和命名的控制论。以控制论为基础的现代土地利用规划,其重点不在于详细描述预期达到的最终状态,而是着重研究土地利用规划所要完成的目标,以及为实现目标可能采取的途径和政策措施,同时分析各种政策、措施可能造成的各种土地利用后果,并从中找出最满意的行动方案。

在美国,主要通过法律法规形式制定土地利用目标和规划,其规划形式包括城市和大都市规划、联邦州和区域规划以及农村土地利用规划。从规划体系来看,可以分为三大类(总体规划、专项规划和用地增长管理规划)和六个层次(国家级、区域级、州级、亚区域级、县级和市级)。从规划内容看,一般包括七个要素:土地利用形式(公有地、农业用地、林业用地、城市用地和乡村用地)、交通、居住地、空旷地(绿地)、保护地、安全设施和防噪声污染。规划的核心目标主要有三个:保护农业用地、控制大城市扩大用地规模、保护森林及生态系统。

在德国,土地利用规划相当于地方规划中的预备性土地利用规划。它是根据城市发展的战略目标和各种土地需求,通过调研预测,确定土地利用类型、规模以及市政公共设施的规划。该规划对市、镇、村政府或公共的建设单位有约束力,限制其必须要按照规划进行,但是对于市民没有法律上的直接约束力。

日本的《国土利用计划法》(1974)规定,土地利用计划内容包括明确国土利用的目标和基本理念,提出国土利用相关的基本构想,划分土地使用分区,拟定各分区的规模和发展目标,以及实现分区发展规模和目标的必要措施。土地利用基本规划的功能是通过直接或间接限制开发,来协调不同规划的用地冲突。其内容包括规划图和规划说明书。规划分为全国规划、都道府县规划和市镇村规划三级。

在都道府县范围内,还要制定土地利用基本规划,主要内容有:确定土地利用的基本方向,按照城市、农业、森林、自然公园、自然保护的五种地域类型进行土地利用区划。从整体上看,日本以土地私有制和自由市场经济为基础,着重通过土地利用规划和土地利用基本规划对土地资源进行宏观调控,以法律和行政手段间接实现土地利用的微观调控。

在英国,规划分为四级:国家级规划(规划政策指南)、区域规划(区域规划指南)、郡级规划(结构规划)和区级规划(地方规划)。土地利用规划的实施大多依靠制定专门的法律,主要控制手段为土地用途管制或规划许可。

在荷兰,其《空间规划法》(2008)规定,土地利用规划是实施空间规划最重要的工具。土地利用规划规定了未来可能发生的建筑物区位、建筑物类型、建筑物大小和可能的用途。

二、土地利用规划的理论

自土地利用规划诞生以来,涌现出很多理论流派,具体包括 20 世纪 50 年代前的"物质形态规划论""马克思主义规划论",20 世纪 60 年代的"综合理性规划论""渐进规划论""人本主义规划论""自由主义规划论",20 世纪 70—80 年代的"新马克思主义规划论""新自由主义规划论",以及 20 世纪 90 年代以来的"沟通规划论""可持续规划论""新制度主义规划论"。借鉴国外规划理论和实践经验,并适应社会主义市场经济的发展要求,我国在 21 世纪也形成了有自己特色的"公共政策规划论"。

土地利用规划学作为经济学、地理学、管理学、政治学和工程学的交叉学科,它的形成和发展既具有深刻的时代烙印,又呈现出多样化的理论视角和侧重点。就目前而言,我国土地利用规划学的研究主要基于以下五种理论:地租和地价理论、土地区位理论、持续利用理论、外部性理论和系统工程理论[①]。

(一)地租和地价理论

地租和地价理论是土地利用规划的重要理论基础。地租是一个历史范畴,它产生于有组织的土地利用和土地所有权。任何社会只要存在着土地所有者和不占有土地的直接生产者,生产者在土地利用中的收益为土地所有者所共享,这就是地租产生的经济基础。

英国"古典政治经济学之父"威廉·配第在 1662 年出版的名著《赋税论》中提出"劳动是财富之父""土地是财富之母"的观点。地租是剩余劳动的产物,是剩余价值的基本形态,也是赋税的最终源泉。由于土壤肥沃程度和耕作技术水平的差异,以及土地距市场远近的不同,地租也有差异。配第还首次确定了土地价格的含

---

① 本节部分参考王万茂教授于 2008 年出版的《土地利用规划学》第二章内容。

义,它是购买一定年限的地租总额。

英国"经济学之父"亚当·斯密在 1766 年出版的著作《国民财富的性质和原因的研究》中指出:地租是"使用土地的代价",是"使用土地而支付的价格"。具体而言,斯密的地租理论有四种。第一种理论认为:地租是工人劳动所生产的价值的一部分,是投入土地的劳动的生产物(或价值)在其工资、利润以外的一种扣除,是地主阶级"不劳而获"的收入。第二种理论认为:地租是土地本身的产物,是土地的自然报酬,因而是商品价值或生产费用的一个构成部分,是商品价值的源泉。第三种理论认为:地租是一种垄断价格或是这种垄断价格的结果,因为在农业生产中,土地资源不能无限度增加。第四种理论认为:地租是"自然力的产物",是自然力参与生产的结果。

英国"古典经济学理论的完成者"大卫·李嘉图在其 1817 年出版的名著《政治经济学与赋税原理》中指出:地租是为了使用土地而付给地主的金额。他还认为,地租是由于土地有限以及每块耕地的位置和肥沃程度不一致而产生的(即土地具有稀缺性和异质性两项条件),从而进一步将地租分解为丰度地租、位置地租和资本地租(即资本利息)。

德国政治学家、哲学家、经济学家、社会学家马克思提出的地租理论不仅以劳动价值论为基础,而且紧密联系社会生产关系。他认为一切形态的地租都是土地所有权在经济上的实现,一切地租都是剩余劳动的产物,是以土地所有权的存在为前提的。马克思还依据地租产生的原因,将地租分为级差地租、绝对地租和垄断地租三种形态。其中,级差地租 I 是由于土地的肥沃程度和土地位置的不同而产生的;级差地租 II 是由于在同一块土地上连续投入等量资本所产生的生产率差别而形成的。

在地租理论的基础上,政治经济学家、古典经济学家和新古典经济学家又进一步思考土地价格的理论含义。亚当·斯密认为,土地价格是地租资本化的比率,可以用年地租除以利息率之商来加以确定。李嘉图认为,不是地租决定土地的价格,而是土地产品的价格决定地租。马克思在批判地继承了古典政治经济学地价理论的基础上,提出了以劳动价值论为基础的地价理论,称土地价格是"虚幻的价格",是没有价值的价格。英国"新古典经济学派创始人"阿尔弗雷德·马歇尔提出二元论的供求均衡价格体系,他认为商品的价格应该由需求和供给双方共同决定。

地价理论对于土地资源的综合评价、合理开发利用和制定土地利用政策具有重要的指导作用。为了实现土地利用效益的最大化,合理配置土地资源,必须运用经济手段对其加以调节和控制。通过合理地组织土地利用,不断提高土地肥力,修筑交通运输网络,改变土地的相对经济地理位置和区位条件,追加活劳动和物化劳动的投入,必将导致土地级差地租的变化,这就是常说的"规划即地价"。规划是影响地价的重要因素,规划也应该根据地价的空间分布规律合理配置各产业用地。

在地租和地价理论的指导下,应该把位于和接近城市中心区的土地规划为高价用地,如商业用地或居住用地;把其他类型用地如工业用地、行政办公用地规划于远离城市中心的地段上。对于农用地而言,应该把集约经营用地,如果蔬种植用地,规划在城市近郊区;而将粗放经营用地,如粮食作物生产用地,规划在远离城市的地段上。

(二)土地区位理论

1826 年,德国经济地理学和农业地理学创始人约翰·杜能(Johann Heinrich von Thünen)的著作《孤立国同农业和国民经济的关系》正式出版,这标志着区位论的问世。区位(日本也译为立地)有两层含义:一方面指该事物的位置,另一方面指该事物与其他事物的空间联系。区位论是关于人类社会事物的空间位置及其结构关系的理论。区位理论包括杜能的农业区位论("孤立国"理论),德国经济学家韦伯(Alfred Weber)的工业区位论,德国经济地理学家、城市地理学家克里斯塔勒(W. Christaller)和德国经济学家廖什(August Losch)的中心地理论,廖什的市场区位论。

杜能是第一个对区位论做了系统分析计算的学者,他对土地利用及规划理论的发展起着重要作用。在"孤立国"理论中,他提出六个假设条件:肥沃的平原中央只有一个城市;马车是唯一的交通工具;土壤条件不存在差别;距城市 50 英里之外是荒野,与其他地区彼此隔绝;人工产品供应只来源于中央城市,而城市的食品供应只来源于周围平原;重要的自然资源都在城市附近。因而,在不考虑各种自然条件差异的假想空间里,杜能着重关注农业生产方式的配置与距城市距离的关系:对同样的作物而言,运费随距市场距离的增加而增加,地租随距市场距离的增加而减少;当地租收入为零时,即使技术上可行,经济上也不合理,而成为某种作物的耕作极限;每种作物都有一条地租曲线,其斜率大小由运费率所决定,不容易运输的农作物一般斜率较大,相反则较小。因而,在城市近处种植的往往是相对于其价格而言笨重而体积大的作物,或者是易于腐烂或必须在新鲜时消费的产品。在城市的周围,将形成在某一圈层以某一种农作物为主的同心圆结构(杜能圈),由里向外依次为自由式农业、林业、轮作式农业、谷草式农业、三圃式农业和畜牧业。

韦伯于 1909 年出版了《工业区位论》一书,他认为任何一个理想的工业区位,都应选择在生产和运输成本最小点上。他假定所分析的对象是一个孤立的国家或地区,内部的自然、技术条件匀质化分布;工业原料、燃料产地已知,一般性原料普遍分布;产品销售地已知,销售量不变;劳动力供给已知,不流动,工资固定;生产和交易就同一产品进行讨论;运输费与货运量、距离成正比;运输方式为火车。经过分析、筛选,韦伯将决定生产区位的主导因子确定为运费、劳动力费用和集聚因子,并相应提出三条区位法则——运输区位法则、劳动区位法则和集聚或分散法则。

进一步地,他通过逐步引入变量的方式,将工业区位的优化划定为三个阶段。第一阶段:假定不存在运费以外成本的区域差异,运费是影响工业区位的唯一因子(由原料指数和距离两大因素决定);根据确定运费最低点,形成工业布局的初优区位。第二阶段:以前一程序为前提,加入劳动力成本的影响,当节省的劳动费用大于随之引起的运费增量时,初优区位发生第一次偏移,形成工业布局的较优区位。第三阶段:在引入集聚因子后,当集聚获得的利益大于企业因集聚而增加的运输费用和劳动费用之和时,较优区位再次发生偏移,从而形成工业布局的最优区位。在以上分析中,韦伯首次提出"区位因素"这一概念,把对运费的分析作为区位理论推导的重点,并首次提出使用费用等值线方法进行分析。

受杜能和韦伯的影响,克里斯塔勒的中心地理论也建立在"理想地表"之上,其基本特征是每一点与其他任意一点的通达性只与距离成正比;在此基础上,他又引入新古典经济学中"理性经济人"假说,假定生产者为了谋取最大利润,掌握最大化的市场,彼此之间的间隔距离都会扩大,消费者为了减少旅行费用,都选择去最近的中心地购买商品或服务。从而,他得出以下结论:中心地的等级由中心地所提供的商品和服务的级别所决定;中心地的等级决定了中心地的数量、分布和服务半径;中心地的数量和分布与中心地的等级高低成反比,中心地的服务范围与等级高低成正比;一定等级的中心地不仅提供相应级别的商品和服务,还提供所有低于这一级别的商品和服务;中心地的等级性表现在每个高级中心地都附属几个中级中心地和更多的低级中心地,形成中心地体系。在中心地体系形成的过程中,克里斯塔勒提出了三个支配性原则:市场原则、交通原则和行政原则。这三个原则也共同导致了城市等级体系(urban hierachy)的形成,城市等级越高,功能越全面,服务半径越大,数量越少。

廖什的市场区位理论把市场需求作为空间变量来研究区位理论,进而探讨了市场区位体系和工业企业最大利润的区位,形成了市场区位理论。他将空间均衡的思想引入区位分析,研究了市场规模和市场需求结构对区位选择和产业配置的影响。廖什认为,每一单个企业产品销售范围,最初是以产地为圆心、最大销售距离为半径的圆形,而产品价格又是需求量的递减函数,所以单个企业的产品总销售额是需求曲线在销售圆区旋转形成的圆锥体。随着更多工厂的介入,每个企业都有自己的销售范围,由此形成了圆外空档,即圆外有很多潜在的消费者不能得到市场的供给。但是这种圆形市场仅仅是短期的,因为通过自由竞争,每个企业都想扩大自己的市场范围,因此圆与圆之间的空档被新的竞争者所占领,圆形市场被挤压,最后形成了六边形的市场网络。廖什对传统工业区位理论研究的贡献之一,是他提出关于工业企业配置的总体区位方程,当方程的约束条件得到满足时,方程的解就确定了整个区域总体平衡的配置点。

(三)持续利用理论

目前,学界对于"可持续发展"的定义还没有形成一致认识。世界环境与发展委员会(WCED)在 1987 年发表了《我们共同的未来》报告(《布伦特兰报告》),这被认为是建立可持续发展概念的起点:"既满足当代人需求,又不损害后代人满足其自身需求的能力"。针对该定义,后续研究对"可持续发展"的解释大多围绕人类需求和价值观展开,其强调未来,并具有时间依存性。

实际上,可持续发展的概念深植于我国传统儒家文化的思想内核中。如孔子主张的"钓而不纲,弋不射宿";管仲提出"山林虽近,草木虽美,宫室必有度,禁发必有时"。18 世纪和 19 世纪,诸如国际和代际公平、自然资源保护和对未来的关注等问题,也开始被欧洲哲学家们所热议。他们认为,"人类需要选择牺牲一定程度的个人自由才能实现更加安全、平衡的社会生活"。这种思想与今天的可持续发展观不谋而合。

可持续概念提出的基础是环境限制思想和环境承载力思想。英国人口学家、经济学家马尔萨斯(Thomas Robert Malthus)被认为是第一个预见到资源短缺导致经济增长被限制的学者,他认为:土地是一种绝对资源,随着人口几何级数增长,生活资源只能实现算术级增长;当人类的生活条件降低到仅能维持生存,那时人口或将停止增长。在此基础上,他与李嘉图共同提出了"环境限制"思想,这被认为是可持续发展概念的前身。同时,为定义可持续发展的起源,Kidd 着重强调了承载力的概念。他指出,这一概念早已被用来描绘人与自然的关系,因为地球的承载力决定了增长的极限,从而最终创造出可持续发展的意识。

20 世纪 60—70 年代,越来越多的人开始关注环境保护,人类活动所产生的外部性问题也开始得到广泛重视。美国水生生物学家卡逊(Rachel Carson)开始撰写大量的文章来探讨环境保护问题,如过度捕鱼将导致海洋生物资源枯竭和生物链的断裂,超量抽取河水会造成水资源缺乏而引发一系列严重后果,大气、土壤、水污染将给人类带来生存与发展的灾难等。1962 年,由她撰写的《寂静的春天》展示了杀虫剂对鸟类和其他动物群体的不良影响,指出将有害化学物质释放到环境中而不考虑其长期影响是严重错误的行为。这本著作也成为促使环境保护事业在美国和全世界迅速发展的导火线。

随着污染企业的发展,石油泄漏、火灾和其他环境灾难时有发生,在此背景下,美国环境运动爆发。同时,受到物质财富积累和越南战争等影响,美国地方和联邦政府颁布各项法律、法规来处理空气污染、水污染、荒野保护等问题,并最终签署《国家环境政策法案》,这些政治运动为"可持续发展"的正式提出奠定了基础。

1972 年,联合国人类环境会议在斯德哥尔摩举行,该会议深入探讨了环境的重要性问题,并向人们传递出一个重要信息:环境管理已迫在眉睫。会后,美国保护基金会出版《粗心的技术：生态与国际发展》一书，展示了一系列工业化发展对环境造成严重损害的案例，以表明工业化发展应当优先和充分考虑其对环境的影响。与此同时，"罗马俱乐部"就当时的自然环境状况做出全面评估并强调：如果继续按照 20 世纪 60、70 年代的经济增长速度，大部分工业社会将会在几十年内超越生态界限。此后，人们很少再将"环境"与"发展"定义为独立的个体。1978 年，"生态发展"在联合国环境规划署审查报告中首次出现。

自 1987 年《布伦特兰报告》给出"可持续发展"的官方定义以来，可持续发展委员会、可持续发展机构间委员会和可持续发展高级别咨询委员会机制先后建立，越来越多的研究人员开始更加深入、全面地思考可持续发展问题，各国政府也开始朝可持续的方向展开合作和努力。

可持续发展的重要内容是自然环境的持续能力。围绕自然环境的持续能力，国际研究的热点之一就是土地资源持续利用。自 20 世纪 80、90 年代以来，我国的城市化和工业化加速发展，自 1978 年到 2015 年，我国的城市化率从 17.9% 上升至 56.19%。过快的城市用地扩张侵占了大量的优质耕地和林地，自 1996 年到 2003 年，中国的耕地总量以年均 0.6% 的速度迅速减少。在此背景下，更应该将持续利用理论运用到我国的土地利用规划中，控制城市用地的肆意扩张，进行存量建设用地的集约利用，协调处理好土地数量的有限性和土地需求的增长性这一对特殊矛盾。

（四）外部性理论

外部性是经济学的一个重要概念，也是新制度经济学研究的理论起点之一。马歇尔在其《经济学原理》（*Principles of Economics*）中首次提出"外部经济"这一概念："我们可以把因任何一种货物的生产规模之扩大而发生的经济分为两类：第一是有赖于该产业的一般发达所形成的经济；第二是有赖于某产业的具体企业自身资源、组织和经营效率的经济。我们可把前一类称作'外部经济'，将后一类称作'内部经济'。"虽然马歇尔提出的这种"外部经济"概念和我们今天所熟知的"外部性"有很大区别，但是这种关于外部经济的论述引起了其他经济学家的广泛关注和思考。

马歇尔的嫡传弟子、英国"福利经济学之父"庇古（Arthur Cecil Pigou）在 1920 年出版了他的代表作《福利经济学》一书。在书中，他首次用现代经济学的方法从福利经济学的角度系统地研究了外部性问题。首先，庇古将外部性问题的研究从外部因素对企业的影响，转为企业或居民对其他企业或居民的影响；此外，在马歇尔提出的"外部经济"概念基础上，他进一步提出"外部不经济"的概念和内容。具体而言，他把生产者的某种生产活动带给社会的有利影响（即边际社会净值大于边际私人净值的部分）叫作"边际社会收益"，把生产者的某种生产活动带给社会的不利影响,叫作"边际社会成本"。相应的,庇古还对政府应该采取的经济政策给出了建议:当存在外部经济效应时,政府应该对行为人进行奖励;当存在外部不经济效应时,政府应该对其进行征税。通过补贴和征税方式实现外部效应内部化的方法,被称为"庇古税"。

新制度经济学的奠基人科斯(Ronald Harry Coase)在其诺贝尔经济学奖获奖论文《社会成本问题》中,对庇古税进行了一系列批判。首先,他认为外部效应往往不是一方侵害另一方的单向问题,而具有相互性,政府是否对行为人进行直接干预,取决于这项行为是否在行为人的法定权利范围内。其次,科斯认为,在交易费用为零的情况下,可以通过双方自愿协商的方式实现资源配置的最优化结果,因而庇古税此时根本没有必要。最后,在交易费用不为零的情况下,实现外部效应内部化的方式要通过各种政策的成本-收益比较才能确定,而庇古税有可能不是经济上最高效的选择。

时至今日,外部性仍旧是一个"模糊不清"的概念,它既包括外部成本、外部收益,也包括不能被金钱表征的外部性。基于上述学者的研究,外部性可以被理解为"一个人(消费者)或企业(生产者)的行为有可能会对其他人或企业产生影响,但是这个主体不会为其行为进行赔偿,也不会得到相应的报酬"。

外部性问题是城市土地利用规划中不得不面对、又要小心面对的一个问题。以城市为例,无论是宏观层面的城市规模还是微观层面的基础设施建设,会对其他城市功能体、环境、居民带来不同程度的外部性效应。正是由于这些外部性问题的普遍存在,因而很难单纯依靠市场机制来处理这些问题。规划作为公共干预的一种方式,其特殊作用就在于对土地利用的物质性控制,通过预测和控制的方式,土地利用规划就可以以较低的交易费用来解决城市土地利用中的外部性问题。

(五)系统工程理论

系统工程(systems engineering)是系统科学的一个应用分支学科,是一门综合性组织管理技术。它以大型的复杂系统为研究对象,并有目的地对其进行规划、研究、设计和管理,以期达到总体最优的效果。

20世纪40年代,系统的观点与方法开始应用于工程设计领域。1937年,美国生物学家贝塔朗菲(Ludwig von Bertalanffy)提出了一般系统论的初步框架,1945年在《德国哲学周刊》第18期上发表《关于一般系统论》的文章,1947年在美国讲学时再次提出系统论思想,1955年出版专著《一般系统论》,成为该领域的奠基性著作。1972年,他发表的《一般系统论的历史和现状》一文,把一般系统论扩展到系统科学范畴,也提及生物技术;1973年修订版《一般系统论:基础、发展与应用》再次阐述了机体生物学的系统与整合概念,在生物学研究中提出开发系统论,并提出计算机方法和数学建模方法在系统科学研究中的应用。

　　系统被定义为由相互作用和相互依赖的若干部分组合起来的具有某种特定功能的有机整体,而且它本身又从属于一个更大的系统。系统工程以各种科学技术和管理方法如管理工程、质量分析、质量管理、运筹学和价值工程为基础,从而形成一个具有普遍意义的、综合性很强的应用技术体系。它在当今已经被广泛用于土地利用、城镇建设、交通运输、生态环境、资源开发和人口控制等社会经济领域,在资源环境管理等方面发挥日益显著的作用。

　　系统工程的方法论是研究方法上的整体化,技术应用上的综合化,组织管理上的科学化。系统工程的思想要求子系统的行动和矛盾要从总体协调的角度选择方案。以土地利用为例,对于土地资源十分紧缺的地区,有限的土地资源如何分配给各个产业和部门,就需要从全局出发来协调考虑。土地利用是涉及社会、经济、生态环境等多个因素的负责系统,因此,促进自然科学、技术科学和系统科学紧密结合、协同作战,是解决复杂土地利用系统的有效途径。

三、土地利用规划的原则[①]

　　土地利用规划既是公共政策工具,因而它的编制必须要符合国家的意志和政策;与此同时,它又是土地资源配置的重要环节,因为要遵循经济学、生态学、系统工程学的一般规律。

(一)维护社会主义土地公有制原则

　　随着生产力的发展,生产关系也在不断调整变化,以适应生产力的发展要求,其中就包括土地产权制度。土地的占有和使用、土地权益的分配都要求有相应的土地制度,从而构成整个社会制度的一部分。

　　中华人民共和国成立初期,我国在全国范围内进行了土地改革。1949年9月的《中国人民政治协商会议共同纲领》规定,新中国将"有步骤地将封建半封建的土地所有制改变为农民的土地所有制"。到1952年,全国共有90%以上的农业人口完成了土改,全国大约有三亿农民分得了大约七亿亩土地,每年免除地租3000万吨粮食。此外,农民的生产积极性也高涨起来。据统计,1951年全国粮食产量比1949年增加了28%,1952年比1949年增加了40%左右,棉花等经济作物的产量也在1951年超过历史最高年产量。

　　我国1982年《宪法》第九、十条对土地所有者和土地所有权、使用权都做了明确规定:"矿藏、水流、森林、山岭、草原、荒地、滩涂等自然资源,都属于国家所有,即全民所有;由法律规定属于集体所有的山岭、草原、荒地、滩涂除外。""城市的土地属于国家所有,农村和城市郊区的土地,除由法律规定属于国家所有的以外,属于

---

① 　本节部分参考王万茂教授于2008年出版的《土地利用规划学》第二章内容。

集体所有;宅基地和自留地、自留山,也属于集体所有。"①《宪法》的上述规定,是新中国成立以来第一次以国家根本大法的形式对国家和集体两种土地所有权的确定。这项规定是土地利用规划的根本指导原则,是合理组织土地利用的根本依据。

自中华人民共和国成立以来,我国政府一直非常重视土地利用规划,将其作为合理组织土地利用,调整土地关系,巩固社会主义土地公有制的重要手段和措施。从 1954 年到 1958 年夏的农业合作化阶段,土地利用规划具体贯彻了党有关农业合作化和建立大型国家农场的决议和指示;1954 年,结合大型国营友谊农场的建立,在我国第一次开始有组织地进行土地利用规划工作。20 世纪 80 年代初,在农业部中恢复土地利用局,各省相继建立土地利用管理机构,后于 1986 年成立国务院直属机构国家土地管理局②。

《土地管理法》是我国土地利用规划制定的直接依据,它自颁布以来几经修订,每一次修订都反映了特定历史时期我国主要的用地矛盾。20 世纪 80 年代,我国进入了改革开放的新纪元,经济建设得到高速发展。无论是城市扩张,或是农村建房,都需要大量的土地资源,由于改革开放初期我国并没有一部统一完整的土地管理方面的基本法,导致大量占用耕地、滥用土地的现象非常突出。在这种背景下,我国于 1986 年第六届全国人民代表大会常务委员会第十六次会议上审议通过了我国第一部土地管理法。

1987 年 12 月,深圳市轰动全中国的土地拍卖第一槌,拉开了土地有偿使用制度的帷幕,全国各地争相效仿。深圳的先河之举,直接促成了《宪法》中有关土地使用制度内容的修改。1988 年 12 月 29 日,第七届全国人民代表大会常务委员会第五次会议根据宪法修正案对《土地管理法》进行了第一次修正,新增"国有土地和集体所有的土地的使用权可以依法转让""国家依法实行国有土地有偿使用制度"等内容,新增的规定扫清了土地作为生产要素进入市场的法律障碍,拉开了国有土地有偿使用制度的序幕,为我国工业化、城镇化的快速推进奠定了重要基础。

我国地少人多,珍惜合理利用每寸土地是我国的基本国策。而随着我国经济建设的快速发展,各地乱用滥用耕地现象愈演愈烈,1988 年修改的《土地管理法》已不能适应耕地保护的需要。为适应市场经济体制下严格保护耕地的需要,1998 年 8 月 29 日第九届全国人民代表大会常务委员会第四次会议对《土地管理法》进

---

① 在 2019 年新颁布的《土地管理法》中,对该条表述为:"城市市区的土地属于国家所有。农村和城市郊区的土地,除由法律规定属于国家所有的以外,属于农民集体所有;宅基地和自留地、自留山,属于农民集体所有。"

② 后于 2008 年改立为国土资源部,为国务院组成部门,下辖国家海洋局、国家测绘地理信息局、国家土地督察局、中国地质调查局;于 2018 年国务院机构改革方案中改组为自然资源部。

行了全面修订,明确规定:国家依法实行国有土地有偿使用制度。这次修订首次以"立法"形式确定了土地基本国策,明确强调"十分珍惜、合理利用土地和切实保护耕地是我国的基本国策",确立了以耕地保护为核心的土地用途管制制度,强化了国家管理土地的职能。

随着我国经济与社会发展进程不断加快,用地需求再次盲目扩张。地方政府低价出让土地、圈占土地,各类开发区遍地开花,政府或政府部门土地违法案件仍居高不下,我国耕地数量迅速减少。随着耕地被大量征用,当时的征地制度,在很大程度上忽视了农民的利益,已不能适应新的经济形势下对失地农民进行合理安置补偿的要求,部分失地农民成为种田无地、就业无岗、社保无份的"三无农民",生活水平下降。基于上述背景,2004 年 8 月 28 日第十届全国人民代表大会常务委员会第一次会议对土地管理法进行适宪性修改,这也是《土地管理法》的第二次修正。它把原来"国家为了公共利益的需要可以对土地实行征用",修改为"国家为了公共利益的需要,可以依法对土地实行征收或者征用并给予补偿",同时把《土地管理法》中的"征用"全部修改为"征收"。

随着实践的不断发展和改革的不断深入,现行农村土地制度与社会主义市场经济体制不相适应的问题日益显现,包括:土地征收制度不完善,因征地引发的社会矛盾积累较多;农村集体土地权益保障不充分,农村集体经营性建设用地不能与国有建设用地同等入市、同权同价;宅基地取得、使用和退出制度不完整,用益物权难落实;土地增值收益分配机制不健全,兼顾国家、集体、个人之间利益不够等。为了进一步扫除城乡一体化进程中的制度障碍,我国于 2019 年对《土地管理法》进行了第三次修正。

本轮的修订坚持土地公有制不动摇,坚持农民利益不受损,坚持最严格的耕地保护制度和最严格的节约集约用地制度,其内容主要可以概括为七个方面。第一,允许集体经营性建设用地在一定条件下出让或转让给集体经济组织以外的单位或个人使用,从而打破了集体经营性建设用地入市的法律障碍。第二,改革土地征收制度,包括对土地征收的公共利益进行界定,明确征收补偿的基本原则是"保障被征地农民原有生活水平不降低、长远生计有保障",改革土地征收程序。第三,完善宅基地制度,在原来一户一宅的基础上,增加宅基地户有所居的规定;允许进城落户的农村村民自愿有偿退出宅基地;并下放宅基地审批权限,明确农村村民住宅建设由乡镇人民政府审批。第四,为"多规合一"预留法律空间。随着国土空间规划体系的建立和实施,土地利用总体规划和城乡规划将不再单独编制和审批,最终将被国土空间规划所取代。第五,将基本农田提升为永久基本农田,"永久基本农田经依法划定后,任何单位和个人不得擅自占用或者改变用途",且各省、自治区、直辖市划定的永久基本农田一般应当占本行政区域内耕地的 80% 以上。第六,合理划分中央和地方土地审批权限,国务院只审批涉及永久基本农田的农用地转用,其他的由国务院授权省级政府审批。第七,土地督察制度正式入法,成为我国土地管理的法律制度。

我国开展土地利用规划工作的实践证明,合理组织土地利用不能离开维护和巩固社会主义土地公有制这项重要原则,不能离开生产力和生产关系这一对基本矛盾。任何一方发生变化都会引起土地利用规划形式、内容和任务的重大变动。基于这点,土地利用规划所研究的内容和所肩负的任务不是一成不变的。在不同社会生产方式下,甚至在同一方式下,生产力和生产关系发展的不同阶段,土地利用规划的内容、原则和方法都不尽相同。

(二)因地制宜原则

地球表面如同自然界其他物质一样,有其形成和发展的过程。地球表面由于受不同自然因素的影响,形成了一系列相互区别且各具特色的土地。由于各地区自然和社会经济条件千差万别,直接影响着土地利用方向、方式、深度和广度,使土地利用具有显著的空间性差异。不同的土地利用环境不仅反映出土地本身的适宜性和限制性,而且反映了当前生产力的发展水平,以及对土地的改造能力和利用程度。因此,土地利用必须遵循因地制宜的原则,才能把土地利用的潜在可能性变为现实生产力。

土地构成要素的不同,以及它们组合方式的不同,形成了表面形态和利用特性各异的土地。严格来讲,在地球表面很难找到性质和特征完全相同的两块土地。另外,国民经济各产业部门对其用地的质量和区位有特殊的要求,于是构成了土地利用的主要矛盾,协调好两者之间的关系就成为土地利用规划的核心内容。

因地制宜是编制土地利用规划应当遵循的重要原则之一。因地制宜原则具体表现为土地特性和用地要求的协调上。要坚持因地制宜原则,就要在编制土地利用规划时,把客观上业已存在的土地质量及其利用适宜性,借助土地评价的方法加以评定。一定意义上,土地评价是落实因地制宜原则的重要途径和手段。土地适宜性是土地在一定条件下对不同用途的适宜程度。土地适宜性离不开特定的土地用途。土地适宜性可以从自然和经济两个角度加以评定。土地适宜性评价就是对土地质量相对于各种可能用途的综合评定。评价结果可以反映出各可能用途的适宜土地的信息,包括等级、数量和分布。在此基础上,综合考虑社会经济发展和科技进步水平,最终做出土地利用的备选方案,提供决策依据。

土地利用与土地适宜是相互关联的对立统一。人类对土地的利用在不断地改变土地适宜性,土地利用也不能离开土地适宜性而独立存在。随着社会生产力的发展和科技进步,人类改变土地适宜性的程度在不断提高。当今世界,人类已经对自然环境做出了大量改变,对自然界的物质循环进行了广泛干预,但是人类仍然无法割断自己与土地的联系,这种依赖关系会随时间推移而变化,但是永远不会消失。

土地质量是一个动态概念,随着生产力的发展、技术的进步、人类需求的变化,土地质量也在不同程度地发生变化。为此,必须建立经常性的土地数量和质量统计制度,建立土地资源信息系统,即在计算机软件和硬件的支持下,完善土地空间数据的贮存、变换、派生、综合、分析和显示系统,从而把土地评价与土地利用规划两项系统相结合,把土地评价结果作为制定土地利用规划的重要基础,把土地利用规划视为土地评价及其成果应用的延续,使土地利用规划方案表现为各类土地适宜性的最佳组合。

土地利用规划没有固定的模式和标准设计,必须坚持因地制宜原则,才能寻求紧密结合当地自然和社会经济条件的规划方案。土地利用规划具有鲜明的地域性特征,不同地区有着不同的规划方针、任务、内容和方法,如城市土地利用规划不同于农村土地利用规划,平原地区不同于山区,灌溉农业地区也不同于旱作地区。同一项目规划由于地区的特点,其规划方法也不尽相同,如经济技术开发区规划的重点是建筑物和线性工程项目的规划;丘陵山区的重点是合理安排农民牧副渔业用地,坡地改造,防止水土流失,植树造林,绿化荒山等。总之,土地利用规划过程中,要深入实地调查研究,反对"一刀切"的做法,协调主观愿望与客观可能的关系。只有这样,才能充分发挥土地利用规划在国民经济发展中的积极作用。

(三)综合效益原则

人类合理地组织土地利用,其目的在于在有限的资源限制下获取最大的效益。由于现代科学技术发展具有明显的整体化特征,土地利用所追求的效益绝对不再是单项效益,而是融社会效益、经济效益和生态效益为一体的综合效益。

在社会主义国家,尤其是在人口基础庞大的中国,土地利用的合理目标是:既要满足人民群众生活和工业生产对农产品的不断需求,又要为国民经济各部门提供其利用的土地,促进其持续发展。社会经济的稳步、协调和长足发展,必须要有足够的土地资源,尤其是耕地资源,作为保障。但是,耕地资源具有明显的稀缺性,它与社会发展、人口增长的需求形成日益加剧的供求矛盾,这就要求土地利用规划合理地进行各部门间的土地分配,为社会经济发展提供基本的土地保障。

为了获得土地利用的最大经济效益,必须学会应用经济杠杆对其加以调节和控制。地租和地价理论对于土地资源的综合评价和合理开发利用,以及制定合理的土地政策具有重要的指导作用。通过合理组织土地利用,不断提高土地肥力和质量,改善土地的地理位置和交通条件,实行土地集约化经营,必将导致土地级差地租的变化。在我国地少人多的现实条件下,提高单位面积土地的利用效率已成为实现土地利用效益最大化的必然选择。

土地资源利用产生的经济效果,常常以单位土地资源利用所产生的经济效果数值来衡量,它也被称为土地资源利用效果系数。该系数的实质是反映任何用地方案在占用或消耗单位数量的土地资源时,所引起的国民收入的增加或减少数量。由于土地资源利用效果系数与被利用的土地资源数量、质量和用途等因素有关,必须选用土地资源利用经济效果标准系数,它可以用一般方法、平均数方法、综合平衡法和最低利润法求取。需要注意的是,在计算农用地的土地资源利用效果系数时,要谨慎选用单位面积土地纯收入或国民收入,因为它受到许多其他因素的影响,如地区气候、地理位置、土地质量和作物种类等。而这些因素具有明显的地域性差异,因而不同地区在计算时应采用不同的土地资源利用效果系数。

土地利用还要考虑生态效益。整个地球表层是一个巨大的生态圈,包含着海洋、湖泊、陆地、森林、草原、城市等多个生态系统。土地生态系统在其利用过程中与土地经济系统之间进行物质和能量的交换,土地生态系统向土地经济系统输入土地产品,通过生产、分配、交换、消费等各个环节转换为经济物质和能量,再输回土地生态系统,这样在物质能量循环过程中又转变为经济产品回输给土地经济系统。土地生态系统和土地经济系统之间这种互为反馈的关系,使两个系统在结构上相互交织,在功能上相互促进和制约,在效益上相互矛盾又统一,从而使两者耦合成为一个统一的土地生态经济系统。土地利用中必须追求土地生态经济系统的最大净生产力,包括实物形态、价值形态与能量形态。

人类全部活动,包括土地利用,都在直接或间接地消耗环境质量和自然资源。反言之,这种消耗导致的环境污染和生态破坏,又直接影响正常的土地利用经营活动,从而造成严重的经济损失。因此,当评价土地利用综合效益时,不仅要顾及土地使用单位内部的经济性,还要同时考虑由此造成的社会外部的不经济性(负外部性),而内部经济性往往是以外部不经济性为代价的。因此,为了公正地评价土地利用的综合效益,可以采用费用-效益分析方法,分别计算费用(用 C 表示,包括工程费用、经营费用和环境损害费用)和效益(用 B 表示,包括工程效益和环境改善效益),最后以净效益($B-C$)或消费率(B/C)评定其优劣。同时,在费用-效益分析中,还要考虑时间因素,即用费用和效益的现值进行计算,从而使整个时期的费用和效益具有可比性。

综上所述,土地利用综合效益原则就是明确了土地利用的最终目标是将土地利用置于社会经济发展和维护生态系统平衡中,追求经济效益、社会效益和生态效益的统一。此外,土地利用综合效益原则还要求处理好近期土地利用和长远土地利用二者之间的关系。不合理的土地利用所带来的危害,有时需要经过一段时间方能显现出来。因此,必须对未来社会效益和生态环境影响加以科学预测,而这种影响往往是非货币化的、隐蔽的,因而我们更要对此予以足够重视。

(四)逐级控制原则

土地利用规划往往同地域概念相联系,一般而言,土地利用规划都是在一定地域范围内进行的。地域是地区和区域的总称。地区是一个广泛的概念,系指地球的一部分;地区边界从某种意义上来说是任意的,可以根据现实需要和具体要求划定。区域是地区中的一部分,不同于地区,区域的边界是由内聚力决定的,或者区域也可以定义为具有内聚力的地区。内聚力的概念原本来自物理学,指物质内部相邻两部分的分子间的引力;而经济内聚力包括生产力的发展水平、条件,经济发展的主要任务和开发方向。

依照不同的标志,我国土地资源可以被划分为不同的地区和区域。土地资源行政管理的层次性决定管理土地利用规划的类型、范围、任务和内容的多样性,从而从上到下地构成了结构有序的、等级分明的土地利用规划系统。最低层次的用地单元如一块水田、一片林地或者一座城市;再上一层就是区域,可以是行政区,如省、市、县、乡,也可以是跨区域或特定区域,如长江三角区或珠江三角区;一国之内最高层次为国家级。从横向上看,同一区域土地利用系统由各类土地利用子系统组成,如耕地、林地、牧地、市地、工矿地、水地等,从而形成相互渗透、相互依托的关系。

各层次土地利用规划均对下一层次的土地利用规划起着控制作用,同时它本身也接受其上一层次土地用规划的控制。遵循主机控制的原则,就要等上一层次土地利用规划有关项目完成以后,才可以着手进行下一层次的土地利用规划。但是下一层次的土地利用规划也可以对上一层次的土地利用规划加以修改、补充和落实,使其更加完善和可行。由于土地利用规划涉及的内容相当繁杂,按照逐级控制原则的要求,应首先对关系到全局的、具有控制作用的项目进行规划,如各种用地结构、优化和布局,主要水利、道路工程项目和居民点用地规划等,之后再进行土地利用细部规划。

(五)动态平衡原则

土地本身是自然产物,经投入于社会生产活动之后,就成为社会物质生产必备的物质条件。为了保证国民经济各部门的协调发展,客观上要求提供适合用途的土地,但是土地总面积相对而言是一个常数,在做不同时期的土地利用规划时,在规划区域土地总面积限度内,合理地进行部门间的土地分配和再分配,满足各部门变动的用地要求,实现土地利用供求结构的动态平衡。

土地综合平衡是国民经济范围内土地利用的宏观动态平衡,它要求社会对土地的总需求和所能提供的土地达到总量平衡和结构平衡。土地综合平衡受制于社会经济综合平衡,是社会经济规模和结构在土地利用方面的具体体现,也就是说,土地综合平衡是随着社会经济不断发展而实现的一种平衡,与社会经济综合平衡同步进行。

动态平衡原则要求在分析过去、摸清现状的基础上,估算计划期内每一种类型用地可能新增加的土地资源数量和土地需求量,对供求双方进行反复平衡。具体而言,一方面应根据计划安排的投资和消费需求来估算所需土地数量,另一方面从土地开发和节约、调整土地利用结构、提高生产力来估算土地资源可能供给的数量,直至两方平衡为止。规划制定需要反复平衡,规划实施仍然需要不断进行反复平衡。从这个意义上讲,综合平衡是动态的平衡,平衡是某个时间点相对的,不平衡是长期绝对的,如此循环往复,以致无穷。

平衡关系常常表现为比例关系,换而言之,平衡就是按比例,因此,平衡关系也可称为平衡比例关系。土地利用中的平衡,按其范围可分为全国平衡、地区平衡和企业平衡;按其性质又可分为单项用地平衡和综合用地平衡。土地资源平衡是国民经济存在和发展的条件。要搞好土地综合平衡,一是要加强土地利用计划的综合平衡,根据需要与可能,安排国民经济各部门的平衡比例关系;二是要在规划执行的过程中进行控制和调节。为此,必须掌握及时、全面、准确的统计资料,加强土地综合平衡的统计工作。

四、土地利用规划的内容

(一)土地利用规划的分类及主要内容

由于规划的对象、范围和任务的不同,土地利用规划的内容有所差异。依据其对象不同,土地利用规划可以划分为城镇土地利用规划和乡村土地利用规划;依据其层级不同,可以分为国家级土地利用规划、省级土地利用规划、市级土地利用规划、县级土地利用规划和乡(镇)级土地利用规划;依据其任务不同,可以分为土地利用总体规划、土地利用详细规划和土地利用专项规划;依据其范围不同,可以分为区域性土地利用规划和用地单位土地利用规划。

土地利用规划是国土规划、区域规划的重要组成部分,上述各项规划项目均要借助土地利用规划在土地上加以落实,包括其土地规模、形状、界线和区位。一般而言,土地利用规划应包含下列内容:①土地利用现状分析与评价;②土地利用潜力分析;③土地供给与需求预测;④土地供需平衡和土地利用结构优化;⑤土地利用规划分区和重点用地项目布局;⑥居民点用地规划;⑦交通运输用地规划;⑧水利工程用地规划;⑨农业用地规划;⑩生态环境建设用地规划;⑪土地利用专项规划;⑫土地利用规划实施和规划管理。各级政府、各管理部门根据其规划目标、自然社会经济条件,可以对上述内容进行增减。

以城镇土地利用规划为例,其内容主要包括:城镇土地利用现状及其利用分析;城镇土地利用潜力分析;城镇土地需求量预测;城镇土地供需分析和结构优化;城镇土地利用总体布局;城镇组成要素用地规划;城镇工程用地规划;城镇土地利用规划中技术经济论证;城镇土地利用专项规划(经济技术开发区规划,旧城改造利用规划等)。

农业土地利用规划的内容主要包括:乡村土地利用现状及其利用分析;乡村土地利用潜力分析;乡村各类用地需求量预测;乡村土地供需分析和结构优化;乡村土地利用规划分区和重点用地项目布局;乡村各类用地详细规划;乡村土地利用规划效益预测和规划实施。

土地利用总体规划的内容主要包括:土地利用现状分析;土地利用潜力分析;土地利用需求量预测;土地利用结构优化布局;土地利用规划效益预测;土地利用规划实施措施。

土地利用详细规划的内容主要包括:居民点用地规划;交通运输用地规划;水利工程用地规划;耕地规划;园地规划;林地规划;牧草地规划;水域规划;旅游地规划;自然保护区规划等。

土地利用专项规划的内容主要包括:基本农田保护区规划;土地复垦规划;土地开发规划;水库淹没灌区规划;土地整理规划等。

(二)土地利用总体规划

土地利用总体规划是我国城乡建设、土地管理的纲领性文件,是落实土地用途管制的依据,是实行最严格的土地管理制度的一项基本手段。它与土地利用详细规划与土地利用专项规划相比,具有整体性、长期性、战略性和控制性的特点。鉴于其在土地利用规划体系中的重要作用,本节对土地利用总体规划进行详细介绍。

土地利用总体规划是在一定区域内,根据国家社会经济可持续发展的要求和当地自然、经济、社会条件,对土地的开发、利用、治理、保护在空间上、时间上所作的总体安排和布局,是国家实行土地用途管制的基础。土地利用总体规划是指在各级行政区域内,根据土地资源特点和社会经济发展要求,对今后一段时期内(通常为15年)土地利用的总安排。

土地利用总体规划属于宏观土地利用规划,其成果包括规划文件、规划图件及相应的附件。根据我国行政区划,规划分为全国、省(自治区、直辖市)、市(地)、县(市)和乡(镇)五级,即五个层次。通过土地利用总体规划,国家将土地资源在各产业部门进行合理配置,首先是在农业与非农业之间进行配置,其次在农业内部进行配置,如在农业内部的种植业、林业、牧业之间配置。我国现行的《土地管理法》第四条明确规定我国实行土地用途管制制度;国家通过编制土地利用总体规划,规定土地用途,将土地分为农用地、建设用地和未利用地;严格限制农用地转为建设用地,控制建设用地总量,对耕地实行特殊保护。使用土地的单位和个人必须严格按照土地利用总体规划确定的用途使用土地。

在我国现行的《土地管理法》中,第三章专门对我国的土地利用总体规划做了具体的规定和要求:

第十五条阐明了我国土地利用总体规划编制的主体为各级人民政府,依据为当地的国民经济和社会发展规划、国土整治和资源环境保护的要求、土地供给能力以及各项建设对土地的需求,规划期限由国务院规定。

第十六条明确要求:下级土地利用总体规划应当依据上一级土地利用总体规划编制。具体而言,下一级政府编制的建设用地总量不得超过上一级土地利用总体规划确定的控制指标,耕地保有量不得低于上一级土地利用总体规划确定的控制指标,从而确保本行政区域内耕地总量不减少。

第十七条明确了我国现阶段土地利用总体规划编制的原则:落实国土空间开发保护要求,严格土地用途管制;严格保护永久基本农田,严格控制非农业建设占用农用地;提高土地节约集约利用水平;统筹安排城乡生产、生活、生态用地,满足乡村产业和基础设施用地合理需求,促进城乡融合发展;保护和改善生态环境,保障土地的可持续利用;占用耕地与开发复垦耕地数量平衡、质量相当。

第十八条首次提出我国将建立国土空间规划体系,并要求编制国土空间规划应当坚持生态优先,绿色、可持续发展,科学有序统筹安排生态、农业、城镇等功能空间,优化国土空间结构和布局,提升国土空间开发、保护的质量和效率。经依法批准的国土规划是各类开发、保护、建设活动的基本依据。已经编制国土空间规划的,不再编制土地利用总体规划和城乡规划。

第十九条要求县级土地利用总体规划应当划分土地利用区,明确土地用途;乡(镇)土地利用总体规划应当划分土地利用区,根据土地使用条件,确定每一块土地的用途,并予以公告。

第二十条要求我国土地利用总体规划实行分级审批制度:省、自治区、直辖市的土地利用总体规划,报国务院批准。省、自治区人民政府所在地的市、人口在一百万以上的城市以及国务院指定的城市的土地利用总体规划,经省、自治区人民政府审查同意后,报国务院批准。其他各级土地利用总体规划,逐级上报省、自治区、直辖市人民政府批准;其中,乡(镇)土地利用总体规划可以由省级人民政府授权的设区的市、自治州人民政府批准。土地利用总体规划一经批准,必须严格执行。

第二十一条阐明了土地利用总体规划与城市总体规划、村庄和集镇规划之间的关系。城市建设用地规模应当符合国家规定的标准,充分利用现有建设用地,不占或者尽量少占农用地;城市总体规划、村庄和集镇规划,应当与土地利用总体规划相衔接,城市总体规划、村庄和集镇规划中建设用地规模不得超过土地利用总体规划确定的城市和村庄、集镇建设用地规模;在城市规划区内、村庄和集镇规划区内,城市和村庄、集镇建设用地应当符合城市规划、村庄和集镇规划。

第二十二条对江河、湖泊综合治理和开发利用规划做了详细规定:此类规划应当与土地利用总体规划相衔接。在江河、湖泊、水库的管理和保护范围以及蓄洪滞洪区内,土地利用应当符合江河、湖泊综合治理和开发利用规划,符合河道、湖泊行洪、蓄洪和输水的要求。

第二十三条、二十四条对土地利用年度计划进行了详细要求。第二十三条要求各级人民政府加强土地利用计划管理,实行建设用地总量控制。土地利用年度计划,根据国民经济和社会发展计划、国家产业政策、土地利用总体规划以及建设用地和土地利用的实际状况编制,土地利用年度计划应当对本法六十三条规定的集体经营性建设用地作出合理安排。土地利用年度计划的编制审批程序与土地利用总体规划的编制审批程序相同,一经审批下达,必须严格执行。第二十四条进一步要求省、自治区、直辖市人民政府应当将土地利用年度计划的执行情况列为国民经济和社会发展计划执行情况的内容,向同级人民代表大会报告。

第二十五条对土地利用总体规划的修改进行了详细规定:经批准的土地利用总体规划的修改,须经原批准机关批准;未经批准,不得改变土地利用总体规划确定的土地用途。经国务院批准的大型能源、交通、水利等基础设施建设用地,需要改变土地利用总体规划的,根据国务院的批准文件修改土地利用总体规划。经省、自治区、直辖市人民政府批准的能源、交通、水利等基础设施建设用地,需要改变土地利用总体规划的,属于省级人民政府土地利用总体规划批准权限内的,根据省级人民政府的批准文件修改土地利用总体规划。

第二十六条、二十七条对我国的土地调查制度进行了说明:县级以上人民政府自然资源主管部门会同同级有关部门进行土地调查;土地所有者或者使用者应当配合调查,并提供有关资料。第二十七条规定:县级以上人民政府自然资源主管部门会同同级有关部门根据土地调查成果、规划土地用途和国家制定的统一标准,评定土地等级。

第二十八条、二十九条对我国的土地统计制度进行了说明。第二十八条规定县级以上人民政府统计机构和自然资源主管部门依法进行土地统计调查,定期发布土地统计资料。土地所有者或者使用者应当提供有关资料,不得拒报、迟报,不得提供不真实、不完整的资料。统计机构和自然资源主管部门共同发布的土地面积统计资料是各级人民政府编制土地利用总体规划的依据。此外,第二十九还规定国家建立全国土地管理信息系统,对土地利用状况进行动态监测。

第二节　国土空间规划

一、国土空间规划概述

近年来,编制统一的国土空间规划成为日益迫切的现实需要,党中央领导人多次对其进行重要批示,并提出明确要求。2013年5月,习近平总书记在十八届中央政治局第六次集体学习时指出,"国土是生态文明建设的空间载体。从大的方面统筹谋划、搞好顶层设计,首先要把国土空间开发格局设计好。要按照人口资源环境相均衡、经济社会生态效益相统一的原则,整体谋划国土空间开发"。2014年2月习近平总书记在北京考察时强调:"考察一个城市首先看规划,规划科学是最大的效益,规划失误是最大的浪费,规划折腾是最大的忌讳。"

2018年4月习近平总书记在深入推动长江经济带发展座谈会上指出,"要按照'多规合一'的要求,在开展资源环境承载能力和国土空间开发适宜性评价的基础上,抓紧完成长江经济带生态保护红线、永久基本农田、城镇开发边界三条控制线划定工作,科学谋划国土空间开发保护格局,建立健全国土空间管控机制,以空间规划统领水资源利用、水污染防治、岸线使用、航运发展等方面空间利用任务,促进经济社会发展格局、城镇空间布局、产业结构调整与资源环境承载能力相适应"。

2019年3月全国人民代表大会期间,习近平总书记再次强调,"要坚持底线思维,以国土空间规划为依据,把城镇、农业、生态空间和生态保护红线、永久基本农田保护红线、城镇开发边界作为调整经济结构、规划产业发展、推进城镇化不可逾越的红线,立足本地资源禀赋特点、体现本地优势和特色"。

2019年8月26日,第十三届全国人民代表大会常务委员会第十二次会议通过了《全国人民代表大会常务委员会关于修改〈中华人民共和国土地管理法〉、〈中华人民共和国城市房地产管理法〉的决定》。《土地管理法》中新增加的第十八条内容明确指出:我国要建立国土空间规划体系。经依法批准的国土空间规划是各类开发、保护和建设活动的基本依据。

随着国土空间规划体系的建立和实施,土地利用总体规划和城乡规划将不再单独编制和审批,最终将被国土空间规划所取代。为了解决改革过渡期的规划衔接问题,《土地管理法》明确规定:已经编制国土空间规划的,不再编制土地利用总体规划和城乡规划。同时在附则中增加规定:编制国土空间规划前,经依法批准的土地利用总体规划和城乡规划继续执行。

二、国土空间规划的依据、原则和方法

2019年5月10日,中央印发了《中共中央、国务院关于建立国土空间规划体

系并监督实施的若干意见》。这是当前我国建立国土空间规划体系最重要的指导性文件,对我国国土空间规划编制的意义、原则、依据、方法、内容和管理都进行了系统性的论述。该文件指出:国土空间规划是国家空间发展的指南、可持续发展的空间蓝图,是各类开发保护建设活动的基本依据。建立国土空间规划体系并监督实施,将主体功能区规划、土地利用规划、城乡规划等空间规划融合为统一的国土空间规划,实现"多规合一",强化国土空间规划对各专项规划的指导约束作用,是党中央、国务院作出的重大部署。

过去,各级各类空间规划在支撑城镇化快速发展、促进国土空间合理利用和有效保护方面发挥了积极作用,但也存在规划类型过多、内容重叠冲突,审批流程复杂、周期过长,地方规划朝令夕改等问题。为了解决上述问题,我国将建立一套全国统一、责权清晰、科学高效的国土空间规划体系,以便从整体上谋划新时代国土空间开发保护的格局。

(一)国土空间规划的依据和原则

该文件要求国土空间规划的编制要以习近平新时代中国特色社会主义思想为指导,全面贯彻党的十九大和十九届二中、三中全会精神,紧紧围绕统筹推进"五位一体"总体布局和协调推进"四个全面"战略布局,坚持新发展理念,坚持以人民为中心,坚持一切从实际出发,按照高质量发展要求,综合考虑人口分布、经济布局、国土利用、生态环境保护等因素,科学布局生产空间、生活空间、生态空间。

此外,该文件还强调,坚持生态优先、绿色发展,尊重自然规律、经济规律、社会规律和城乡发展规律,因地制宜开展规划编制工作;坚持节约优先、保护优先、自然恢复为主的方针,在资源环境承载能力和国土空间开发适宜性评价的基础上,科学有序统筹布局生态、农业、城镇等功能空间。可以说,生态优先、绿色发展是新时代国土空间规划的基本价值观,节约优先、保护优先、自然恢复为主是新时代国土空间规划的基本原则。

其中,节约优先要求在国土空间规划制定的过程中要划定生态保护红线、永久基本农田、城镇开发边界等空间管控边界,强化底线约束,为可持续发展预留空间;保护优先要求要坚持山水林田湖草生命共同体理念,加强生态环境分区管治,保护生态屏障;自然恢复为主要求构建生态廊道和生态网络,推进生态系统保护和修复。

(二)国土空间规划的方法

第一,要贯彻生态文明思想和新发展理念,突出体现国土空间规划的战略性、科学性、协调性、操作性、权威性。要体现国土空间规划在空间开发保护方面的战略引领地位,各级国土空间总体规划编制要按照生态文明建设和中华民族永续发展的要求,对空间开发保护作出战略性系统性长远安排,强调底线约束,探索以生态优先、绿色发展为导向的高质量发展新路子。

要采用科学的理念、方法、工作方式编制和实施规划,运用城市设计、乡村营造、大数据等手段,提高规划编制水平。要协调好国土空间规划和相关规划的关系。一方面,国土空间规划要结合主体功能定位,为国家发展规划确定的重大战略任务落地实施提供空间保障;另一方面,要坚持底线思维,充分发挥国土空间规划在国家规划体系中的基础作用,发挥好对各专项规划的指导约束作用,促进经济社会发展格局、城镇空间布局、产业结构调整与资源环境承载力相适应,约束不合理的发展诉求。

要注重操作性,在规划编制的过程中要考虑规划如何实施,综合运用各种政策工具,保障规划实施。要强化规划权威,规划一经批复,不得随意修改、违规变更,对规划编制和实施中的违规行为,要严肃追责。

第二,统一规划数据基础和规划期限,谋划全域全要素、陆海统筹、区域协调发展的国土空间开发保护格局。基础数据要以三调数据作为规划现状底数和底图基础,统筹考虑全国水资源、森林资源、草原资源、湿地资源、矿产资源等调查监测评价成果。规划成果数据库按照统一的国土空间规划数据库标准与规划编制工作同步建设。实现城乡国土空间规划管理全域覆盖、全要素管控。

将各类相关专项规划叠加到统一的国土空间基础信息平台上,形成全域"一张图"。做好陆海统筹,编制陆海统筹规划的"一张图",确定陆海统一分区,明确管制要求,做好海域、海岛和海岸带保护利用,推进陆海空间整体优化。实施好区域协调发展战略,优化生产力的空间布局,促进协调发展、开放发展。

第三,夯实基础研究,在全面摸清家底、深入分析评价的基础上开展规划编制工作。开展原有空间规划的评估,对国土空间开发保护现状和未来风险点的评估,以及自然资源承载能力和国土空间开发适宜性评价,在评估评价的基础上制定国土空间规划。根据中央要求,要在科学评估既有生态保护红线等重要控制线划定情况基础上,结合国土空间规划编制提出优化调整意见,在 2020 年前完成"三线"划定工作。划定城镇开发边界要尽可能避让永久基本农田红线和生态保护红线,科学优化城镇布局形态和功能结构,提升城镇人居环境品质,促进城镇发展由外延扩张向内涵提升转变。

第四,坚持问题导向和目标导向相结合,因地制宜编制规划。国土空间规划的编制必须做到立足实际、实事求是、因地制宜、分类指导。根据当地自然条件、人文特色、发展阶段等特点,找准实际问题,有针对性地开展规划编制。比如,大城市、特大城市、超大城市要提出都市圈、城镇圈以及跨行政区域规划协调要求;沿海市县要统筹陆海分区做好海域、海岛和海岸带保护利用。地级市要加强对所辖县(市、区)的统筹,合理分配建设用地规模指标,统筹安排市域交通基础设施网络,均衡配置各类空间资源；自然保护地、海岸带、生态敏感脆弱区等特殊区域，要在规划中明确特殊保护要求和实施措施；村庄规划要结合县和乡级国土空间规划编制，优化村庄布局，通盘考虑土地利用、产业发展、居民点布局、人居环境整治、生态保护和历史文化传承等，按照"应编尽编"的原则编制"多规合一"的实用性规划。

第五，同步搭建信息系统。以国土空间基础信息平台为基础，同步搭建国土空间规划"一张图"实施监督信息平台，统筹建设国家、省、市、县各级系统，实现上下贯通，做到自上而下一个标准、一个体系、一个接口，形成国土空间规划"一张图"。

三、国土空间规划内容

按照规划编制的层次不同，我国国土空间规划也可以划分为五级，分别对应我国行政管理层级：国家级国土空间规划、省级国土空间规划、市级国土空间规划、县级国土空间规划、乡（镇）级国土空间规划。不同层级的规划体现不同空间尺度和管理深度要求。五级规划自上而下编制，落实国家战略，体现国家意志，下层级规划要符合上层级规划要求，不得违反上层级规划确定的约束性内容。

全国国土空间规划是对全国国土空间作出的全局安排，是全国国土空间保护、开发、利用、修复的政策和总纲，侧重战略性，由自然资源部会同相关部门组织编制，由党中央、国务院审定后印发。

省级国土空间规划是对全国国土空间规划的落实，指导市县国土空间规划编制，侧重协调性，由省级政府组织编制，经同级人大常委会审议后报国务院审批。

市县和乡镇国土空间规划是本级政府对上级国土空间规划要求的细化落实，是对本行政区域开发保护作出的具体安排，侧重实施性。需报国务院审批的城市国土空间总体规划，由市政府组织编制，经同级人大常委会审议后，由省级政府报国务院审批；其他市县及乡镇国土空间规划由省级政府根据当地实际，明确规划编制审批内容和程序要求。

此外，依据不同的规划任务，国土空间规划还可以分为国土空间总体规划、国土空间详细规划和国土空间专项规划。各层级的国土空间总体规划是对行政辖区范围内国土空间保护、开发、利用、修复的全局性安排，强调综合性。

相关专项规划可在国家、省、市、县层级编制，强调专业性，是对特定区域（流域）、特定领域空间保护利用的安排。其中，海岸带、自然保护地等专项规划及跨行政区域或流域的国土空间规划，由所在区域或上一级自然资源主管部门牵头组织编制，报同级政府审批；涉及空间利用的某一领域专项规划，如交通、能源、水利、农业、信息、市政等基础设施，公共服务设施，军事设施，以及生态环境保护、文物保护、林业草原等专项规划，由相关主管部门组织编制。相关专项规划可在国家、省和市县层级编制，不同层级、不同地区的专项规划可结合实际选择编制的类型和精度。

详细规划在市县及以下编制,强调可操作性。详细规划是对具体地块用途和开发建设强度等作出的实施性安排,是开展国土空间开发保护活动、实施国土空间用途管制、核发城乡建设项目规划许可、进行各项建设等的法定依据。在城镇开发边界内的详细规划,由市县自然资源主管部门组织编制,报同级政府审批;在城镇开发边界外的乡村地区,以一个或几个行政村为单元,由乡镇政府组织编制"多规合一"的实用性村庄规划,作为详细规划,报上一级政府审批。

总体规划与详细规划、相关专项规划之间体现"总-分关系"。国土空间总体规划是详细规划的依据、相关专项规划的基础;详细规划要依据批准的国土空间总体规划进行编制和修改;相关专项规划要遵循国土空间总体规划,不得违背总体规划强制性内容,其主要内容要纳入详细规划。

需要说明的是,并不是所有地方都要求编制"五级三类"的国土空间规划。例如,各地可以因地制宜,将市、县、乡(镇)国土空间规划合并编制,也可以几个乡(镇)为单元编制乡(镇)级国土空间规划;村庄规划编制也应该按照"应编尽编"的原则编制"多规合一"的实用性村庄规划。

四、国土空间规划的管理

与传统的土地利用总体规划审批制度相比,国土空间规划的审批制度具有以下特征:①减少国务院审批的城市数量,提高行政效能;②精简规划审批内容,压缩审查时间;③简政放权,对地方的国土空间规划审批留了弹性空间;④强调了省级和国务院审批城市的国土空间规划报批前需经同级人大常委会审议的要求;⑤增加了相关专项规划与国土空间规划的衔接及"一张图"核对的要求。该文件对国土空间规划的实施与监管进行了明确要求和具体描述。

第一,强化规划权威。规划一经批复,任何部门和个人不得随意修改、违规变更,防止出现换一届党委和政府改一次规划。下级国土空间规划要服从上级国土空间规划,相关专项规划、详细规划要服从总体规划;坚持先规划、后实施,不得违反国土空间规划进行各类开发建设活动;坚持"多规合一",不在国土空间规划体系之外另设其他空间规划。相关专项规划的有关技术标准应与国土空间规划衔接。因国家重大战略调整、重大项目建设或行政区划调整等确需修改规划的,须先经规划审批机关同意后,方可按法定程序进行修改。对国土空间规划编制和实施过程中的违规违纪违法行为,要严肃追究责任。

第二,改进规划审批。按照谁审批、谁监管的原则,分级建立国土空间规划审查备案制度。精简规划审批内容,管什么就批什么,大幅缩减审批时间。减少需报国务院审批的城市数量,直辖市、计划单列市、省会城市及国务院指定城市的国土空间总体规划由国务院审批。相关专项规划在编制和审查过程中应加强与有关国土空间规划的衔接及"一张图"的核对,批复后纳入同级国土空间基础信息平台,叠加到国土空间规划"一张图"上。

第三,健全用途管制制度。以国土空间规划为依据,对所有国土空间分区分类实施用途管制。在城镇开发边界内的建设,实行"详细规划＋规划许可"的管制方式;在城镇开发边界外的建设,按照主导用途分区,实行"详细规划＋规划许可"和"约束指标＋分区准入"的管制方式。对以国家公园为主体的自然保护地、重要海域和海岛、重要水源地、文物等实行特殊保护制度。因地制宜制定用途管制制度,为地方管理和创新活动留有空间。

第四,监督规划实施。依托国土空间基础信息平台,建立健全国土空间规划动态监测评估预警和实施监管机制。上级自然资源主管部门要会同有关部门组织对下级国土空间规划中各类管控边界、约束性指标等管控要求的落实情况进行监督检查,将国土空间规划执行情况纳入自然资源执法督察内容。健全资源环境承载能力监测预警长效机制,建立国土空间规划定期评估制度,结合国民经济社会发展实际和规划定期评估结果,对国土空间规划进行动态调整完善。

第五,推进"放管服"改革。以"多规合一"为基础,统筹规划、建设、管理三大环节,推动"多审合一""多证合一"。优化现行建设项目用地(海)预审、规划选址以及建设用地规划许可、建设工程规划许可等审批流程,提高审批效能和监管服务水平。

复习思考题

1. 我国土地利用规划的原则是什么?
2. 我国国土空间规划的内容是什么?
3. 阐述土地利用规划、城乡规划与国土空间规划的关系。

第七章 土地节约、集约利用管理

第一节 土地节约、集约利用概述

一、土地节约、集约利用的历史必然性

土地集约利用的概念最早来源于对农业利用的研究,由大卫·李嘉图等古典政治经济学家在地租理论中首次提出。所谓农业土地集约利用,是指在一定面积的土地上,集中地投入较多的生产资料和生活劳动,使用先进的技术和管理方法,以求在较小面积的土地上获得高额产量和收入的一种农业经营方式。将此概念扩展到全部土地上,人们通常把单位土地面积上使用高比率的要素投入(劳动、资本)称为土地的集约利用,而在大量土地上投入较少要素的利用方式称为土地的粗放利用。

城市土地是城市社会和经济发展的基础。随着我国经济以及城市化、工业化的快速发展,城市用地需求呈现出快速扩张的趋势,但我国人多地少,耕地资源稀缺,建设用地供需矛盾十分突出。这种人多地少的基本国情以及实行耕地总量动态平衡的政策对城市用地的供给造成了诸多限制,因此,大力促进节约集约用地,改变原有粗放的土地利用方式,挖掘存量土地潜力,提高土地利用效率和效益,实现土地集约利用,走出一条建设占地少、利用效率高的符合我国国情的土地利用新路子,是经济、社会可持续发展的重要途径,是关系民族生存根基和国家长远利益的大计,是我国必须长期坚持的一条根本方针。

二、土地利用的集约度和节约、集约的形式

土地集约利用是指在单位土地面积上合理增加物质和劳动投入,以提高土地收益的经营方式。而对土地集约利用进行衡量的单位,则称为"土地利用集约度",它表示单位面积土地上投放的资本和劳动的数量。

按照生产要素投入的构成不同,土地集约利用分为资金密集型、劳动密集型和技术密集型三种。而《土地管理法》指出的节约使用土地指"可以利用荒地的,不得占用耕地;可以利用劣地的,不得占用好地。禁止占用耕地建窑、建坟或者擅自在耕地上建房、挖砂、采石、采矿、取土等。禁止占用永久基本农田发展林果业和挖塘养鱼"。

三、中国当前土地节约、集约利用现状

十分珍惜、合理利用土地和切实保护耕地是我国的基本国策。早在 2008 年，国务院就颁发了《关于促进节约集约用地的通知》（国发〔2008〕3 号），推进节约集约用地的实施。2014 年，中共中央、国务院印发的《国家新型城镇化规划（2014—2020 年）》中强调"实行最严格的耕地保护制度和集约节约用地制度"。此后，在 2019 年修正的《土地管理法》第十七条土地利用总体规划编制原则中提到"提高土地节约集约利用水平"，以及第三十七条提出"非农业建设必须节约使用土地"。

但是我国当前土地节约、集约利用现状不容乐观，存在土地供应紧张与土地闲置浪费并存、土地利用结构不合理、低效利用土地的现象普遍、土地节约集约利用管理不完善等问题。一些城市形成了"摊大饼"式的发展模式，盲目追求城市规模的扩大，占用大量耕地，土地利用浪费严重，同时土地供应不能满足需求，存在供应紧张现象。土地利用结构不合理，工业用地比重偏大，城市绿地和交通用地比重偏小。普遍存在低效利用土地的现象，城市人均用地水平高，但城市土地产出效率低。城市土地管理和土地市场不规范，节约集约用地的考核和激励机制亟待形成，存在投资过热、土地供应量过大等不合理现象，影响土地的集约使用。

第二节　土地节约、集约利用评价方法

一、土地报酬递减规律及其应用

土地利用报酬递减规律，是指在技术不变、其他要素不变的前提下，对相同面积的土地不断追加某种要素的投入所带来的报酬的增量（边际报酬）迟早会出现下降。这里的土地报酬，可以理解为土地产品的产量，体现了土地的生产力。

由于土地利用报酬递减规律的作用，土地利用集约度的提高是有限度的。理论上，当对土地连续投入资本和劳动力达到经济上的报酬递减点，即边际收益等于边际产出时，经营者将不会追加投入。这一临界点就是土地利用的集约边界，达到了集约边界的土地利用称之为理论上的集约利用，反之，未达到集约边界的土地利用称之为理论上的粗放利用。

二、土地集约利用评价指标体系

土地集约利用评价指标的选取最典型的是从压力、状态、响应三个方面选取指

标,即 PSR 模型,所构建的指标体系如表 7-1 所示①:

表 7-1　城市土地集约利用评价指标体系

目标层	准则层	指标层	含义
城市土地集约利用水平	压力指标	人均耕地占有量	耕地面积与城市人口的比重
		城市人均建设用地	建设用地面积与城市人口的比值
	状态指标	二、三产业占生产总值比重	二、三产业产值与生产总值比值
		建筑容积率	年末实有房屋建筑面积与建成区面积比值
		城市工业用地效益	工业用地单位面积上工业总产值
		城市地均财政收入	单位面积上的财政收入
		建城区绿化覆盖率	园林绿化总面积与用地面积比值
		人均道路	城市道路面积与城市人口的比值
	响应指标	地均固定资产投入	单位面积上的固定资产投资
		地均二、三产业产值	单位面积上的二、三产业产值

　　也有学者从土地集约利用投入水平、土地利用程度、土地利用效率和土地生态环境质量四个方面建立三层结构的指标体系②,如表 7-2 所示。

表 7-2　城市土地利用集约度评价指标体系及其权重

评价目标层	评价因素层	评价指标层
城市土地利用集约度	土地利用投入水平(0.227)	单位土地面积固定资产投资额(0.179)
		人均道路面积(0.177)
		城市人口用水普及率(0.239)
		城市燃气普及率(0.064)
		每万人拥有公共厕所数量(0.141)
		城市人均住宅面积(0.093)
		每万人拥有公共车辆数(0.107)

---

①　杨东朗,张晓明,刘萍.基于 PSR 模型的城市土地集约利用评价[J].陕西师范大学学报(自然科学版),2008(1):90-93.
②　张富刚,等.中国城市土地利用集约度时空变异分析[J].中国土地科学,2005(1):23-29.

评价目标层	评价因素层	评价指标层
城市土地利用集约度	土地利用程度(0.123)	城市建城区人口密度(0.333)
		建筑容积率(0.667)
	土地利用效率(0.227)	单位土地面积生产总值产出(0.452)
		单位土地面积工业产值(0.159)
		单位土地面积社会消费零售总额(0.120)
		单位土地面积利税额(0.081)
		城市人均可支配收入(0.188)
	土地利用生态环境质量(0.423)	建城区绿地覆盖率(0.290)
		人均公共绿地面积(0.452)
		工业废水排放达标率(0.168)
		工业固体废物综合利用率(0.090)

三、建设用地集约利用综合评价

目前,学者们在建设用地集约利用评价方面开展了大量的理论研究和实践探索。在研究内容上包括以建设用地集约利用内涵为基础的理论与宏观政策分析,以城镇、农村居民点、工业用地、交通用地等不同土地类型为对象的集约利用综合评价及影响因素分析,以地域行政区、城市功能分区和街道或宗地为空间单元的尺度差异性集约利用研究,以及注重评价指标体系构建、评价模型与方法创新和集约利用潜力测度等内容。这些研究显示出学术界对建设用地集约利用问题的高度重视,并逐渐走向成熟。从土地利用过程来看,建设用地集约利用并不是一蹴而就的,它是一个逐渐提升的动态过程,所以其考量指标也应该体现出建设用地变化的过程性特征,然而现有研究大多是结合评价区域的实际情况,同时参考相关规程,从投入-产出(IO)、经济-社会-生态(ESE)、结构-功能(SF)等方面构建评价指标体系,其选取的多是单一性和静态性指标,如人口密度、城镇化率、地均生产总值、土地利用结构和强度等,而较少考虑建设用地变化与人口变化和经济发展的耦合关系,对建设用地变化过程中的总量、增量、存量等关系问题分析更加稀少。

第三节　土地集约利用案例研究

一、开发区土地集约利用案例——以旬阳高新技术产业开发区为例

旬阳高新区土地总体规划如图 7-1 所示。旬阳高新区土地集约利用评价指标理想值如表 7-3 所示,评价结果如表 7-4 所示。

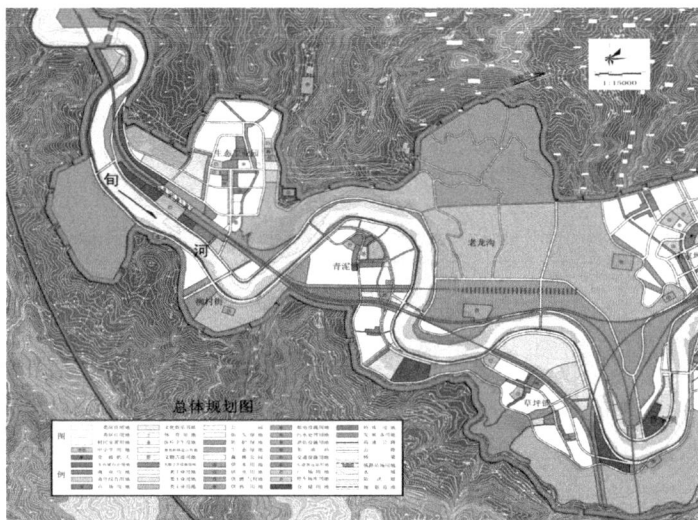

图 7-1　旬阳高新区土地总体规划图

表 7-3　旬阳高新区土地集约利用评价指标理想值

指标	确定方法	理想值
土地供应率	目标值法、专家咨询法	88%
土地建成率	目标值法、专家咨询法	80%
工业用地率	目标值法、专家咨询法	31%
综合率	目标值法、专家咨询法	0.80
建筑密度	目标值法、专家咨询法	30.20%
工业用地综合容积率	目标值法、专家咨询法	0.70
工业用地建筑系数	目标值法、专家咨询法	42%
工业用地固定资产投入强度	经验借鉴、专家咨询法	4200
工业用地地均税收	经验借鉴法、专家咨询法	1300
土地闲置率	目标值法	0

表 7-4　旬阳高新开发区土地集约利用评价结果表

综合集约 分度值	目标	子目标	指标	标准化值
80.90	土地利用状况 (81.22)	土地利用程度(87.79)	土地供应率	89.74
			土地建成率	85.75
		用地结构状况(82.55)	工业用地率	82.55
		土地利用强度(77.65)	综合容积率	66.25
			建筑密度	84.83
			工业用地综合容积率	70.00
			工业用地建筑系数	91.86
	用地效益 (86.33)	产业用地投入产出 效益(86.33)	工业用地固定资产 投入强度	87.38
			工业用地地均税收	85.14
	管理绩效 (68.60)	土地利用监管绩效 (68.60)	土地闲置率	68.60

(1)存在问题。

①土地集约利用水平低;

②闲置土地多;

③土地利用强度过低。

(2)对策建议。

①审慎制定开发区发展规划;

②严格控制闲置土地,严格审核企业资质,控制土地审批;

③实行绿色招商。

二、城市土地集约利用案例——以陕西省西安市为例

城市土地集约利用评价指标体系如表7-5所示。西安市城市土地集约利用各评价指标数值及评价结果分别如表7-6和表7-7所示。

表 7-5　城市土地集约利用评价指标体系

目标层	准则层	指标层	说明
城市 土地 集约 利用	压力 指标	人口密度	从静态与动态角度衡量人口 对城市土地的压力
		人口与城市用地增长弹性	
		二、三产业占生产总值的比重	衡量经济及其发展对城市土 地的压力
		二、三产业生产总值与用地增长弹性	
		绿地覆盖率	衡量环境对城市用地的约束
		人均耕地占有量	衡量城市土地的可拓展程度

目标层	准则层	指标层	说明
城市土地集约利用	状态指标	人均道路面积	用于衡量基础设施的完备程度
		地均二、三产业的生产总值	衡量城市土地的经济产出
		建筑密度	反映城市建设密集度
		建筑容积率	
		空气综合污染指数	衡量城市的环境状况
	响应指标	工业用地比重	反映城市土地结构的合理性
		地均固定资产投入	从不同角度反映城市土地的投入强度
		地均基础设施投入	
		地均环保投入	
		地价实现水平	衡量土地市场化程度
		土地出让招拍挂比重	
		城市土地闲置率	反映城市土地的利用率

表 7 - 6　西安市城市土地集约利用各评价指标的原始值、权重与标准值

指标		权重	实际值			标准值
			1996 年	2000 年	2004 年	
压力指标	人口密度/(人/km²)	0.238	1330	1267	1671	3000
	人口与用地增长弹性	0.165	0.4	0.2	0.3	1.2
	二、三产业占生产总值的比重/%	0.237	89	93	95	100
	二、三产业生产总值与用地增长弹性	0.101	3.42	2.46	3.97	6
	建城区绿化覆盖率/%	0.131	36	33	32	45
	人均耕地占有量/公顷	0.098	0.08	0.07	0.06	0.05
状态指标	人均道路面积/平方米	0.231	5.07	5.12	7.96	15
	地均二、三产业的生产总值/(万元/km²)	0.311	24680	31960	46983	90530
	建筑密度	0.126	0.15	0.17	0.18	0.25
	建筑容积率	0.137	0.43	0.44	0.48	0.8
	空气综合污染指数	0.105	5.33	4.81	2.65	1.0
	工业用地比重/%	0.095	23	19	21	25

指标		权重	实际值			标准值
			1996 年	2000 年	2004 年	
响应指标	地均固定资产投入/(万元/km²)	0.367	6002	10860	28860	37980
	地均基础设施投入/(万元/km²)	0.277	3009	5348	9935	15000
	地均环保投入/(万元/km²)	0.161	210	267	451	1500
	地价实现水平/%	0.055	74.5	82.3	91	95
	土地出让招拍挂比重/%	0.045	0	0	40	70
	城市土地闲置率/%	0.095	6	9	8	5

表 7 - 7　西安市城市土地集约利用评价结果

	1996 年	2000 年	2004 年
压力系统	0.595	0.556	0.641
状态系统	0.419	0.444	0.576
响应系统	0.258	0.333	0.649
综合评价指数	0.400	0.429	0.608

基于人地关系的 PSR 模型,是一个由压力(press)—状态(state)—响应(response)构成的框架体系。PSR 模型揭示出城市土地利用中人地相互作用的链式关系,构成了城市土地集约利用评价的基本框架。

在紧扣城市土地集约利用内涵的基础上,依据城市人地关系的 PSR 模型构建评价指标体系是可行的,并且更有利于指导城市土地集约利用的实践。

城市土地集约利用的 PSR 系统中,各子系统及其内部各指标从不同层面和角度反映了城市土地集约利用的水平。各子系统及其内部各指标的综合协调是实现城市土体集约利用的基础,其综合评价指数可用于量度城市土地集利用的程度。

PSR 基本层面上的人地关系,是一个以时间为方向轴的开放性螺旋形循环链关系。反映在实践中,城市土地集约利用是一个动态的过程,并呈现出阶段性变化。城市土地集约利用的目标只能通过对城市土地利用的适时反复调控与不断完善来实现。城市土地集约利用评价也应与实践结合,在实践中开展动态评价,通过评价发现问题并提出对策,为实践服务。

三、企业土地集约利用案例——以 XAC 集团非主业工业用地为例

工业用地的集约利用评价指标体系如表7-8所示,陕西省工业用地的集约利用评价指标体系权重表如表7-9所示。

表7-8 工业用地的集约利用评价指标体系

目标层	准则层	指标层	含义	单位
土地集约利用程度	土地投资强度	单位面积投资强度	工业企业单位用地面积上的投资	元/公顷
		单位面积职工人数	工业企业单位用地面积上的职工人数	人/公顷
	土地利用强度	容积率	工业企业各类建筑总面积与用地总面积的比值	%
		建筑密度	工业企业各类建筑基底面积与用地总面积的比值	%
	土地产出效率	地均产值	工业企业单位面积上所创造的产值	元/公顷
		地均利税	工业企业单位面积上所创造的利税	元/公顷

表7-9 陕西省工业用地的集约利用评价指标体系权重表

目标层	准则层	权重	含义	单位
土地集约利用程度	土地投资强度	0.14	单位面积投资强度	0.833
			单位面积职工人数	0.167
	土地利用强度	0.528	容积率	0.67
			建筑密度	0.33
	土地产出效率	0.332	地均产值	0.75
			地均利税	0.25

(一)研究结论

通过研究发现,研究区的工业企业用地集约利用水平普遍偏低,集团公司土地资源即资产的观念淡薄。市场经济条件下,包括土地在内的任何资源由于其稀缺性和竞争性,实际上都是有价值的,都是企业的资产。集团公司的各宗非主业工业用地,并没有最大化其收益,存在明显的粗放利用和浪费现象。

利用 BC2 模型进行了研究区工业用地集约利用效率的总体有效性差异分析，得出研究区 14 个工业企业输入输出总体有效值、纯技术效率值、规模效率值及其排名。有 7 个工业企业为总体有效，12 个工业企业纯技术效率有效，7 个工业企业规模无效。可见工业企业输入输出指标的比例关系对提高工业用地的集约度有重要意义。在规模收益分析中，有 7 个工业企业总体有效且规模收益不变，7 个工业企业规模效益为递减。

根据研究区评价纯技术效率值和规模效率值对总体有效值的贡献率分析得出，对于研究区工业用地集约利用总体无效主要由规模效率值低导致，表明研究区工业企业各项输出与输入的比例不够适当。研究区工业用地集约利用总体有效值的提高，首先在于调整输入输出的比例，即规模效率；其次，通过改进输入指标在使用上的效率，也是提高总体有效值的途径。

通过分析工业企业输入冗余率和输出不足率，进行系统横向比较和评价，提出各用地单元生产效率改进的方向和幅度，为提高研究区整体用地集约水平及用地效益提供具体的参考意见。

（二）对策建议

在集团层面制定非主业用地的特别用地规划。规划应结合本区域功能定位及发展规划和集团内部关于非主业用地的战略定位，且具有足够的前瞻性，按照因地制宜、用地集约和产业集聚的原则，结合集团非主业工业用地布局现状及对布局不合理企业整改搬迁的可行性等进行编制。

加强技术投入，改善企业生产要素配置。集团公司应鼓励各所属企业与科研机构、高校等建立良好的合作关系，向科研机构、高等院校寻求最新的技术支持，并在此基础上建立企业的研发中心以及技术创新中心。通过技术创新等手段改变增长方式，形成健康快速发展的良性集约型工业运行模式。

强化集团土地集约利用情况的监督检查。除进一步强化土地管理执法监察，加大对违法用地、违章建设的处罚力度外，还应在土地利用过程中加强对各类用地变化情况的掌控。在划批土地使用后，要对土地开发利用情况进行定期评估，形成土地集约利用预警机制，为土地利用调控提供早期参考信息。

设立专门管理机构统筹非主业用地工作。集团公司应成立专门的"非主业工业用地规划、管理与运营部门"，与产品的研发、生产并列，成为集团公司的又一个战略事业部。由该事业部统领各非主业工业用地方向及规划经营，充分利用集团公司"非主业工业用地"这一巨大资源，使其产生客观的经济社会效益，为公司主业经营提供有力保障和支持。

加大闲置土地处置清理力度。集团管理层应准确掌握研究区内土地利用状况相关信息，针对不同的土地闲置情形，采取相应的处置方式，最大限度地降低闲置土地规模,提高土地利用效率。

加强生态保护,推进节能减排工作。对于 XAC 集团这样特殊的工业企业集聚区域,可以通过集中处理污染,减少污染处理成本,并提高污染处理率,以切实保护环境。不断增加环境净化体系的面积,在集团内加强对水环境的保护。

复习思考题

1.为什么要进行土地的节约、集约利用?

2.我国土地的节约、集约利用的现状如何?

3.土地集约利用评价指标体系如何构建?

第八章　土地生态管理

第一节　土地资源生态管理概述

一、土地资源生态管理的定义

土地利用是指人类为土地所设定的用途（如耕地区、园地区、林地区、居住区、保护区），也包括土地开发、利用、整治、保护的过程或行为。它具有生产力和生产关系两方面特征，即既有土地生产力的提高，又有土地关系的协调。后者是指人们在生产活动过程中所建立的土地社会关系和利益分配机制。土地管理，其一是指人类经营土地利用的方式（如传统耕作与免耕农作，森林砍伐与择伐）；其二是指对占有、使用、利用土地的过程或行为所进行的协调活动。不管是哪一种含义，其目的都是为了提高土地利用系统的效率。由于土地利用系统是一个经济、生态和社会的复合系统，因此土地管理的核心任务就是调节社会经济与自然生态的关系，使二者协调有序、共同发展。

土地资源生态管理作为土地管理研究新的发展领域，不同学者往往根据不同的研究背景对其内涵持有不同的见解。

从生态学的角度来看，土地资源生态管理可以认为是生态系统管理，是指应用生态学理论、技术和方法，通过调控生态系统的结构、功能和过程，来实现生态系统与社会经济系统的协调平衡和可持续发展。若从土地生态学的视角来看，土地生态管理实质上是土地利用与生态系统管理的耦合，即按照土地利用的生态规律，以保持水土生态系统结构和功能的可持续性为目标，对人们的土地利用行为进行调整、控制及引导的综合性活动。在土地管理工作实践中，土地资源生态管理也往往被认为是一种土地资源的生态化管理，即以生态理论为指导，以实现土地生态化和可持续利用为目标的活动，不仅追求土地自然状况的生态化，更重要的是追求自然、社会、经济的和谐统一。其内涵表现为两个层面：一是以生态理论为指导，对土地利用、开发进行合理布局和规划；二是土地管理结果是质与量的统一，在保证耕地总量动态平衡的基础上，实现持续的土地生态协调化。

基于上述不同研究领域的观点，结合土地管理的基本内涵，我们认为土地资源生态管理的定义可以表述为：以实现土地可持续利用为导向，针对土地资源利用中的突出生态和环境问题，应用生态学的理论与思想，所实施的一系列技术、经济和政策法规措施。从技术层面来看,土地资源生态管理往往表现为土地生态建设,即针对水土流失、风蚀沙化、草地退化、盐碱化、土地污染等所采取的相应治理措施。从管理层面上来看,土地资源生态管理往往表现为通过生态补偿等经济手段、制定专门的法律法规等政策手段,来对土地利用中的生态和环境问题进行宏观调控与管理。

二、土地资源生态管理的原则

1. 保持和提高土地资源的生产性能以及生态功能

从持续利用视角看,土地资源利用所获得的财富和利益是不断增加的,至少能维持现有水平。掠夺式的经营会导致土地生产性能下降,造成土地生态功能的退化。土地生态管理有利于降低土地资源利用可能带来的风险性,使土地产出稳定。在土地资源的利用过程中,有许多因素是不确定的,一些土地开发利用的效应在当时是难以预料的,为此必须进行利用的后效分析,建立降低生态风险的土地资源利用模式。

2. 保护土地资源的数量和质量

土地资源的持续利用包含量和质两方面:一是数量的概念。农业可持续发展必须要有一定数量的农用地作保障,如果农用地数量大幅度下降,会影响食物安全保障。二是质量的概念,即土地质量不退化(包括水土流失、沙漠化、盐碱化和肥力下降等各种形式的退化)。仅有数量没有质量保证的土地资源也不能满足经济增长、环境保护和社会进步协同发展的需要,只有质和量的统一才能保证土地资源被公平地留给下一代。这样可能在某些方面要放弃暂时的经济利益,但从长远利益看,收获会更丰富。

3. 土地利用在经济上必须合理可行

人们开发利用土地的活动受制于市场经济规律,其目的在于获得经济利益,因此土地利用应能促进社会经济发展,增加人们的福利,否则,这种土地利用方式在成本-效益分析中是不合理的。

4. 土地利用能被社会接受

土地资源的持续利用应该能促进人民生活质量和社会文明程度的提高,满足人们的需求,这样才能被社会所接受,如果某种土地利用方式不能被社会接受,这种方式肯定是不能持续的。当然社会接受性应具有全局的意义,有时某种土地利用方式对某个区域和某个阶层来说是有意义的,但对整个社会来说是有害的,那么这种土地利用也肯定不能持续,因为社会不允许其长期存在。

5. 土地景观与生物多样性得以保持

景观是反映过去土地利用实践的人类历史和遗迹的证据,蕴藏着人类的重要信息和文化传统。它可以作为土地持续利用管理的活样板,并为人们提供美与愉悦及享受自然与文化多样性的机会,如中国长江三角洲的水网景观,别具特色的欧洲乡村景观等都具有这方面的功效。生物多样性是指从种群到景观尺度上的生物和生态系统的多样化。动物、植物和其他生物有机体的数量和种类是通常的生物多样性定义(如物种丰富度)。但是生物结构和功能的多样性概念还应扩大到基因、生境群落和生态系统,所有这些等级的多样性都具有其相应的生态价值。如果没有生境和生态系统的多样性,物种的多样性就不可能实现;如果所有这些等级多样性都不存在,自然界的基本服务功能就不可能维持。

三、土地资源生态管理目标

土地资源生态管理属于公共管理的范畴,它所关注的是公众利益和社会福利。在人口、资源、环境和发展矛盾日益尖锐的现代社会,协调解决这些矛盾并保障社会经济的健康发展,是人类社会最普遍的公众利益。由此我们认为,土地资源生态管理的目标应当是保证土地资源的可持续利用,或者在更高层次上,可表述为人、生物、土地关系的可持续发展。

可持续发展,按照国际上现在通常的解释是"既满足当代人的需要,又不对后代人满足其需要的能力构成危害的发展"。这是20世纪70年代由生态环境学家基于全球生态危机日益加深而提出的一个关于发展的全新概念,主张经济、社会、资源、环境、人口之间相互协调地发展。可持续发展作为一种发展的大趋势已被世界上大多数国家所认同。土地资源可持续利用是土地资源生态管理的目标,它是在土地资源开发利用过程中寻求人口、资源、环境协调,是在保护土地资源和生态资源的前提下,促进土地资源的合理利用,提高人类生活质量,实现经济社会的可持续发展。

四、土地资源生态管理内容

土地资源生态管理是实施土地可持续利用,提升土地生态系统效能的重要保障。它主要是对土地生态系统的结构、功能及协调度进行管理和调控。具体地说,就是要研究土地生态系统中自然环境和人工环境管理,并规范人类的生态行为等,把这些组成成分科学地组织起来,把土地的物流、能量流、信息流等有效地结合起来,充分发挥它们之间的协调作用,以达到土地生态系统的最佳效能。土地资源生态管理的核心是研究怎样充分发挥人在土地生态系统管理中的主导作用。土地资源生态管理的内容是对土地生态系统中各组成要素的作用及其相互关系进行管理和调控。由于土地生态系统是一个十分庞大而复杂的巨系统,其中可分为人口、有生命的生物环境和无生命的理化环境等子系统,每个子系统又可分为若干个次子系统。关于土地生态管理的内容目前尚在探讨之中,按照吴次芳等人的观点,主要包括以下七项内容。

(一)土地质量管理

土地质量和土地健康基本同义,它是指土地在其生态系统界面内维持生计,保障环境质量,促进生物与人类健康行为的能力。对土地质量的管理,关键是对目前和未来土地功能正常运行能力的管理。它包括三方面的含义:一是生产力,即土地提高植物和动物持续生产力的能力;二是环境质量,即土地降低环境污染物和病菌损害,调节新鲜空气和水质量的能力;三是生物和人类健康,即土地质量影响动植物和人体健康的能力。土地质量管理的途径主要是通过动态监测和评价的方法来进行的。

(二)土地利用过程管理

土地利用过程管理主要包括对灌溉排水、施肥、间套轮作、抛荒、休闲、耕层保护、工程施工等土地利用过程的管理。其任务就是要在高度集约化的利用中,养护土地,提高土地的生产能力。或者说,至少不因土地的粗放利用而导致土地的生态功能退化。同时,土地利用过程还应尽可能满足公共健康、公共安全和大众福利的要求。

(三)土地覆盖变化管理

土地利用覆盖变化是指从一种土地覆盖类型到另一种土地覆盖类型的转化,而不考虑它的用途。土地利用覆盖变化的原因,从人类发生学的角度看,涉及人口及其结构、经济因素(如价格和投入成本)、技术水平、政治体系制度和政策以及社会文化因素等(如态度、偏好和价值观等)。人口增长被看作是土地利用变化的主导性因素和主要方面。土地利用覆盖变化将会导致物种组成和多样性变化,可引起生态系统特性的改变,如土壤侵蚀的发生、物质循环系统的紊乱或生产力的退化。土地覆盖变化管理的内容可以概括为两个方面:第一,如何有效地检测不同尺度范围内土地覆盖变化的趋势;第二,土地覆盖变化的生态影响评价及其动力学机制,并制定应对的措施。

(四)土地景观与生物多样性的管理

土地生境或土地生态系统的排列组合构成了景观,所有土地生态系统过程至少会部分地响应这种景观模式。同类生境斑块间的距离增加或生境斑块尺寸的剧烈缩小都会极大地减少甚至消灭生物体的种群数量,也可以改变土地生态系统过程。生物多样性包括遗传多样性、物种多样性和生态系统的多样性,它直接影响土地生态系统的抵抗力、恢复力和持续力。景观多样性和生物多样性的减少会直接导致土地生态系统产品的退化和服务功能的降低。服务功能包括:可提供的食物、药物和材料,旅游价值,气候调节作用,水和空气的净化功能,为人类提供美丽、智慧的精神生活,废物的去毒和分解,传粉播种,土壤的形成、保护及更新等。

(五)土地文化与历史遗迹管理

文化泛指任何社会的总体生活方式,包括社会行为、知识、艺术、宗教、信仰、道德、法律、传统、规范、风俗习惯,以及人作为社会成员所获得的任何其他能力。土地生态与文化存在着相互依赖的关系。不同时代的历史文化、不同人种的民族文化、不同区域环境的地缘文化都创建了不同的土地生态系统。例如原始社会、农耕时代、工业化时代的土地生态系统,无论是居住区还是农田,其文化内涵是很不相同的。土地生态系统是一个复合的生态系统,它包括自然生态系统、经济生态系统和社会生态系统。土地文化属于社会生态系统范畴。土地生态系统中的历史遗迹是研究环境变迁和人类文明进化的"示踪元素",一旦遭受破坏,将永远无法弥补。在土地生态管理中融入文化和历史遗迹的内涵,是人类文明进步的象征。

(六)土地保护区管理

土地保护区按其性质可分为两类:一是土地用途保护区,如基本农田保护区、名特优新农产品保护区、风景旅游区和自然保护区;二是土地质量保护区,如防风固沙区、生态脆弱区等,其管理的基本任务是防止土地生态系统退化及不合理的占用。现以旅游保护区为例进一步予以说明。

旅游保护区是由许多相互关联、依存和制约的生物因素和非生物因素构成的,包括山地、森林、草地、各种水域和沼泽地等生态类型,其共同特点是保持着大自然原有风貌和良好的生态环境,有些还具有丰富独特的人文过程、浓郁的民俗风情,成为人们亲近自然、回归自然的理想境地。经营者以自然景观资源为凭借,以旅游设施为条件,向旅游者提供各种服务,目的是使自己获得最大经济效益,这必然向土地生态系统提供更多的能量流和物质流,对系统内的生物种类组成、种群数量比例和土壤的外部形态等产生影响,不同程度地改变景观面貌,进而影响土地的功能。目前,旅游区一项基础设施建设对山体和植被的破坏往往是其基本建筑面积的几倍或几十倍。所以旅游保护区管理的重点是如何协调经营者的经济利益和维持土地生态系统的生态整合性的关系,开发建设与景观破坏的关系,以及景点、服务设施的空间分布和建设。

五、土地资源生态管理的基本手段

保护土地生态环境资源,正确协调人类活动,特别是经济活动与环境保护的关系,需要综合运用多种管理手段,包括法律、行政、经济和宣传教育等。这些管理手段并非孤立的,而是相互渗透、相互交叉、相互依存的。其中最主要、最有效的是靠国家或地区制定有关法律、法规和行政条例对环境污染进行直接控制,如土地管理法、环境保护法。其次是按照经济规律,运用价格、成本和税收等经济杠杆,调整和影响人们从事经济活动和污染防治活动的利益,即利用排污收费、税收和财政补贴等经济手段间接促进土地生态环境保护。

(一)法律手段

法律手段是一种强制性手段,在土地资源的利用中,必须遵循土地生态系统的客观规律,依法管理土地利用与开发行为,增强土地生态功能。广泛地宣传《土地管理法》《中华人民共和国环境保护法》《中华人民共和国水土保持法》《中华人民共和国森林法》《中华人民共和国水法》《中华人民共和国草原法》《中华人民共和国野生动物保护法》等法律,加快制定与土地生态环境相关的法律法规,不断提高全民的法制观念,形成全社会自觉保护土地生态环境、美化土地生态环境的氛围。所以,在认真贯彻执行《土地管理法》等法律的基础上,应该针对耕地锐减、土地利用结构失调、土地资源退化严重(如水土流失、土地沙漠化、水域污染、地面沉降)等生态问题,建立有效的法律法规体系。同时,对土地利用实行国家控制的法律制度:按照土地利用总体规划的用途管制规则来开发土地;在规划许可下转变土地用途;划定农田保护区、园区林区等生态用地,优先保护耕地和各类农用地;实行城乡增长管理,控制城市、农村建设盲目扩张而滥占耕地的现象;加强土地整理复垦规划与制度建设,整治损毁土地与污染土地,严格控制在生态脆弱地区开垦土地,积极防治土地退化。

(二)行政手段

由于土地生态系统内的资源类型多,其中土地资源又不同于其他资源,具有数量有限、位置固定、利用方式不易改变等特性,而且是各业各部门发展不可缺少的生产要素,所以土地生态系统的管理需要行政手段的适度干预,比如建立强制性的土地生态环境影响评价制度,迫使用地单位在决策中重视其行为的生态环境后果;又比如编制土地利用规划,确立一定时期内土地资源的利用方向,对土地资源进行时间、空间上的优化组合,制定详细的土地用途管制制度,保证土地利用规划的实施。

在行政管理决策中,现在一些西方学者根据以往的生态环境污染教训,提出今后的政府决策应当把土地生态环境作为一项重要因素来考虑。决策应有三个新的概念:一个是"自然资本"的概念,即在传统的经济指数外,"自然资本"应作为国民生产总值的一部分在决策中加以考虑;二是引进新的"生活质量"概念,即建立以健康为出发点的客观标准;三是建立"人类共同财富"的概念,即把人类生活条件和基础看作人类的共同财富。所以,保护土地生态环境就是保护自然资源,保护人类健康,保证国民经济的持久发展。政府制定经济发展规划时要有土地生态环境目标,经济建设工程的决策和实施要有生态观点,工艺设计要符合自然生态规律,执行规划或决策过程中要重视土地生态环境影响评价。土地生态管理措施中还应继续完善生态环境影响评价制度、土地利用规划制度。

(三)经济手段

由于经济手段在土地生态环境管理中可以克服行政和法律手段的一些不足,具有一定的灵活性和有效性,能够促使管理系统以最小的经济代价来获得所需要的生态效果,因此,经济手段在生态环境管理中应得到广泛的应用,发挥其重要作用。

在生态环境管理中,经济手段通常和行政法律手段相联系,很难通过一个明确的定义把经济手段和其他手段区分开来。一般地说,所谓生态环境管理的经济手段,是指利用价值规律的作用,通过鼓励性和限制性措施,控制水土流失、减少污染,来达到保持和改善生态环境目的的手段。其特点是:存在着财政刺激;有自发活动的可能性,是生产者、污染者能以他们认为最有利的方式对某种经济刺激作出反应;有政府机构参与,经济手段必须通过行政管理予以实施;通过经济手段的实施能达到保持或改善生态环境质量的目的。土地生态环境管理的经济手段按照作用的不同可分为两类:一类是鼓励性的,例如实行税收、信贷、价格的优惠;另一类是限制性的,例如征收排污费、经济赔偿等。

(四)土地生态规划手段

生态规划即按照生态学原理、方法和系统科学的手段去辨识、模拟和设计人工生态系统内的各种生态关系,探讨、改善系统生态功能,促进人与环境关系持续发展的可行的调控政策。生态规划的最终目的就是要依据生态控制论原理去调节系统内部各种不合理的生态关系,提高系统的自我调节,在外部投入有限的情况下通过各种技术的、行政的和行为的诱导手段去实现因地制宜的持续发展。

(五)技术手段

运用技术手段实现土地生态管理的科学化包括制定生态环境质量标准,采用土地生态环境变化的动态监测技术、生产过程的无污染(或少污染)设计技术、废弃物的回收利用技术等。许多土地生态管理政策、法律法规的制定和实施都涉及许多科学技术问题,生态环境问题解决的程度往往依赖科学技术。没有先进的科学技术,就不能及时发现土地生态环境问题,而且即使发现了,也难以控制。比如兴建大型水利工程、围湖造田、施用化肥和农药,常常会产生负面的生态环境效应,这也说明人类还缺乏足够的技术手段来预见人类活动对生态环境的反作用。

（六）宣传教育手段

宣传教育是土地生态管理不可缺少的手段。生态环境宣传既是普及科学知识，又是一种思想动员。通过报纸、杂志、电影、电视、广播、展览、专题讲座、文艺演出等各种文化形式广泛宣传，使公众了解土地生态环境保护的重要意义和内容，提高全民的生态环境意识，激发公众保护土地生态环境的热情和积极性，把保护环境、热爱大自然、保护大自然变成自觉行动，从而有效地制止浪费资源、破坏土地生态系统的行为。生态环境教育也要通过专业的教育培养专门人才，提高土地生态管理人员的业务水平，落实土地生态管理的政策。

第二节　土地生态管理的技术与方法

一、生态用地调控

虽然学术界至今尚未对生态用地的概念达成共识，但把具有生态功能的林地、草地、湿地视作生态用地是不存在异议的。林地、草地、湿地等生态用地及其生态支持系统具有涵养水源、保持水土、释氧固碳、调节气候、提供休闲、保护野生生物等良好的生态功能，是一个地区生态环境的"晴雨表"和生态环境质量的重要表征。

（一）林地

林地生态系统是陆地表面最重要的生态系统，素有"自然之肺"的美誉。它不仅可以调节全球及区域气候，还能为土壤及生物圈提供丰富的有机物质，促进生命系统的更新演替。

林地生态系统是地球上生物量最大的系统。据有关研究表明，在地球的年初级生产量总计为 172×10^9 吨有机物质（干重），折合热量 5.16×10^{17} 千卡中，林地年初级生产量（面积为 57×10^6 平方千米）为 84.2×10^9 吨，折合 2.53×10^{17} 千卡，占 49.0%。林地生态系统年净生产量达 73×10^8 吨，占陆地生态系统总生产量的 73%，而草地占 15%，耕地占 9%，每年单位面积净生产量热带森林比耕地高 2 倍，温带森林比耕地高 1 倍。林地生态系统是自然界最丰富、最稳定和最完善的碳储库、基因库、资源库、蓄水库和能源库，具有调节气候、涵养水源、保持水土、防风固沙、改良土壤、减少污染等多种功能，对于改善生态环境、维持生态平衡、保护人类生存发展的基本环境起着决定性和不可替代的作用。森林和林地面积的减少导致全球众多生态环境问题。

据有关资料表明，2001 年全球森林覆盖面积为 87000 万公顷，其中 95% 是天然林，5% 为人工林。近 10 年来世界森林面积年净减少估计为 940 万公顷，说明年毁林率与年增长率不同步,每年毁林面积为 1460 万公顷,森林面积年增加 520 万公顷。通常认为全球气温的变化主要因大气中温室气体的浓度上升所引起,主要为二氧化碳(CO_2)、甲烷(CH_4)、一氧化二氮(N_2O)。温室气体的最重要成分 CO_2 约占温室效应的 65%。自工业革命以来,人类活动引起大气中 CO_2 浓度持续上升,特别是矿物燃料的燃烧、水泥的制造和森林的破坏。陆地生态系统在全球碳循环中起着重要的作用。预计每年在植被土壤和大气中的碳循环量达 1250 亿吨,地球与大气层之间碳总循环量达 215 亿吨,森林碳循环量占全球碳循环总量的 80%,森林在吸收碳的同时也释放出碳。毁林是碳释放的重要原因,有证据表明,20 世纪 80 年代毁林占人为碳释放量的 1/4。

总体上看,陆地生态系统碳贮量约为 2.2 万亿吨,其中热带森林占 20%,北方森林占 26%,温带森林占 7%,热带草原占 8%,温带草原占 10%,农田占 9%,湿地占 7%,冻原占 8%,荒漠占 5%。20 世纪 80 年代,由于土地利用变化引起的碳净释放量估计为 22 亿~24 亿吨,相当于人为碳释放总量的 23%~27%。

我国在历史上曾经是一个森林资源十分丰富的国家。据历史考证,地处黄河中游的黄土高原就曾经是广袤的森林草原区,西周时期森林覆盖率高达 53%。随着经济社会的发展,人口的剧增,战争的破坏,列强的掠夺,直至新中国成立初期,我国森林覆盖率仅为 8.6%,成为世界上森林资源较为贫乏的国家之一。新中国成立以来开展了大规模的植树造林活动,林业建设在恢复中得到一定的发展。据第八次全国森林资源清查,我国森林面积为 2.08 亿公顷,森林覆盖率达 21.63%。

我国森林资源从总体上表现为总量不足、破坏严重、结构失衡、增长缓慢。造成这种状况的原因是多方面的,主要是长期以来仅把林业作为国民经济中的一个产业部门,只重视其经济功能,忽略其生态功能和社会功能。森林是陆地生态系统的主体,林地生态系统是重要的土地生态系统,是维系人类社会发展的重要的生态屏障。森林在改善生态环境、促进经济社会可持续发展方面,具有不可替代的作用。中国森林资源破坏严重,增长缓慢的主要原因是制度上的缺陷,林权权属不清,产权关系不顺;长期以来对林业实行重取轻予的经济政策,税收过重、规费过多、投入不足;森林法操作性差,相关法规不配套,缺乏具体处理的办法和规定。

(二)草地

草地生态系统是畜牧业发展的重要物质基础,包括草原、草山草坡、滩涂草地、人工草地等。草地生态系统具有多种生态服务功能,如调节气候、涵养水源、保持水土、防风固沙、改良土壤和维持生物多样性等。据有关研究表明,温带草地(面积 9×10^6 平方千米)初级生产量为 5.4×10^9 吨,折合热量 1.62×10^{16} 千卡,热带稀树草地(面积 15×10^6 平方千米)初级生产量为 10.5×10^9 吨,折合热量 3.15×10^{16} 千卡,占全球总量的 9.2%。草地的初级生产量不能直接被人类利用,但 90% 可供家畜食用,转化为动物性食物。实际上被家畜食用部分估计只占可食用部分的 1/4,约 3.66×10^{15} 千卡,按 10% 的转化效率计,实得 3.66×10^{14} 千卡,再扣除 10% 的损失,人类每年从草地获得食物量约为 3.29×10^{14} 千卡。

草地是由气候、土壤、地形等自然因素长期影响形成的着生草类植被的土地类型。草地生态系统的主链是草—畜,青草是草地生态系统中第二性产品,草供牲畜食用,为人类提供畜产品即第一性产品。第一性生产是基础,第二性生产要与第一性生产相适应。草地生态系统生产力取决于青草对太阳能的转化率,又与草地第二性生产率相关。据有关研究表明,每天每平方米的紫花苜蓿人工草地承受 3000 千卡的能量,经光合作用仅吸收一半固定于干物质中,最后供作物饲草用的部分仅为太阳能的 0.77%。从苜蓿到牛肉的转化率为 8%。

水是草地生态系统第一性生产力的决定因素。由于地方气候的缘故,草地雨量的季节和实际变化大,造成草地第一性生产力的季节性和不稳定性。草地生态系统具有明显的地域差异性,这种差异性表现为系统的各种类型在地表空间纬向、经向和垂直分布的地带性。不同的草地类型上饲养不同的畜群,有奶牛、肉牛、细毛牛、绒山羊、羔皮羊、骆驼等。这就要求因地制宜地按其系统地域分异规律开发利用草地生态系统。

(三)湿地

湿地是分布于陆地生态系统与水生生态系统之间的过渡性生态系统。湿地、森林、耕地与海洋并称为地球四大生态系统,具有独特的生态功能,关系到国家和区域生态安全的战略资源。湿地生态系统具有多种生态系统服务功能和效益,俗称其为"天然水库""地球之肾""生命的摇篮""物种基因库""鸟类乐园"等。从生态学观点来看,湿地是陆地与水生系统之间的过渡地带,其地表为浅水所覆盖或其水位在地表附近变化。湿地与其他相邻的地景系统存在物质和能量交换关系。《关于特别是作为水禽栖息地的国际重要湿地公约》(以下简称《湿地公约》)认为,"湿地是指天然或人工,常年或季节性,蓄有静止或流动的淡水、半咸水或咸水的沼泽地、泥炭地或水域,包括低潮水深不超过 6 米的水域。"这个定义湿地的范围很广,不仅限于沼泽、泥炭地、盐沼、红树林,还包括湖泊、河流和水深 6 米以内的滨海水域,也有人工湿地,包括水稻田鱼池、虾池、盐田、盐碱地、水库和运河等。

原国家林业局于 2009—2013 年完成了组织第二次全国湿地资源调查。依据《湿地公约》的规定,对面积为 8 公顷(含 8 公顷)以上的近海与海岸湿地、湖泊湿地、沼泽湿地、人工湿地以及宽度 10 米以上、长度 5 千米以上的河流湿地进行了调查。调查结果表明,我国湿地总面积为 5360.26 万公顷,占全国土地总面积的 5.58%,其中自然湿地面积为 4667.47 万公顷(近海与海岸湿地面积 579.59 万公顷,河流湿地面积为 1055.21 万公顷,湖泊湿地面积为 859.38 万公顷,沼泽湿地面积为 2173.29 万公顷),人工湿地面积为 674.59 万公顷。

湿地生态系统具有蓄水、均化径流和调节气候的作用,是天然的生物蓄水库。沼泽地土壤能保持大于其本身质量 3~9 倍或更高的蓄水量。湿地是物种的基因库,是人类未来开发的宝藏。许多湿地都有重要的野生物种,可以改善经济作物的品种,也是人类未来治疗疾病的药物来源。湿地生态系统中的许多水生植物不仅具有抵御污水污染的能力,而且还可以吸收和富集水体中的重金属离子,对于污水的净化起着重要作用。

大气中 CO_2 浓度的不断升高,导致全球气候变暖、南极冰原融化、陆地冰川逐渐退缩、海平面不断上升,已经引起人们的普遍关注和忧虑。湿地生态系统的植物,通过光合作用能将大气中 CO_2 固定下来,除去呼吸作用消耗以外,其余部分形成泥炭或有机物积累起来,可减少大气中 CO_2 的总量,延缓全球变暖的进程。

稻田是人工湿地生态系统,生产的稻米是全球 50% 以上人口的主要食粮。西非和东南亚湿地生态系统种植的油棕是世界上最主要的食用油和制皂油的来源。世界渔业产量超过牛、羊和畜禽、鸡蛋的生产量,是人类最主要的野生或家养蛋白质来源。湿地植物种类繁多,具有净化水质和维持湿地生物多样性的基础性作用,构成湿地秀美景观,同时也是可利用的自然资源,如芦苇是重要的造纸原料,香蒲、菖蒲、慈菇、金莲花等具有重要的药物价值。湿地具有独特的景观价值,我国及世界许多旅游胜地都和湿地有着不解之缘,如滇池、太湖、洱海、西湖、喀纳斯湖。

由于长期以来人类未能认识和利用湿地生态系统重要的自然环境价值、生物多样性和生态系统服务功能,认为湿地就是荒地,属于可以任意开发的地类,加上湿地开发成本低廉和回报潜力高等因素,致使多年来围垦和筑坝引水,严重破坏了湿地原生系统的功能和特征,影响了国土整体自然平衡,形成了不可弥补的损失。这就表明了湿地利用具有外部性所造成的严重后果,加强湿地生态管理显得更加必要。

(四)保护地

一般认为,保护地是指用以保护和维护生物多样性和自然及相关文化资源的陆地或海洋。保护地包括自然保护区、风景名胜区、森林公园以及其他类别受到保护的区域。根据联合国环境规划署(UNEP)和世界自然保护联盟(IUCN)有关资料表明,全球有 11% 的陆地被划作各种类型的保护地。世界上第一个自然保护区是建立于 1872 年的美国黄石公园,至今已有 148 年的历史。我国第一个自然保护区是建立于 1956 年的鼎湖山国家级自然保护区。目前我国自然保护地的面积约占全国陆地面积的 18%,其中大部分位于我国人烟稀少的西部地区。我国有着多样的生态系统,丰富的地理、气候和植被的变化,孕育了世界最丰富的生物多样性。这不仅是我国经济发展和人民健康的基础,而且为世界人民提供了重要的生态价值。我国是世界上生物多样性最丰富的国家之一,被誉为"生物多样性大国"和"生物多样性全球热点地区"。

据有关资料表明,截至 2018 年年底,我国已建成各类自然保护区 2750 个,面积 147.17 万平方千米,占国土面积的 14.86%,其中,国家级自然保护区 474 处,面积 97.45 万平方千米。

目前我国自然保护区存在的主要问题有:①权属不清,利益分配不当,影响自然保护区的管理;②自然保护区存在"一地多牌"现象,容易引起部门之间矛盾,造成无序开发现象;③自然保护区事业资金投入不足,级别与管理责任错位,处理困难。目前完善自然保护区体系和法律框架,建立合理的经费分配机制和建立部门协调与监督机制已成为加强我国自然保护区迫切需要解决的问题。

二、土地生态承载力管理

(一)生态生产力土地

人类的一切生活和生产活动都依赖于周围的陆地、森林、草地、海洋等自然生态系统,这些自然生态系统为人类的生存和发展提供了必不可少的生命维持载体和从事各种活动所必需的最基本的物质资源,是人类赖以生存和发展的物质基础。加拿大环境经济学家雷斯(William Rees)和魏克内格(Mathis Wackernagel)于 20 世纪 90 年代创造了一种基于生物物理量的生态足迹(ecological footprint,或译为生态占用),用以测算土地生态承载力的办法。

生态足迹的设计思路是:人类系统的所有消费(包括衣、食、住、行)都可以折算成相应的生态生产力土地(ecological productivity land)的面积。生态足迹测量了人类生存所需的生态生产力土地面积(有的译为生态生产性土地、生物生产土地)。也就是说,人类要维持生存,必须消费各种产品、资源和服务,人类的每一项消费量都可以追溯到提供生产该消费所需的原始物质和能量的生态生产力土地的面积。任何已知人口(一个人、一个城市或一个国家)的生态足迹就是生产这些人口所消费的所有资源和吸纳这些人口所产生的所有废弃物所需要的生态生产力土地面积(包括陆地和水域)。生态足迹能代表一定技术条件和消费水平下特定人口对环境的影响规模和可持续生存对环境的需要。通俗地说,生态足迹就如同"一只承载人类与人类所创造的城市、工厂……的巨脚,踏在地球上留下的脚印"。

生态生产力土地是生态足迹分析法为各类自然资本提供的统一度量基础。生态生产又称生物生产,自然资本产生自然收入的能力由生态生产力来衡量。自然资本总量与一定的地球表面相联系,生态生产力土地代表自然资本。所谓生态生产力土地是指具有生态生产能力的土地或水体。这样替代简化了对自然资本的统计,并且各类土地之间容易建立等价关系,从而便于计算自然资本的总量。整个地球表面大约 71% 为海洋,生态生产力土地大约占地球表面积的 16%,其余陆地大约占 13%,详细的数据见表 8-1。

表 8-1　地球上生态生产力土地和海洋面积

类别	总面积/亿公顷	人均面积/(公顷/人)
1. 可耕地(占陆地面积 10%)	14.5	0.24
2. 建筑面积(占陆地面积 2%)	3.0	0.06
3. 牧地(占陆地面积 23%)	33.6	0.56
4. 林地(占陆地面积 33%)	51.2	0.85
5. 生态生产力海洋(占陆地面积 8%)	29.0	0.40
(1)每人平均的生态生产力土地和海洋面积		2.13
(2)扣除生物多样性破坏面积(占 12%)		-0.26
(3)实际每人可利用的生态生产力土地和海洋面积(占 88%)		1.87

注:全球人口按 60 亿计。

资料来源:王万茂.土地生态经济学[M].北京:高等教育出版社,2010:317.

　　由表 8-1 可见,整个地球提供给人类生存的生态生产力土地和海洋总面积为 131.3 亿公顷,扣除生物多样退化因素的影响,2001 年每人实际可利用地球面积平均为 1.87 公顷。

　　根据生产力的差异,地球表面的生态生产力土地可分为化石能源地、可耕地、牧地、林地、建筑用地和水域(见图 8-1)。

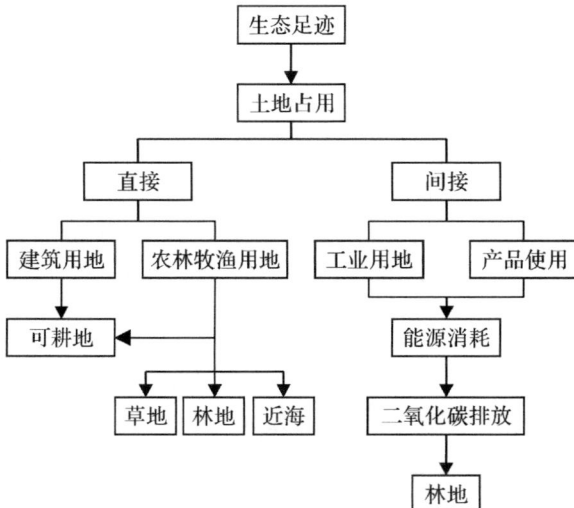

图 8-1　生态足迹的土地分类

1. 化石能源地

所谓化石能源地是指用于吸收化石能源燃烧排放的温室气体的林地。一般采用能源土地转化因子的办法来估计化石能源用地：①计算提供化石能源替代物甲醇和乙醇所占用的土地面积来获得化石能源用地；②计算吸收燃烧化石能源排放 CO_2 所需要的森林面积；③计算以化石能源枯竭的速率重建资源资产替代的形式所需要的土地面积。

2. 可耕地

可耕地是所有生态生产力土地中生产力最大的一类，所能积聚的生物量最多。目前全球所有可利用的可耕地(大约 13.5×10^8 公顷)均处于耕种的状态，并且其中大约 100×10^4 公顷的土地因土地质量严重恶化而被废耕。也就是说，当今世界上人均可耕地面积仅为 0.25 公顷。

3. 牧地

牧地是适宜发展畜牧业的土地。目前全球大约有牧地 3.5×10^8 公顷，人均为 0.06 公顷。由于植物能量转化为动物能量过程中存在着和作用着 1/10 定律而使得牧地生产力远不如可耕地。

4. 林地

林地是用以产出木材产品的人造林和天然林用地。目前全球现有林地面积 34.4×10^8 公顷，人均为 0.85 公顷。一般来说，大多数林地的生态生产力不高，再加上由于牧地的扩展而导致森林面积减少。

5. 建筑用地

建筑用地是指各类人居设施和道路所占用的土地。全球人均建筑用地为 0.06 公顷，由于建筑用地大部分占了地球上最肥沃的土地(宜耕地)，造成全球生态力无法挽回的损失。

6. 水域

水域包括淡水(河流、淡水湖泊等)和非淡水(海洋、盐水湖泊等)。地球上海洋面积为 366×10^8 公顷，人均为 6 公顷，海洋里 95% 的生态生产量来源于人均 6 公顷中的 0.4 公顷的沿海岸带。由于人类喜欢吃的鱼在食物链中排位较高，致使人类实际能从海洋中获取的食物是较为有限的。具体来讲，0.4 公顷大约每年提供鱼类 18 千克，而其中仅有 12 千克能最终落到人们的饭桌上，仅保证人类卡路里摄入量的 1.5%。盐水湖泊地处干旱地区，其生态生产量比海洋还要低。

(二)生态容量、生态赤字和生态盈余

1. 生态容量

生态容量(ecological capacity)，又称生态承载力，是指在不损害区域生产力的前提下，一个区域有限的资源能够供养的最高人口数。从生态足迹角度来衡量生

态容量的定义为,在不损害有关生态系统的生产力和功能完整的前提下,一个地区能够拥有的生态生产力土地总面积。该地区的生态承载力即生态容量。生态容量(生态承载力)可理解为一定自然、社会、经济技术条件下一定地区所能提供的生态生产力土地的极大值。

生态容量(又称生态承载力)包含两层含义:一是指生态系统的自我维持与自我调节能力以及资源与环境子系统的供容能力,为生态承载力的支持部分;二是指生态系统内社会经济子系统的发展能力,为生态承载力的压力部分。

"民以食为天",吃、穿、用是人类生存的最基本条件,人类和各种动物的生存发展必须依赖于各种自然资源,所以,资源承载力是生态承载力的基础条件。

自然资源的开发利用必然会引起环境的变化,人类在消耗资源的同时必须排出大量废物,而环境容量是有限的。所以,环境承载力是生态承载力的约束条件。

有生命的生物与无生命的非生物环境共同构成生态系统,二者之间相互联系、相互作用,彼此不可分割。包括人类在内的任何生物都必须依赖生存于特定的有一定弹性限度的生态系统之中。没有一个正常的具有一定弹性度生态系统的支持,无论是资源承载功能,还是环境承载功能都不能得到发挥,所以,生态弹性力是生态承载力的支持条件。

2. 生态赤字

生态赤字(ecological deficit),即生态足迹大于生态容量,是指一定地区的人类负荷超过其生态容量。要满足一定地区人口在现有生活水平下的消费需求,有两种途径:①从地区之外进口欠缺的资源以平衡生态足迹;②通过消耗自然资本来弥补收入供给流量的不足。但这两种情况均说明地区发展模式处于相对不可持续状态,其不可持续的程度可用生态赤字来衡量。

3. 生态盈余

生态盈余(ecological remainder),即生态足迹小于生态容量,是指一定地区的生态容量足以支持其人类负荷,地区内自然资本的收入大于人口消费的需求流量。地区内自然资本总量有可能得到增加,地区的生态容量有望扩大,该地区消费模式具有相当可持续性,可持续程度可用生态盈余来衡量。

(三)生态足迹的计算方法

生态足迹分析是在计算生态足迹和生态容量的基础上,以两者之差(大于0为生态赤字,小于0为生态盈余)来表征人类活动对环境所造成的影响。

生态足迹的计算原理为:用以人类消费和污染消纳所消耗的各种资源(如粮食、经济作物能源等)的区域消费量除以区域单产量,就可得到各类生态生产力土地的区域生态足迹的占用面积(单位:ha),但由于各个地区生态生产力各不相同,因此,必须乘以产量调整因子后才能得到各类土地的全球生态足迹的占用面积(单位:ha),又由于各类土地的生产力不同,将每类土地面积分别乘以各自的等量因子之后,将各类等量土地面积相加,即可得到某特定区域的生态足迹的占用面积(单位:ha)。

生态足迹的计算方法如下:

(1)计算各类消费所使用的土地面积(S_i)。

$$S_i = \frac{C_i}{Y_i} = \frac{P_i + I_i + E_i}{Y_i}$$

式中:C_i——i 项消费量;

Y_i——i 类土地生产力;

P_i——i 类消费的当地生产量;

I_i——i 类消费的进口量;

E_i——i 类消费的出口量。

(2)计算土地占用面积($\sum S_i$)。

$$\sum S_i = S_1 + S_2 + S_3 + S_4 + S_5 + S_6$$

式中:S_1——耕地;

S_2——牧地;

S_3——建筑用地;

S_4——森林;

S_5——近海;

S_6——能源用地。

(3)生态足迹(EF)的计算。

$$EF = \sum S_i \times \frac{f_i}{P}$$

式中:f_i——各类土地的等量因子;

P——人口数。

在这里需要说明两个概念:全球性公顷和等量因子。生态足迹的单位是 gha(global hectare),即"全球性公顷",并非通常的土地面积公顷(hectare)。一个单位的"全球性公顷",相当于 1 公顷具有全球平均产量的生产力空间。各类土地转换为 gha 时需要通过等量因子(equvialence factor)折算,即各类土地的平均产量与 1gha 的比值。土地面积等量化处理的目的在于方便国际比较。不同土地的等量因子如表 8 - 2 所示。

表 8 - 2　不同土地的等量因子(虚拟)

实际土地	面积(a)/ha	产量(b)/kg	平均值(c)	1 gha(d)	等量因子 (e)=c/d	等量化后 的面积 (f)=a×e
土地 1	18	12	0.67	1.41	0.48	8.6
土地 2	7	18	2.57	1.41	1.82	12.7
土地 3	9	18	2.00	1.41	1.42	12.7
合计	34					

三、生态用地数量管理

(一)生态用地的概念

土地是人类生存与发展的重要载体。随着土地利用变化研究的深入,人们对土地利用与生态环境关系的研究愈加关注。人是物质、精神和生态三者统一的人。人类的物质需要和某些心理需要(生态需要)均要从自然资源和土地景观功能中得到满足,最终来自土地。生态需要要求有相应面积的土地加以保证实现。

以耕地为中心的农业用地是保证生存的重要物质基础,农业用地的数量和质量直接影响粮食安全和食物安全。以城镇用地为重点的建设用地是保障发展的重要载体,对于促进工业化和城市化的顺利推进具有不可替代的作用。人们生态环境意识的加强,对生存环境质量提出了迫切要求,保护环境也必须以一定面积用地为前提条件,生态用地概念应运而生。

将生态用地作为独立的土地利用类型已经得到学术界的认同,但至今尚未对其给出准确的定义及其内涵。生态用地对人类之所以重要,就是因其具有巨大的生态功能以维持全球物理与化学循环,支撑着地球生命系统,为人类生存与发展提供了适宜的生态环境。据此,生态用地可以定义为对于人类生存环境具有生态功能的土地。土地生态功能具体包括气候调节、水源涵养、土壤保育、养分循环、废物处理、多样性保护等。

土地功能具有多重性的特点,既具有生产功能,又具有生态功能;既具有某一项生态功能,又具有多项生态功能。这是生态用地概念及其边界难以确定之处。在我国土地利用现状分类中未设"生态用地"类型,这样就导致将具有生态功能的土地分别列入不同的用地类型,如将具有生态功能的耕地、园地、牧地、林地列为农业用地,或将具有生态功能的湿地、荒原、荒漠、冰川及永久积雪等列为未利用地。从一定意义上讲,除人工防护面和隔离带的建设用地以外,其余土地均列入生态用地的范畴,应充分认识土地支撑自然生态系统和维持人工生态系统的重要基础作用。

(二)区域生态用地需求量

据有关研究可知,土地生态功能多达 15 种之多,但就目前技术水平和数据可靠性分析,其中大多数生态功能难以计量,或至今尚未达成共识认可的计量方法。为了解决测算方法问题,根据"木桶法则"和"最小因子定律",在众多土地生态功能中筛选出具有不可替代、不能交易且数量稀缺等特性的气体调节功能作为测算的基础和依据。众所周知,碳(C)、氧(O)元素在空气中的合理比例对于人类生态和社会经济可持续发展具有重要作用。植物光合作用可自动调节氧气(O_2)和二氧化碳(CO_2)的比例,以保持新鲜空气。据有关研究表明,植物光合作用时,要求产出 180 克碳水化合物和 192 克氧气,需要 108 克水和 264 克二氧化碳。1 公顷阔叶林日吸收二氧化碳 68 千克,释放 50 千克氧气。1 个体重 75 千克的成人日消耗氧气 750 克,呼出 900 克二氧化碳。据此,大致估算 1 公顷森林产出的氧气可供 1000 人呼吸之用。

近年来,由于人口增长,工业化和城市化的推进,工业生产燃烧大量化石能源致使大气中碳氧比例失调,引发了地球的温室效应。在此过程中,绿色植物系统作为重要的"碳汇氧源",对于调节空气中的 CO_2 和 O_2 的比例以及缓解地球温室效应具有重要作用。据此形成了碳氧平衡法,从碳循环的角度,测算一定区域内特定能耗下吸收人类活动所释 CO_2 的生态用地面积。据有关研究表明,因人类活动引起碳氧失衡的原因有:①化石燃料燃烧和水泥生产;②热带雨林被破坏;③人类自身呼吸作用。在我国从释碳耗氧角度而言,具体表现为煤、石油、天然气等能源的燃烧,水泥生产和人类自身呼吸作用,其释碳量(D_e)和耗氧量(D_o)的计算公式为

$$D_e = C_e + C_m + C_p$$
$$D_o = O_e + O_p$$

式中:C_e、C_m、C_p——能源燃烧、水泥生产和人类自身呼吸的释碳量;

O_e、O_p——能源燃烧、人类自身呼吸的耗氧量。

从固碳释氧角度而言,植物生态系统是固碳重要的"汇",也是释氧唯一的"源",其固碳量(S_e)和释氧量(S_o)的计算公式为

$$S_e = \alpha \sum_{i=1}^{n} A_i \times b_i$$
$$S_e = \beta \sum_{i=1}^{n} A_i \times b_i$$

式中:i——i 土地利用类型;

A_i——i 种土地利用类型面积；

b_i——i 种土地利用类型单位面积生物量；

α——单位生物量固碳系数；

β——单位生物量释氧系数。

在此基础上，测算区域生态系统的释碳耗氧与固碳释氧的能力差异，进而推算出保证区域碳氧平衡所需要的生态用地面积，其计算公式为

$$EL_e = \frac{D_e - S_e}{\alpha b_i}$$

$$EL_o = \frac{D_o - S_o}{\beta b_i}$$

根据计算结果，取其中较大值为区域生态用地需求量。

(三)区域碳氧参数的测算

在测算区域生态用地需求量时，需要进行区域人类活动释碳耗氧量和区域植物生态系统固碳释氧量两方面测算。

1.区域人类活动释碳耗氧量测算

人类活动包括化石能源燃烧、水泥生产和人类自身呼吸导致区域碳氧失衡，具体计算方法如下：

(1)化石能源燃烧释碳耗氧量。

化石能源燃烧释碳量(C_e)由煤燃烧、石油燃烧和天然气燃烧释碳量继成，其计算公式为

$$C_{e_1} = P_1 \times K \times t$$

$$C_{e_2} = P_2 \times K \times t \times R_1$$

$$C_{e_3} = P_2 \times K \times t \times R_2$$

式中：C_{e_1}、C_{e_2}、C_{e_3}——煤、石油、天然气燃烧释碳量；

P_1——耗煤量；

P_2——标准煤当量；

K——有效氧化系数，$K = 0.982$；

t——每吨标准煤释碳量，$t = 0.73257$；

R_1、R_2——石油、天然气释碳量为煤释碳量的倍数，$R_1 = 0.813$，$R_2 = 0.561$。

化石能源燃烧耗氧量(O_e)的计算公式为

$$O_{e_1} = P_1 \times K_1$$

$$O_{e_2} = P_3 \times K_2$$

$$O_{e_3} = P_4 \times K_3$$

式中:O_{e_1}、O_{e_2}、O_{e_3}——煤、石油、天然气燃烧的耗氧量;

P_1——耗煤量;

P_3——耗油量;

P_4——耗气量;

K_1、K_2、K_3——煤、石油、天然气燃烧时耗氧系数,$K_1=2.67$,$K_2=3.43$,$K_3=3.64$。

(2)水泥生产释碳耗氧量(C_m)。

$$C_m = P_5 \times K_4$$

式中:P_5——水泥生产量;

K_4——每吨水泥产量释碳量;$K_4=0.136$ 吨。

水泥生产的耗氧量视为零,略而不计。

(3)人类自身呼吸释碳耗氧量(C_p)、(O_p)。

$$C_p = P_0 \times K_5$$
$$O_p = P_0 \times K_6$$

式中:C_p、O_p——人类自身呼吸释碳量、耗氧量;

P_0——区域总人口;

K_5——成年男子年需氧量,$K_5=0.3066$ 吨;

K_6——成年男子呼出碳量,$K_6=0.1095$ 吨。

2. 区域植物生态系统固碳释氧量测算

根据有关研究表明,各类生态用地年固碳释氧量如表8-3所示。

表8-3　单位面积生态用地年固碳释氧量　　　　单位:吨/公顷

项目	林地	经济林	疏林地	草地	耕地	湿地
净生物量	20.06	9.20	10.05	7.65	15.17	10.00
固碳量	9.03	4.14	4.93	3.44	6.83	4.50
释氧量	24.07	11.04	13.14	9.18	18.20	12.00

四、土地生态系统管理

(一)生态系统的能量流动和物质循环

1. 生态系统的能量流动

生态系统的功能主要表现在生物生产、能量流动、物质循环和信息传递等方面。生物生产是生态系统的基本功能之一。生物生产就是把太阳能转变为化学能,再经过动物的生命活动转化为动物能的过程。因此,生物生产包括植物性生产和动物性生产。植物性生产是植物通过光合作用,源源不断地生产出植物性产品的过程,称作第一性生产或初级生产。动物把采食的植物同化为自身的生活物质,使动物体不断增长和繁殖,称作第二性生产或次级生产。因此,有人说,生态系统好比两个工厂,一个是绿色植物工厂,一个是动物产品工厂。两者之间彼此联系,进行着能量和物质的交换。上述两项生产均与土地资源合理利用密不可分,后者就是为管好这两个"工厂",提高其产品数量和质量而服务的。

第一性生产的能源是太阳。太阳能穿越大气层除去反射、散射和被大气所吸收以外,仅有 48% 左右的能量到达地面照射到植物群落叶层上。这部分能量并不能被叶片全部吸收,按理论上计算数据,其中只有 0.5%~3.5% 的太阳能用于光合作用的全过程。

第二性生产是指消费者和分解者利用第一性生产的产品,经过同化作用合成自身的物质,并用以生长繁殖和进行其他生命活动的过程。实际上草食动物由于种种原因也只能利用第一性生产量很小的部分。

生态系统是一个能量开放系统,要维持生态系统的功能正常运行,就得不断地向系统中输入能量。生态系统中绿色植物的茎叶被草食动物采食,草食动物成为肉食动物的猎获物,弱小的肉食动物又被凶猛的大动物捕食。生物之间通过吃与被吃的食物关系,相互间联结并形成一个整体,就像一环扣一环的链条,这叫作食物链。我国有一句古老的谚语即"大鱼吃小鱼,小鱼吃虾米,虾米吃稀泥",就是对食物链的生动描述。食物链上的每个环节叫作营养级。由于在食物链营养级序列上,下一营养级的能量只能满足上一营养级中少数消费者的需求,逐级向上,营养级的能量呈现阶梯状递减,于是就形成一个底部宽、上部窄的尖塔形,这就是"生态学金字塔"。生态金字塔理论对于考虑人类食物营养、人的比例、规定合理载畜量和资源保护问题均有指导作用。

2. 生态系统的物质循环

生态系统中的生物为了生活和繁衍,除了有能量输入以外,还需要不断有物质输入,即仅仅有能量并不能维持动、植物的生命,还必须有一定的物质基础。如果说,能量来自太阳,那么构成生物所需要的物质则由地球供给。生态系统中的物质,主要是指生物生命必需的各种营养元素。它们在各个营养级之间传递,并联结起来构成物质流。物质从大气、水域或土壤中,通过绿色植物吸收进入食物链,然后转移给草食动物,进而转给食肉动物,最后被微生物分解与转化回到环境中。所谓"循环"指的是物质可以被多次重复利用。在生态系统中,生物从环境中获得营养物质,同时,必须提供能被其他生物利用的物质,最后复归于环境,这就是生态系统的物质循环。

生态系统中的物质循环(即物质流)是各种化学物质在地球上的生物和非生物

之间的循环运转。这种循环主要在生态系统和生物圈里进行。一般将物质循环分为两种类型：

（1）气相循环。气相物质在生物与非生物成分之中滞留时的贮存库主要是大气圈和水圈，如氧、二氧化碳、水、氮等属于气相循环类型。

（2）沉积循环。沉积物质的贮存库主要是岩石圈和土壤圈，如磷、硫、钙、钾、钠等属于沉积循环类型。

综上所述，生态系统的生物和非生物成分之间，通过能量流动和物质循环而联结，形成一个相互依赖、相互制约、环环相扣、相生相克的呈现着网络状复杂关系的统一整体。生态系统的存在和发展是由不断的能量流动和物质循环来维持的。遵循这个规律，要使生态系统保持稳定，最基本的一条是从生态系统中拿走什么，就要在适当时间归还什么，进行等量交换，做到收支平衡。

（二）生态系统的动态平衡及其应用

1. 生态系统的动态平衡

什么是生态平衡？生态系统是开放的，能量和物质不断输入和输出，就宛如河水流动一样，每时每刻都在不停顿地运动和变化。在一般情况下，能量和物质的输入大于输出，生物量增加；反之，生物量减少。如果输入和输出较长时间趋于相等，生态系统的结构和功能长期处于稳定状态，并在外来干扰下，能通过自我调节（或人为控制）恢复到原初的稳定状态。这种状态就叫作生态系统平衡。

随着社会的发展，人类活动范围的日趋扩大正在直接和间接地影响着生物圈，改变着适于人类和生物生存的大生态系统。在如何对待生态平衡问题上存在着两种不同的看法：第一，认为生物与环境是对抗的关系，即所谓的环境阻力论。它不承认生物对环境的适应性，不承认生物与环境之间存在着协调和相对平衡的关系，从而把生物与环境割裂开来。因此，持有这种观点者，对待自然环境及其资源的态度只是利用，甚至于榨取，以最大限度地满足人们的眼前需求，不考虑对其加以保养。第二，认为生物与环境之间的关系是静止不变的，称为机械平衡论，认为如果发生变动就再不能恢复和重建。持这种观点者，主张最大限度地保持自然生态系统的原始状态，不能进行改造和利用。

以上两种观点都是不符合自然客观实际的。事实上，平衡应当指的是相对平衡的各种成分都保持一定限度的动态。任何一个生态系统都有它的弹性或可塑性。就是说，生态系统内的某一个环节在允许限度内有所变化，整个系统可以进行适当调节，保持原有的相对稳定状态而不遭破坏；或遭受轻度破坏后，可再度自行修复。自然界根本不存在绝对的平衡，生物与环境之间永远处于相互适应与协调的过程。所谓协调是指多种物质的分解、合成、补偿、反馈、置换、协同等一系列复杂过程，平衡则是在协调过程中出现的稳定状态，这就是所谓"生物环境的协同进化论"。协同进化论把生物与环境看成是相互依存的整体,认为生物既是一定环境空间的居主,又是环境的构成部分。作为居主,生物不断地利用环境资源;作为环境成员,又经常对环境资源进行补偿,使环境能够保持一定范围的物质贮备,以保证生物再生。

在整个自然资源中,土地资源是无法替代的最重要的自然环境资源。它既是环境的构成部分,又是其他自然环境资源的载体(其他一些自然环境依附于土地而发挥其功能)。因此,土地的科学管理对于保持生态系统平衡有着不容忽视的作用。同时,掌握和运用生态平衡规律,以优质高产的平衡代替劣质低产的平衡,进而创造生物生产力更高的人工生态系统,也是土地生态管理的重要任务。

2. 生态平衡原理的实际应用

土地资源管理实践中生态平衡原理可应用于以下四方面:

(1)收获量小于净生物生产量。

根据自然资源分类,生态系统属于可更新的自然资源。但是,可更新性是有条件的,只有在生态系统的能量收支相等的情况下,生态系统才能成为取之不尽的自然资源。这就要求从生态系统中收获产品的数量不能超过它的生产量,这是开发利用和管理各类生态系统必须遵守的生态平衡规律,也是生态系统的生态阈限。

根据这一规律,任何一片森林的采伐量必须等于或小于其生长量。否则,森林面积将日益缩小,或者将逆向演替为灌丛和草地,甚至成为基岩裸露的不毛之地。对于草原,载畜量也必须和产草量相平衡,不然草原就会退化。内蒙古曾一度盲目追求家畜的存栏头数,夏秋草场载畜量过大,造成了草原退化,且冬春季饲草不足,草原生态系统负载过大,使得家畜大批死亡。

(2)调整生态系统的整体性。

生态系统是一个整体。在自然界中,不论森林、草原、荒漠、沼泽或农田、人工林、饲料地都是由动物、植物、微生物等生物成分和光、土、气、热等非生物成分组成的。这些成分相互联系、相互制约,通过能量与物质流动而形成一个不可分割的综合体系。生态系统里某一成分发生变化,必然引起其他成分产生相应的变化,即"挪一子而牵动全局"。因此,调整生态系统的整体性是开发利用和管理自然资源、建立人工生态系统时应遵循的原则。

所谓调整生态系统的整体性的原则即是遵循生态系统结构与功能相互协调的原则,应用这项原则既可以保持系统的生态平衡,又可以开发利用和改造自然环境。只有重视结构与功能的相互协调,才能避免因结构或功能的过度损害而导致环境退化的连锁反应。

根据上述原则,保持生态系统平衡,不等于回避人为对其的干预和控制。保持森林生态系统平衡并不等于森林绝对不能采伐,而需要解决好什么条件下才能采伐和如何采伐才为合理的问题。河流上游地势陡峭的地方不应采伐,水源林也不宜采伐,更不能采取大面积的、掠夺式的"皆伐",只能进行"间伐",否则会造成水土流失和森林不能恢复的严重后果。

又如修建水库可以蓄水发电、调节水量、防洪灌溉,给人类带来许多经济利益。但是,若不权衡河流上、中、下游各生态系统的联系和生态后果,也会变利为害。20世纪50年代末期,我国内蒙古西辽河上游修建的红山水库的目的是利用库水灌溉,解决西辽河流域的干旱问题。但水库建成后由于水面蒸发过大,超过当初预计的数值,致使库水量减少,不能满足下游草原农牧业灌溉的需求。相反由于西辽河径流被拦截,大量肥沃的泥土不能达到中下游,下游河床暴露,流沙扬起,风沙加剧,使中下游两岸土地贫瘠化,普遍出现盐碱地的现象,并加剧了气候的旱化,使过去"风吹草低见牛羊"的美丽景象一去不复返。所以,开发利用河流,不能只着眼于局部而忽视全局,须坚持整体的观点去判断可能产生的生态后果。只有从全局出发进行工程的生态学预断评价,才能收到预期的效果。

(3)充分运用生态因子区域分异规律。

生态系统中的太阳能、水、二氧化碳和矿物元素等生态因子在自然界中的分布上具有区域性特点。二氧化碳在大气中的含量相对稳定,约占0.03%,矿物元素在各地岩石中几乎均能被找到。可是,主要生态因子太阳能的数量却受纬度的高低、云量的多少、海拔的高度等多种因素所制约。大气中水分多少也往往与距海远近有关。热能和水分的差异造成了各地生态系统类型的不同,从而使生态系统有区域性特点。

为了充分发挥各类生态系统的生物生产性能,需要按生态系统的区域性规律分区划片,作出生态区划,并根据各地区生态系统的特点和生态平衡规律,因地制宜地安排好农、林、牧、副、渔业生产,充分发挥各地的土地生产潜力。如我国"南稻北麦""东粮西牧"的特点就是劳动人民根据不同的自然环境,采取不同的生产措施创造起来的农田生态系统,适应我国各个区域的自然条件。此外,即使在同一大生态区域内,水热分配又因地形、地势等多种因素的影响差异甚大,区内各地区农业发展也不能"一刀切"。应当根据各生态系统的差异,确立不同的发展方向,采取不同的农业技术措施,做到宜农则农、宜林则林、宜牧则牧。在生产安排上,大区有主,区内有副,各区一主多副,综合发展,做到地尽其力。

(4)创造生物生产力更高的土地生态系统。

人是生态系统中的重要组成部分,人能破坏旧的生态系统,也能创造新的生态系统。为了满足人民日益增长的物质的需求,决不能消极维护生态系统的面貌,坐等大自然恩赐,而是努力探索生态系统及其平衡的各种规律,进而去创造生物生产力更高的新的生态系统。

如前所述,我国属于世界上人多地少的国家之一,宜开垦的荒地有限,耕地面积不会大量增加。在这种情况下,提高单位面积产量,创造生物生产力更高的生态系统是实现我国农业现代化的有效途径。

太阳照射到地球上的辐射能量,生物圈仅仅只固定其中约 1% 的部分。据有关试验资料证明,农田生态系统的太阳能固定率平均为 3.43‰,最高为 20‰,两者相差 4 倍。如果能够把平均效率提高 1 倍,达到 6.86‰,则等于全国耕地面积扩大 1 倍,粮食产量就可能翻一番。为了提高光能固定率,可以采取培育光合效率高的作物品种,选择最优化的农田生态结构,最大限度地利用太阳能等措施。

基塘生态系统就是调整农田生态系统的营养的成功典型。基塘生态系统由于地面作物结构的不同,可分为桑基鱼塘、蔗基鱼塘、果基鱼塘、花基鱼塘、杂基鱼塘等各种类型。这些都是水陆相互作用的人工生态系统,其中桑基鱼塘生态系统比较复杂、完整。所谓桑基鱼塘是一个相对独立的生态系统。在桑园-大田鱼池养殖场-养蚕室等用地之间进行着物质循环和能量转换。在这个生态系统中桑树是"生产者",它的叶子利用空气中 CO_2 和从土壤中吸收的水分,在太阳光照下进行光合作用,制造成葡萄糖,放出氧气,同时把阳光的辐射能转变成化学能,不仅供自身生长和发育的需要,还能为其他生物提供物质和能量。桑基是由低洼地挖成鱼池多余的土堆砌而成的,桑基上的桑叶供家蚕做饲料,家蚕排出的蚕沙(蚕屎)是塘鱼的良好饲料,鱼塘的淤泥又是桑基肥料的主要来源。蚕和鱼就是"消费者",还有微生物为"分解者",把有机体分解为简单的有机物和无机物,还原于土壤或水域中,再重新供植物利用。这样一个周而复始的循环过程,充分利用了自然资源,使生物资源得到多次利用、综合利用和合理利用,取得了较好的经济效益和环境效益。

第三节　土地生态评价

一、土地生态适宜性分析

(一)概念

土地适宜性分析是由美国宾夕法尼亚大学的麦克哈格(L. McHarg)教授提出来的。在他的著作《设计结合自然》中,土地适宜性是指由土地的水文、地理、地形、地质、生物、人文等特征所决定的土地对特定、持续用途的固有适宜性。土地生态适宜性则是在生态环境问题更加受到重视的今天,人们对土地适宜性分析的一种内涵上的扩展,是指采用对环境有意义的生态特性评价土地对特定用途的适宜性,即这些自然特征可以指示某一区域对于开发影响的脆弱性(如栖息地、资源、美学价值、侵蚀、坡度的稳定性),这些特征也指示了特定区域对于开发的吸引力(如无自然灾害,有良好的土壤基础,有良好渗透性的土壤以作为化粪池系统等)。可以说,土地的生态适宜性评价较传统的适宜性评价更加考虑到土地利用对生态环境影响的方面,采用土地生态适宜性评价方法获得的适宜性评价结果与现实的土地利用结构相比较,更有利于使土地利用向利于生态保护的方法发展。

(二)流程和方法

土地适宜性研究的基本过程都是相同的:目标确定、数据需求分析、数据清单、数据图,将信息结合起来形成综合信息。但是由于信息综合方式不同,也表现出一定的差异,具体有以下几种信息综合方法:

1. Gestalt 方法

Gestalt 方法是一种综合方法,不依赖于特定因子,而是采用航空照片或区位调查,将研究区划分为同质性单元并指明单元对于特定用途的适宜性。该方法认为土地的特性可以描述为其完全形态或总的映象。Douglas Way 开发的地形分析法就是 Gestalt 方法。采用航空照片,Way 识别研究区的地形,采用排泄特征、质地、色调以及航空照片解译的其他参数,将研究区划分为同质性单元。采用经验方法,该过程就设置了这些单元对开发的适宜性。

该方法的缺点是它的含蓄性,完全依赖于感觉、判断和分析者的经验。结果很难解释、验证以及证明。但是该技术简单,采用土地图确定其用途,并能识别开发的基本限制因素。

2. 顺序结合法(ordinal combination method)

顺序结合法包括简单的非权重叠加。特定因子图如坡度图、土壤图、植被图可以分成简单的条件类或值。对于特定的土地利用,一个因子类可能形成问题,也可能提供开发的机会。这些类根据对特定利用的适宜性被赋以等级值,适宜性通过灰度或彩色显示,一般阴影越黑,表示该因子类不适宜于该用途。对于每一个因子,在进行分级后,就可以进行因子图的透明叠加。叠加这些信息后,适宜开发的区就以浅色阴影显示,不适于开发的区以黑色阴影表示。

McHarg 在 20 世纪 60 年代几个著名的土地适宜性研究中推广了该方法,包括 Richmond 公园道路的研究以及 Twin 城大都市区的研究。在 Twin 城大都市区的研究中,McHarg 和他的助手采用地质、坡度和土壤三个因子决定居住用地开发的适宜性。因子值根据这些因子对建筑建造的适宜性排序,非常适宜的确定为高密度开发区,较不适宜的确定为低密度开发区。

在 GIS 引进结合过程以前,手绘叠加技术是非常有用的土地适宜性方法。该方法有两个固有的缺陷:一是将影响土地适宜性的因子结合在一起,并认为这些因子同等重要。事实上,对于特定用途,一个因子常较另一个因子更重要。二是顺序结合法认为单个因子是完全独立的。然而,一些因子是相互影响的,结合起来形成一个大于简单加和的值。如某一坡度、土壤和下伏地质物质一起可以导致严重的坡度稳定性问题,但是将这些因子值的单一影响简单相加不能显示这些限制。

3. 线性结合法(linear combination method)

土地生态适宜性分析的线性结合法旨在通过反映因子相对重要性的权重因子解决顺序结合法的问题。该方法用数来表示因子类的相对适宜性和因子相对于土地利用的相对重要性。通过用因子权重乘以因子值,可以赋给每一个因子相应的分。通过叠加因子图,进行权重因子分的简单相加,就可得到各个不同区的合成数值。数据叠加可以采用手工的方式进行,也可以通过 GIS 进行。手工叠加只能结合有限的因子数,但是基于计算机 GIS 系统的定量化线性结合可以容纳大量的因子。易用性可以保证用不同的权重进行迭代结合以显示分析对权重设置的敏感性。

4. 中介因子结合法(intermediate factor combination method)

线性结合方法虽然很有用,但不解决因子独立性问题。中介因子结合法旨在通过初步结合交互作用的因子(如土壤、地质、坡度)为中介解译图(如坡度稳定性图),然后中介因子图再按照线性结合方法结合起来。

二、土地生态系统服务功能评价

(一)概念

在现实提供的土地条件下,要想做出可持续的土地利用选择,了解土地提供的生态系统服务功能是非常重要的。

土地生态系统服务功能是指土地生态系统通过物流、能流、信息流等生态系统过程,形成和维持人类赖以生存的自然环境条件和效用,包括具体的物质产品(如食物、医药产品、矿物质等)和无形的效用(如生物多样性维持、水循环过程的调节、美丽的风景等)。

(二)类型

土地为人类提供的生态服务功能多种多样,但是要将这些服务功能作为土地利用决策的指标和工具,必须将它们放置在一定的类别当中,才能使建立在这些类别之上的成果具有可比性。目前在土地生态系统服务功能分类方面最有代表性的分类体系,是由世界生态经济研究所的 Costanza 领导的生态经济研究小组所做的分类体系。他们将各种生态系统(包括我们所界定的土地生态系统)的服务功能分为 17 个类型,具体如表 8 - 4 所示。

表 8 – 4 生态系统服务功能类型

编号	生态服务	生态系统的功能	范围
1	大气调解	调节大气化学成分	CO_2/O_2 的平衡、O_3 的紫外线防护、SO_x 的水平
2	气候调节	调节全球温度、降水量及其他全球性或局部性生物介导的气候过程	温室气体调节、影响云层发生的 DMS 的产生
3	扰动调解	生态系统对环境波动反应的启动、衰减和整合	暴雨的防护、洪水的控制、干旱的恢复以及其他由植被结构控制的生态区对环境多样性的反应
4	水调节	调节水流动	为农业过程（如灌溉）或工业过程（如水力）或运输提供水
5	水供应	水储存和水滞留	由森林地带的水集中区、水库、地下蓄水水层供水
6	土壤流失控制和沉淀物保持	将土壤滞留于某个生态系统中	防止因风化、雨水冲刷或其他过程引起土壤流失；湖泊和湿地的淤泥储存
7	土壤形成	土壤的形成过程	岩石的分化和有机物的积累
8	营养物循环	营养物的储存、内部循环、加工和获得	固氮作用；氮、磷和其他营养物的循环
9	水处理	收复流动的营养物，去除或降解多余或异类的营养物或化合物	水处理；污染控制；解毒作用
10	传粉	植物配子的移动	为植物种群的繁殖提供传粉媒介
11	生物控制	种群的营养动态调节	由基本食肉动物控制食肉动物物种；由高级食肉动物调控食草动物
12	躲避拘留区	定居和暂留种群的栖息地	产仔地；迁移物种的栖息地；当地特产动物的区域性栖息地
13	食物生产	基本总生产中的原材料部分	通过捕猎、采集、耕作和捕捞生产鱼、猎物、庄稼和果实
14	原材料	基本总生产中的食品部分	木材、燃料、饲料的生产

续表 8 - 4

编号	生态服务	生态系统的功能	范围
15	遗传资源	独特的生物材料和生物产品的来源	药品、材料科学的产品、抵御植物病原体或庄稼害虫的基因、装饰物种(宠物和园艺学种类的植物)
16	娱乐	提供娱乐活动的机会	生态旅游、钓鱼运动和其他户外娱乐活动
17	文化	为商业用途提供机会	生态系统的美学、艺术、教育、精神和(或)科学价值

(三)评价方法

建立在上述生态服务功能分类体系基础上,目前世界范围内已广泛开展了不同空间尺度、不同生态系统类型的生态系统服务功能研究。如何将这些有形的产品和无形的服务,甚至是同一种生态系统服务功能内部不同计量单位的服务功能结合在一起,生态系统服务功能评价方法体系的建立也至关重要。

目前在土地生态系统服务功能评价体系方面主要有物质量评价体系、能量评价体系以及价值量评价体系。其中物质量评价体系在表达评价结果方面客观、简单明了,但是在综合不同类型的生态系统服务功能方面、计量无形的生态系统服务功能方面无能为力。能量评价体系在综合不同类型生态系统服务功能方面较物质量评价体系方面具有优势,但是在一些生态服务功能方面的表达也无能为力。价值量评价体系是目前在土地生态系统服务功能方面最常用的评价体系,具有表达和综合不同生态系统服务功能的能力,且表达结果易为人们所接受。

当前价值量体系已突破传统的劳动价值理论,认为生态系统服务功能也是有价值的,它们的价值来自市场价值、影子价格、机会价值等。建立在上述价值理论基础上,以 Pearce、McNeely 和 Turner 等的自然资本价值分类研究为基础,形成了当前最为人们接受的生态系统服务功能价值分类评估体系。即总体生态系统服务价值由利用价值和非利用价值构成。利用价值包括直接利用价值(直接实物价值和直接服务价值)、间接利用价值和选择价值(即潜在利用价值);非利用价值包括遗产价值和存在价值。

三、土地生态退化评价

(一)土地荒漠化评价

联合国在《联合国关于在发生严重干旱和/或荒漠化的国家特别是在非洲防治

荒漠化的公约》中将荒漠化定义为"包括气候变异和人类活动在内的种种因素造成的干旱、半干旱和亚湿润干旱地区的土地退化"。土地沙质荒漠化是指在干旱多风沙质的地表情况下,高强度的人类活动破坏了本来就很脆弱的生态平衡,造成地表出现了以风沙活动为主要标志的土地退化。

1. 荒漠化评价的指标

荒漠化过程中必然出现荒漠化面积占主导和不断扩大的特征。随着荒漠化的发展,土地滋生潜力(包括土壤质地和肥力、水分条件)、植被结构和覆盖度、生物生产量、生态系统的能量转化效率都会有较明显的变化。因此,综合荒漠化发展过程中的各种物理、生物学甚至化学现象,才能对荒漠化做出全面的、综合的判断。

风蚀荒漠化是我国西北干旱区主要生态问题之一。根据朱震达先生的多年研究成果,荒漠化发展程度指标有荒漠化土地每年扩大率、流沙占区域面积的百分比、荒漠化土地景观的形态组合特征及配置比例。风蚀荒漠化的生态学监测指标主要有植被覆盖度、土地滋生潜力、农田系统的能量产投比、生物生产量。其中植被覆盖度按投影估算,并以当地原生景观的植被覆盖度为100%。土地滋生潜力通过水分效率(蒸腾系数)推算出区域单位面积的可能生产量,并以其为100%计。农田系统的能量产投比为耕种收获全过程所花费的各种有机能和无机能总量与产出能之比。我国干草原农牧交错区旱作农田推算的可能产量为$1.5 \sim 2.0$ t/hm²,旱作农田的能量产投比约为2.0。

2. 荒漠化发展程度等级标准

荒漠化程度一般分四个等级:潜在荒漠化土地、正在发展中的荒漠化土地、强烈发展中的荒漠化土地、严重荒漠化土地。对应于各荒漠化程度等级的荒漠化程度指标和生态学指标见表8-5和表8-6。

表8-5 荒漠化发展程度指标等级值

荒漠化程度	荒漠化土地年扩大率/%	流沙占区域面积百分比/%	形态组合特征及配置比例
潜在荒漠化土地	≤0.25	≤5	大部分土地尚未出现荒漠化,偶见有流沙点
正在发展中的荒漠化土地	0.26~1.0	6~25	片状流沙、吹扬灌丛沙堆及风蚀相结合
强烈发展中的荒漠化土地	1.1~2.0	26~50	流沙呈大面积分布,灌丛沙堆密集,吹扬强烈
严重荒漠化土地	≥2.1	≥51	密集的流动沙丘占绝对优势

表 8-6 荒漠化程度的生态学指标等级值

荒漠化程度	植被覆盖度/%	土地滋生力/%	农田系统的能量产投比/%	生物生产量 [t/(hm² · a)]
潜在荒漠化土地	≥60	≥80	≥80	3～4.5
正在发展中的荒漠化土地	30～59	50～79	60～79	1.5～2.9
强烈发展中的荒漠化土地	10～29	20～49	30～59	1.0～1.4
严重荒漠化土地	0～9	0～19	0～29	0～0.9

根据以上荒漠化指标和等级值,可以有效地判断区域荒漠化程度,从而为荒漠化的预防和治理提供基础依据。

(二)土壤侵蚀评价

土壤侵蚀是指侵蚀量超过成土速度或土壤的生成能力降低,即超过了以永续利用的准则所能允许的侵蚀速度。以水为主要侵蚀力的称为水土流失。

由于土地的不合理利用造成的水土流失,会造成流失地土壤质量下降,水分短缺,同时会引起下游河湖淤积,并且对于流失地的土壤的恢复也是非常困难的:一般在热带和温带农业条件下,形成 2.5 cm 厚的表土或 340 t/hm² 的表土需要 200～1000 年的时间,其更新速度相当于 0.3～2 t/(hm² · a),而对于中国中西部干旱地区和北方寒温带地区来讲,这个更新速度要小于 0.3 t/(hm² · a),即形成 2.5 cm 厚的表土需要 1000 年以上的时间。据测试,耕地土壤损失幅度一般为 10～100 t/(hm² · a),中国耕地土壤损失平均约为 43 t/(hm² · a)。黄河流域土壤损失平均为 100 t/(hm² · a),这个平均损失在我国南方需要 5 年以上的时间才能恢复,在干旱地区则要 33 年以上时间才能恢复。

水土流失的计算一般采用类比法,也可以按水土流失通用方程计算。水土流失的测定方法很多,如野外进行坡面、沟道典型地区侵蚀量调查,利用小型水库和坑塘的多年淤积量进行推算。倘若能获得下游水文站的输沙量资料,则由淤积量和输沙量之和可计算出上游小流域面积的侵蚀量;一般可根据水土保持试验站实测坡沟泥径流资料进行分析和采用通用水土流失方程式进行计算。

水土流失通用方程式为

$$A = R \times K \times L \times S \times C \times P$$

式中:A——单位面积上的土壤流失量(t/hm²);

R——降雨因子;

K——土壤可蚀性因子；

L——坡长因子；

S——坡度因子；

C——作物管理因子；

P——土壤保持措施因子(如梯田耕作、等高带状耕作)。

(三)土地次生盐渍化评价

土壤盐渍化是指干旱、半干旱、亚湿润干旱区由于旱地灌溉而形成的土壤次生盐渍化。

我国土地盐渍化主要发生在干旱、半干旱地区和半湿润地区。次生盐渍化主要发生在灌区，由于水库、渠道、稻田渗漏使周围地下水位升高至临界深度以上，大量地面蒸发积盐，使土地发生次生盐渍化。随着我国经济的进一步发展，越来越多的地区具备发展灌溉的条件，由不合理灌溉引发的次生盐渍化也具有扩展的可能，因此进行土地盐渍化的评价对于及时防治次生盐渍化具有重要意义。

次生盐渍化评价指标：土地盐渍化敏感性评价可根据地下水位划分敏感区域，再采用蒸发量、降雨量、地下水矿化度与地形等因素划分敏感性等级，也可用土壤含盐量评价土壤盐渍化程度。

土地次生盐渍化评价等级标准如表 8-7 所示。

表 8-7　土壤盐渍化分级指标

类型		轻度	中度	强度	盐土
作物生长情况含盐量(%)		稍有抑制	中等抑制	严重抑制	死亡
东北		$0\sim50cm$ (SO_4^{2-})	$0.3\sim0.5$	$0.5\sim0.7$	$0.7\sim1.2$
华东	表土层(全盐量)	<0.2	$0.2\sim0.4$	$0.4\sim0.8$	
	100cm 土体(全盐量)	<0.1	$0.1\sim0.3$	$0.3\sim0.5$	
华北		$0\sim20cm$ (Cl^-、SO_4^{2-})	$0.15\sim0.25$	$0.25\sim0.40$	$0.40\sim0.60$
西北	$0\sim30cm$(SO_4^{2-})	$0.4\sim0.8$	$0.8\sim1.2$	$1.2\sim2.0>2.0$	>2.0
	$0\sim100cm$(SO_4^{2-})	$0.3\sim0.6$	$0.6\sim1.0$	$1.0\sim1.5$	>1.5

(四)土地污染评价

土地污染主要由人类干扰引起。按照土地组成要素，土地污染包括大气污染、水污染和土壤污染等；按照污染物类型，土地污染包括重金属污染、有机污染和放射性物质污染等。土地污染重点研究土地污染的类型、程度及其影响。土地污染是土地质量的重要方面，被世界银行等国际组织列入土地质量指标项目中加以研究。世界各国如美国和英国等都开展了污染土地的评价与修复工作。美国国会在1980年通过的《环境应对、赔偿和责任综合法》中就提出棕色土地的概念，棕色土地主要指被污染的土地。几十年来，棕色地块的清洁、利用与再开发问题越来越受到各国政府以及企业和民间非营利组织的极大关注。英国政府则从1970年就开始关注"棕色土地"问题。20世纪80年代，其又最先提出土壤污染物浓度限值。1992年，为适应"棕色土地"再开发利用的风险评价要求，英国环境部门开始了污染土地健康风险评价技术规范构架研究。经过近10年的研究与实践，于2002年3月由英国环境保护局出版了一系列关于污染土地健康风险评价报告，旨在提供统一的风险评价方法，以便于快速鉴定对人体健康具有风险性的污染场地。同时英国还发布了包括 As、苯并芘、Cd、Cr、无机氯、Pb、Hg、Ni、酚、硒、苯、二恶英、呋喃、多氯联苯、甲苯、1,1,2,2-四氯乙烷、乙苯、氯乙烯、萘、1,2-二氯乙烷、四氯乙烷、三氯乙烷、1,1,1-三氯乙烷等25个污染物的健康基准值（HCV）。这些健康基准值主要用于推算土壤中污染物指导限值（SGV）及特定场地的健康风险评价。其中土壤污染物指导限值主要表现"污染物浓度与引起人体健康与环境危害的风险性之间的关系"，在土地再开发过程中，成为评价土壤中污染物的暴露造成健康风险的工具，表示土壤中污染物的控制限制：当土壤中污染物浓度高于 SGV 值时，场地使用者即可能产生不可接受的健康风险，该场地要求进行修复。英国的污染土地风险评价采用污染场地暴露评价模型。该模型的参数包括污染物、污染物的物理化学性质和毒理学数据、土地用途、建筑物类型、土壤类型等；模型的输出为土壤污染物指导限值。对照土地用途，对于污染物超过 SGV 值的场地，则要求进行调查与修复。

　　我国土地污染评价主要以土地组成各要素的环境质量标准为基础，具体采用单个环境要素单个污染物评价、单要素环境质量指数评价和区域土地污染综合评价三种方法。

1. 单个要素单个污染物评价

　　单个要素单个污染物评价常采用污染物的环境质量指数表示，即污染物在环境中的监测值与标准值的比。

$$P_i = \frac{C_i}{C_{i0}}$$

式中：P_i——i 污染物的环境质量指数；

　　　　C_i——i 污染物的监测值；

　　　　C_{i0}——i 污染物的环境质量标准值。

2. 单要素环境质量指数评价

　　该种土地污染评价依据的是单一土地环境要素中多个污染物的环境质量指

数。根据多个污染物环境质量指数综合方法的不同,分为指数和法和指数的算术平均值法。

(1)指数和法。土地污染指数是单一土地环境要素中各种污染物环境质量指数之和,即

$$P_n = \sum_{i=1}^{n} P_i$$

P_n的物理意义是该环境要素中污染物浓度超过环境质量标准倍数的总和,反映环境要素污染程度的总量。

(2)指数的算术平均值法。土地污染指数是单一土地环境中各种污染物的环境质量指数的算术平均值,即

$$P_b = \frac{1}{n} \sum_{i=1}^{n} P_i$$

P_b反映的是该环境要素中污染物浓度超过环境质量标准倍数的平均值。

3. 土地污染综合评价

土地是由多要素组成的,土地污染是多要素多污染物超出环境质量标准的综合反映,可以用两种描述方法:

(1)加权和法。根据评价区的各环境要素的不同功能或人体对环境质量的要求,赋予各要素不同的权重(W)后叠加,即

$$P_z = \sum_{j=1}^{n} W_j P_{nj}$$

(2)内梅罗指数法。为了突出起重要作用的环境要素的影响,可按内梅罗指数法计算综合环境质量指数,即

$$P_x = \sqrt{\frac{(\max P_{nj})^2 + (\overline{P}_{nj})^2}{2}}$$

四、土地生态风险评价

(一)概念

国际上把土地利用/土地覆盖变化(LUCC)的环境效应研究作为重要内容。LUCC 的环境影响效应可以分为正效应和负效应两个方面。土地生态风险是指环境负效应发生的可能性及其发生后将会造成的损害。土地生态安全则是指环境正效应发生的可能性以及发生后带来的生态系统良性发展特征。由于 LUCC 研究项目是在生态环境问题成为全球关注的焦点的时候设立的,因此常以 LUCC 的环境负效应作为研究的首要内容、主体内容;而 LUCC 的环境正效应则是在生态环境修复阶段需要的,用于根据该安全格局设计可持续的土地利用或者用于验证环

境负面影响修复的效果。因此土地生态风险和土地生态安全是 LUCC 的环境效应研究的两个方面,是一个事物的两个阶段。对于二者的研究理论与方法则是相似的。因此,此处通过介绍土地生态风险评价的理论与方法来反映土地利用环境影响评价的理论与方法。

土地利用是指人类通过特定的行为,以土地作为劳动对象或手段,利用土地特性来满足自身需要的过程,是人类与土地进行物质、能量和信息交流与转换的过程。生态风险指一个种群、生态系统或整个景观的正常功能受到外界胁迫,从而使系统健康、生产力、遗传结构、经济价值和美学价值减小的一种状况。因此,土地生态风险是指土地的开发利用整治或保护过程中,由于对系统认识不充分,导致土地及与之关联的系统结构异常,物流、能流、信息流等受阻,使生态环境恶化,并最终波及人类自身利益。通常的土地生态风险包括泥石流发生、水土流失、区域性降雨减少、山体滑坡、人居环境恶化、气候异常变化、疾病流行、生物多样性丧失、森林覆盖率减少、耕地质量下降等。

(二)类型

根据土地生态风险评价的动机,可将评价分为三种形式:源驱动评价、效应驱动评价和暴露驱动评价。

1. 源驱动评价的特征

已知风险源,但暴露和响应都未知。如针对土地污染的土地利用生态风险评价即属于此类,这就要通过毒理学等原理进行推测评价。目的在于确定治理的迫切性和优先性。此外填埋场土地利用的生态风险评价、陡坡耕作等不合理耕作方式的土地利用生态风险评价、杀虫剂使用土地利用生态风险评价、污水灌溉土地利用生态风险评价都属于此种。

2. 效应驱动评价的特征

现场已观察到效应,但暴露的范围和风险源都处于未知状态。如针对湖泊富营养化而进行的土地利用生态风险评价即属于此种。目的是要寻找风险源及暴露的范围,以利于找准治理的关键措施并确定治理规模。

3. 暴露驱动评价的特征

风险源是未知的,但已观察到异常的暴露,效应尚不能确定。如针对全球气温升高、水体污染等现象进行的土地利用生态风险评价即属于此类。目的是要寻找这些生态环境现象的根源以及可能造成的危害,以便确定是否需要治理并寻找治理的关键措施。

对于土地利用生态风险评价更迫切和更关心的是前两类评价,即源驱动的土地利用生态风险评价和效应驱动的生态风险评价。如对于一些已知风险的开发项目的布局就要做好源驱动的土地利用生态风险评价,以便确定影响大小和可能采取的预防和治理措施。

对于生态环境脆弱地区的土地利用开发活动,则要求土地利用开发活动不至于加重该区域的生态环境问题,对于此类评价需要采用效应驱动的土地利用生态风险评价,以确定这种土地利用是进行还是不进行。对于暴露驱动的生态风险评价则更多的是属于战略上的土地利用环境影响评价范畴。

(三)方法

1. 列表法

列表法就是与特定工程类型相关的影响范围的标准列表。对于特定类型的工程项目都有大量的列表。MERES 系统就是美国能源部一个用于计算污染输出的系统,能够进行影响识别和数据汇总。列表法的优点是能够系统考虑影响范围,并进行影响的简明汇总;缺点是太普通,不完善,不能说明影响之间的交互作用。

2. 矩阵法

列表法通过在第二个轴上列出与工程有关的行为范围,就可以扩展为二维矩阵。Leopold 矩阵和要素交互矩阵(component interaction matrix)都属于此类。正如列表法,Leopold 矩阵也有一些缺陷,因为它只是不同行为的列表。该方法很费时,结果很难快速概念化。

对于 Leopold 矩阵,也有大量改进。如 Ross 于 1976 年根据每一个因子对生物生产力影响的重要性大小为因子赋专家权重值。但具体采用什么样的改进方法,需要根据行为和影响列表的详细程度、采用什么标准计量影响(数量大小、重要性值、持续时间、发生的概率、削减的可行性)、计量在什么尺度上进行,最终表达影响严重性。

3. 网络分析法

对于系统要素交互作用矩阵的可替代方法是 Sorensen 网络,它可以说明行为对环境次要的和后续的影响。

网络分析法的优点是它可以追踪初始行为的高阶影响,事实上,削减和控制措施也可以得到说明。在网络分析过程中遇到的问题是许多高阶影响可能是推断的,实际上不可能发生。获得影响发生概率的可靠性数据也很难,因而很难根据信息进行决策,进一步也很难确保应用真实的间隔值和比例值计量大小和重要性。因为综合重要性指标值途径会模糊化组成数据中的重要不确定性。

(四)步骤

土地生态风险评价的步骤主要包括:问题的形成、分析过程、风险特征以及风险管理。严格来说,最后一个步骤不属于土地生态风险评价范畴,只是土地生态风险评价的归宿。

1. 问题的形成

问题的形成是确定土地生态风险评价的目的和范围的过程。土地利用生态风险评价是适应生态环境保护的需要而设立的。因此,土地利用的生态风险评价是有一定目的性的。当然,具体目的是什么必然会根据研究区的自然环境特点以及土地利用特征来确定。如果将土地利用作为风险源,则土地利用产生的风险响应实体就是终点。这一终点选择需要满足以下几个方面的条件:①该终点是受到社会关注的,即所选择的评价终点是决策者及公众所关心并认为有价值的问题;②具有生物学重要性;③具有实际测定的可行性。具体土地利用生态风险评价中典型的终点有:过量施肥引发的土地退化;森林砍伐引起的生物多样性丧失或水土流失等。

2. 分析过程

分析过程重点是进行土地利用活动(源)与终点之间关系的分析,最终建立源与终点之间的关系模型。具体分析过程包括三个方面的内容:

(1)对土地利用特征进行评价,即风险源评价(exposure assessment)重点是评价能够引发生态风险的土地利用特征。如农药的使用活动重点是分析农药的浓度及其在环境中的时空分布和农药在不同媒介中运转、分解、吸附等以及在不同媒介中的分割过程。

(2)进行生态效应评价(effect assessment),即定量地确定某种土地利用活动而引起的生态效应的强度及频度的过程。

(3)模型的建立。

3. 风险特征

风险特征化是分析步骤中的两部分内容,即风险源评价和效应评价综合起来,总结土地利用导致生态危机的过程。风险特征化具体包括:①总结对风险源评价的结果。②风险定量化。若风险由多个组分组成,则首先包括每一组成对研究对象的风险定量化。综合各种风险源对同一研究对象的风险,即总的效应风险。③对生态评价中的不确定性进行评价。④明确风险评价结果,提出风险管理建议。

4. 风险管理

风险管理是根据生态风险评价的结果采取相应的对策和行为。通常管理者需要考虑如何在不影响其他社会价值的情况下减小这种风险。风险管理虽然不属于生态风险评价的范围,但是却是生态评价得以实现的过程,是风险评价的归宿。

在风险管理过程中,管理者要决定这种风险可否接受,还是需要减少或阻止;要考虑最可能的生态效应和分布以及最严重的效应。在最终决定这种风险可否接受时,决策者除了考虑来自生态风险评价的结果外,还需要考虑社会、法律、技术及经济等方面的因素。

复习思考题

1. 简述土地资源生态管理的概念、原则、目标、内容和基本手段。
2. 如何测算土地的生态承载力？
3. 什么是生态平衡？如何实现生态平衡？
4. 阐述土地生态适宜性评价的概念、基本方法、流程。
5. 土地生态系统服务功能评价的基本方法是什么？
6. 试述土地生态退化的主要类型及评价方法。
7. 阐述土地生态风险评价的概念及主要类型、基本方法、流程。

第九章　永久基本农田管理

一、耕地保护管理的内容

(一)我国耕地资源的现状

耕地在地理学上是指可以用来种植农作物的土地。它是由自然土壤发育而成的,但并非任何土壤都可以发育成为耕地。耕地是土地资源中最重要的部分。能够形成耕地的土地需要具备可供农作物生长、发育、成熟的自然环境,并满足一定的自然条件;第一,地形必须足够平坦,或者在坡度较大的条件下,能够修筑梯田,而又不至于引起水土流失,一般超过 25°以上的陡地不宜发展成耕地;第二,必须有足够深厚的土壤以储藏水分和养分,为农作物的根系生长和发育提供保障;第三,必须有适宜的温度和水分,以保证农作物生长发育成熟对热量和水量的要求;第四,必须具备一定的抗拒自然灾害能力;第五,必须达到在选择种植最佳农作物后,所获得的劳动产品收益,能够大于劳动投入,取得一定的经济效益。具备上述条件的土地经过人们的劳动可以发展成为耕地。

耕地资源指经过人们的劳动,能够种植农作物的田地。它包括:当年实际耕种的熟地;新开荒且已种植的地;"沿海""沿湖"地区已围垦利用三年以上的"海涂""湖田";弃耕、休闲不满三年,随时可以复耕的地;因灾害或其他因素,虽然当年内未种植农作物但仍可复耕的地;以种植农作物为主,附带种植桑树、果树和其他林的地;年年进行耕耘种草的地。它不包括:因灾害或其他因素,已不能复耕的地;弃耕、休闲满三年的地,或者虽不满三年,但已经成为荒地的土地;不进行耕耘,净地种植牧草已成为永久性草地的土地;专业性的桑园、茶园、果园、果木苗圃林地、芦苇地、天然草场等;以混凝土等铺设的温室、玻璃室,导致栽培的植物体与地面隔绝的基地。

根据耕地的性质,耕地资源又可以分为常用耕地和临时性耕地。常用耕地是指专门种植农作物并经常进行耕种、能够正常收获的土地,包括土地条件较好的基本农田,以及虽然土地条件较差,但能正常收获且不破坏生态环境的可用耕地。常用耕地作为我国基本的、宝贵的土地资源,受到《土地管理法》严格保护,未经批准,任何个人和单位都不得占用。临时性耕地又称"帮忙田",指在常用耕地以外临时开垦的用来种植农作物,不能正常收获的土地。临时性耕地包括临时种植农作物的坡度在 25°以上的陡坡地,在河套、湖畔、库区临时开发种植农作物的土地,以及在废旧矿区等地方临时开垦种植农作物的成片或零星土地。根据《中华人民共和国水土保持法》第二十条规定,禁止在 25°以上陡坡开垦种植农作物,省、自治区、直辖市根据本行政区域的实际情况,可以规定小于 25°的开垦坡度。因此,25°以上坡地正在从临时性耕地中退出。

根据耕地的自然条件和社会生产条件,耕地资源可分为水田、水浇地和旱地三类。水田是指用于种植水稻、莲藕等水生农作物的耕地,包括实行水生、旱生农作物轮种的耕地;水浇地是指有水源保证和灌溉设施,一般可以正常灌溉,种植旱生农作物的耕地,包括种植蔬菜等作物非工厂化的大棚用地;旱地是指无灌溉设施,主要靠天然降水种植旱生农作物的耕地,包括没有灌溉设施,仅靠引洪淤灌的耕地。

根据耕地的利用情况,耕地资源可分为当年实际利用的耕地和当年闲置、弃耕的耕地。当年实际利用的耕地是指当年种植农作物的耕地;当年闲置、弃耕的耕地指由于种种原因,当年未能种植农作物的耕地,包括轮歇地、休耕地以及因干旱、洪涝及其他自然和经济原因农民未能种植农作物的耕地。

中国的陆地面积约 960 万平方千米,在世界上继俄罗斯、加拿大之后居第三位。中国的土地资源中耕地大约占世界总耕地的 7%。虽然中国耕地资源总量大,但存在着人均量少、分布不均、质量不佳、利用困难等特点。第二次全国土地调查显示,我国耕地面积虽依然有所增加,但粮食生产的实有耕地面积并未增长,粮食安全和耕地保护的形势依然严峻,耕地保护工作依然不能放松。中国的耕地资源具有以下特点:

1. 人均耕地面积小

我国虽然耕地面积总数较大,但人均占有耕地的面积相对较小,只有世界人均耕地面积的 1/4。

1995 年,人均耕地面积大于 0.13 公顷的省、自治区主要集中于我国的东北、西北地区,但这些地区水热条件较差,耕地生产水平低。相对自然和生产条件好的地区如上海、北京、天津、湖南、浙江、广东和福建等人均耕地面积小于 0.07 公顷,有些地区如上海、北京、广东和福建等甚至低于联合国粮农组织提出的人均 0.05 公顷的最低界限。该组织认为低于此限,即使拥有现代化的技术条件,也难以保障粮食自给。

2009—2014 年国土资源公报显示,我国耕地面积在这 5 年间整体呈现下降的趋势。2014 年底,全国耕地 20.26 亿亩,人均耕地面积 1.35 亩,远低于世界人均耕地平均水平(4.8 亩)。2017 年底我国耕地面积达 1.34863 亿公顷(20.23 亿亩)。我国坚持最严格的耕地保护制度,坚守耕地红线,划定永久基本农田 15.5 亿亩并实行特殊保护,大力推进土地综合整治并建成高标准农田 4.8 亿亩,促进耕地数量、质量、生态"三位一体"保护新格局的形成。

2. 分布不均匀

综合气候、生物、土壤、地形和水文等因素，从全国耕地的分布来看，主要分布在黄淮海、东北、长江中下游以及西南地区。其中黄淮海地区内 3/4 土地为平原，土层深厚，几乎所有土地都可以开垦，土地面积只占全国的 4.6%，但耕地面积却占全国的 18.9%；东北地区由于地势平坦，土壤条件好，土地面积占全国的 9.9%，但耕地面积达到全国的 18.3%；长江中下游地区水土资源条件优越，是有名的鱼米之乡，土地占全国的 10.6%，耕地面积占全国的 18.1%；西南地区地处亚热带，水热条件好，是以山地丘陵占优势的重要农林基地，土地占全国的 10.1%，耕地占全国的 16.0%。由上可以看出，这四个地区耕地总面积占全国耕地总面积的比例达到 71.3%，但其土地总面积占全国的比例仅 35.2%，其他地区虽面积广阔，但耕地面积占比不足 30%，耕地分布不均情况明显。

3. 耕地质量不佳

我国耕地总体质量普遍较差。第二次全国土地调查的耕地质量监测结果显示，全国优等地面积为 385.24 万公顷，占全国耕地评定总面积的 2.9%；高等地面积为 3586.22 万公顷，占全国耕地评定总面积的 26.5%；中等地面积为 7149.32 万公顷，占全国耕地评定总面积的 52.9%；低等地面积为 2386.47 万公顷，占全国耕地评定总面积的 17.7%，具体如图 9-1 所示。中、低等耕地面积占耕地评定总面积的 70.6%，耕地质量总体偏低。这表明我国耕地生产能力不足，大部分耕地在气候条件、地形状况、土壤状况、农田基础设施条件以及土地利用水平等方面存在障碍。

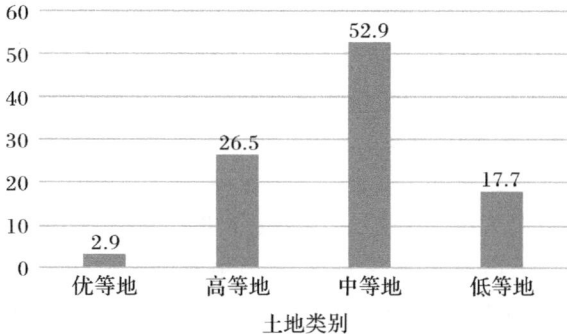

图 9-1　全国耕地质量各等别面积所占比例情况（单位：%）

我国山区、丘陵区耕地耕作条件差。我国山区、丘陵区面积大，平原仅占国土面积的 12%。山区、丘陵区地形坡度大，土层薄，灌溉不便，耕作条件差。根据第二次全国土地调查数据，全国 15°以上坡耕地占耕地面积的 12%，坡耕地普遍存在水土流失严重、粮食产量低且不稳定等问题。全国大于 15°的坡耕地主要分布在贵州、云南、陕西、四川和甘肃等省，这些省耕地面积占全国的 23%，而粮食产量只占全国的 9%。

耕地中各种障碍因素较多。据统计,在全国耕地中,耕地基础地力较高、基本不存在障碍因素、有灌溉设施的耕地只占全国耕地的 27.3%,而耕地中存在各种各样障碍因素的占 72.7%,主要障碍因素有渍涝、干旱、缺水、风沙、盐碱、水土流失等,由于耕地受障碍因素的制约,严重影响农业生产水平的提高。

(二)耕地保护的重要性及存在的主要问题

耕地保护是指运用法律、行政、经济、技术等手段和措施,对耕地的数量和质量进行保护。耕地保护是关系我国经济和社会可持续发展的全局性战略问题。鉴于耕地资源的现状,在不影响经济发展的前提下,我国实行严格的耕地保护政策。"十分珍惜、合理利用土地和切实保护耕地"是我国必须长期坚持的一项基本国策。

1. 我国耕地保护的重要性

坚持十八亿亩耕地保护具有非常重要的意义:

(1)确保粮食安全需要实行最严格的耕地保护制度。耕地作为一种不可再生的重要资源,是农业、工业以及服务业发展的基础,直接关系到国家的安全和发展。此外,确保粮食安全,也必须要保障有足够数量和质量的耕地,这是铺设粮食安全之路的第一块巨大基石。粮食是人们生存的必需品,同时是很多工业产品的原料。粮食又是国家的战略物资,没有粮食就谈不上国家的稳定,农业稳,则社会稳。确保我国粮食生产 95% 的自足自给是一切经济工作的首位。而保持 18 亿亩耕地对保证粮食安全起着决定性作用。

(2)严峻的形势决定了我国必须实行最严格的耕地保护制度。我国人口多,耕地少,负担重。人均耕地 0.1 公顷,而世界人均耕地 0.37 公顷,不及世界 1/3。发达国家 1 公顷耕地负担 1.8 人,发展中国家负担 4 人,中国则负担 8 人,其压力可见一斑。尽管我国已解决了世界 1/5 人口的温饱问题,但随着人民生活质量水平的提高,对粮食生产需求也在不断提高。近年来,我国人口的出生率和自然增长率明显下降,但由于我国人口基数大,人增地减的趋势在短期内依然难以得到逆转。而土地作为民生之本、财富之母、发展之基,严格管理土地,切实保护耕地依然是确保经济社会可持续发展的必然选择。2015 年,习近平总书记对耕地保护工作作出重要指示。他强调,耕地是我国最为宝贵的资源。我国人多地少的基本国情,决定了我们必须把关系十几亿人吃饭大事的耕地保护好,要实行最严格的耕地保护制度,绝不能有闪失。

(3)经济社会发展需要实行最严格的耕地保护制度。经过 40 多年的改革开放,我国城镇化、工业化快速推进,让更多的人从农业中解放出来,从事第二、第三产业。每年我国批准农用地转为建设用地约有 500 万亩。

(4)解决农民的根本问题需要实行最严格的耕地保护制度。我国是农业大国,

8亿农民中相当部分仍以耕作农地为生。如果不顾农民长远生计,不严格保护耕地,大量占用耕地进行非农建设,将导致大量农民失地失业,给农村社会稳定埋下隐患。因此,保护耕地对农村乃至全社会稳定具有至关重要的作用。

2. 我国耕地保护方面存在的问题

在我国实行耕地保护具有非常重要的意义,然而当前我国耕地保护仍存在一些问题:

(1)建设占用大量耕地。

①农民建房占用。农村经济的发展,农民收入不断增加,引发了富裕农民投资修房盖房的热潮。近些年,农村宅基地用地增长很快,占用耕地的比例居高不下,尤其各地掀起了建房热,相互攀比占好地、建新房,但是由于缺乏统一的建设规划及政府有效引导,农民建房选址多围绕村庄周边及道路扩展,导致大量良田被占。以山西省为例,2011年山西省人均农村居民点用地为302.07米^2/人,2014年则增加到331.79米^2/人,远高于国家规定的150米^2/人的高限标准。

②基础设施建设占用。国民经济的加速发展,导致基础设施建设加快,省级以上交通、水利、能源等重点工程项目占用耕地是建设占用耕地的主要方面。基础设施建设不仅是占用耕地的大户,也是补充耕地的难点。由于这类项目占地量大,特别是占用耕地量大,耕地开垦费往往不易落实。因此,随着基础设施建设用地需求量增加,经济建设与保护耕地之间的矛盾也日益突出。

③城市无限制外延扩展占用。随着城市化进程的不断加快,城市"摊大饼"式的急剧外延扩张和过度分散的小城镇遍地开花现象普遍存在,而且城市用地的外延性扩张侵占近郊区优质耕地。同时一些城市大量开发建设市政工程,如修建大广场、工业园、政府办公大楼、开发区以及大学城等,这些都直接导致了大量的优质耕地被不合理占用。自1996年到2012年,我国的城市建设用地面积平均每年增加超过1万平方千米,从1996年的21万多平方千米增加到了2012年的将近40万平方千米,并且近一半为耕地,这对我国的耕地保护战略提出了严峻考验。

(2)生态退耕和农业结构调整占用大量耕地。

中国是生态系统脆弱的国家,特别是自20世纪末期以来,生态系统呈现急剧恶化的趋势,在这种生态压力下,国家出于可持续发展的考虑,决定实行生态退耕的重大战略。根据第二次全国土地调查数据显示,全国有564.9万公顷(8474万亩)耕地位于东北、西北地区的林区、草原以及河流湖泊最高洪水位控制线范围内,还有431.4万公顷(6471万亩)耕地位于25°以上陡坡。从生态安全的角度看,这些耕地中,有相当部分需要退耕还林、还草、还湿。生态退耕的持续开展无疑使大量耕地退出粮食生产的舞台,从而给耕地保护带来了巨大的压力。

我国自加入WTO后,农业首当其冲受到冲击,要通过农业内部种植结构调整来实现农业的持续稳定发展,当前有的省份农业结构调整已占耕地减少量的50%

左右,在进行农业结构调整过程中存在片面性和盲目性的问题,这种不规范的农业生产结构调整,给实现耕地保护目标带来难度。

(3)耕地退化。

我国土地荒漠化、水土流失、耕地沙化、盐碱化、土地污染等现象广泛存在,使我国耕地退化、品质下降、数量减少。据统计,受荒漠化影响,我国干旱、半干旱地区的耕地中40%有不同程度的退化,有30%左右的耕地遭受到不同程度的水土流失危害。

(三)耕地保护管理的内容

1. 耕地保护制度

根据《土地管理法》《中华人民共和国土地管理法实施条例》《基本农田保护条例》等法律、法规,当前法律规定的耕地保护制度主要有以下几个方面:

(1)土地用途管制制度。《土地管理法》第四条第一款规定:"国家实行土地用途管制制度。"该条第二款规定:"国家编制土地利用总体规划,规定土地用途,将土地分为农用地、建设用地和未利用地。严格限制农用地转为建设用地,控制建设用地总量,对耕地实行特殊保护。"

(2)耕地总量动态平衡制度。《土地管理法》第三十二条规定:"省、自治区、直辖市人民政府应当严格执行土地利用总体规划和年度土地利用计划,采取措施,确保本行政区域内耕地总量不减少、质量不降低。耕地总量减少的,由国务院责令在规定期限内组织开垦与所减少耕地的数量与质量相当的耕地;耕地质量降低的,由国务院责令在规定期限内组织整治。新开垦和整治的耕地由国务院自然资源主管部门会同农业农村主管部门验收。个别省、直辖市确因土地后备资源匮乏,新增建设用地后,新开垦耕地的数量不足以补偿所占用耕地的数量的,必须报经国务院批准减免本行政区域内开垦耕地的数量,易地开垦数量和质量相当的耕地。"

(3)耕地占补平衡制度。《土地管理法》第三十条第二款规定:"国家实行占用耕地补偿制度。非农业建设经批准占用耕地的,按照"占多少,垦多少"的原则,由占用耕地的单位负责开垦与所占用耕地的数量和质量相当的耕地;没有条件开垦或者开垦的耕地不符合要求的,应当按照省、自治区、直辖市的规定缴纳耕地开垦费,专款用于开垦新的耕地。"

(4)耕地保护目标责任制度。按照《基本农田保护条例》关于"县级以上地方各级人民政府应当将基本农田保护工作纳入国民经济和社会发展计划,作为政府领导任期目标责任制的一项内容,并由上级人民政府监督实施"的规定,各级政府应当建立以基本农田保护和耕地总量动态平衡为主要内容的耕地保护目标责任制,每年进行考核。

(5)基本农田保护制度。《土地管理法》第三十三条规定:"国家实行基本农田保护制度。"基本农田保护制度包括基本农田保护责任制度、基本农田保护区用途管制制度、占用基本农田严格审批与占补平衡制度、基本农田质量保护制度、基本农田环境保护制度、基本农田保护监督检查制度等。

（6）农用地转用审批制度。《土地管理法》第四十四条规定："建设占用土地，涉及农用地转为建设用地的，应当办理农用地转用审批手续。永久基本农田转为建设用地的，由国务院批准。在土地利用总体规划确定的城市和村庄、集镇建设用地规模范围内，为实施该规划而将永久基本农田以外的农用地转为建设用地的，按土地利用年度计划分批次按照国务院规定由原批准土地利用总体规划的机关或者其授权的机关批准。在已批准的农用地转用范围内，具体建设项目用地可以由市、县人民政府批准。在土地利用总体规划确定的城市和村庄、集镇建设用地规模范围外，将永久基本农田以外的农用地转为建设用地的，由国务院或者国务院授权的省、自治区、直辖市人民政府批准。"

（7）土地开发整理复垦制度。《土地管理法》第三十九条规定："国家鼓励单位和个人按照土地利用总体规划，在保护和改善生态环境、防止水土流失和土地荒漠化的前提下，开发未利用的土地；适宜开发为农用地的，应当优先开发成农用地。"第四十二条规定："国家鼓励土地整理。县、乡（镇）人民政府应当组织农村集体经济组织，按照土地利用总体规划，对田、水、路、林、村综合整治，提高耕地质量，增加有效耕地面积，改善农业生产条件和生态环境。"第四十三条规定："因挖损、塌陷、压占等造成土地破坏，用地单位和个人应当按照国家有关规定负责复垦；没有条件复垦或者复垦不符合要求的，应当缴纳土地复垦费，专项用于土地复垦。复垦的土地应当优先用于农业。"

（8）土地税费制度。《土地管理法》第三十条规定，建设占用耕地，如没有条件开垦或者开垦的耕地不符合要求，应缴纳耕地开垦费，用于开垦新耕地。第三十八条规定，对于闲置、荒芜耕地要缴纳闲置费。第五十五条规定，对以出让等有偿使用方式取得国有土地使用权的建设单位，要缴纳土地使用权出让金等土地有偿使用费和其他费用。《中华人民共和国耕地占用税法》规定，非农业建设占用耕地，要缴纳耕地占用税。法律规定的税费制度，是以经济手段保护耕地的重要措施。

（9）耕地保护法律责任制度。《中华人民共和国刑法》第三百四十二条规定："违反土地管理法规，非法占用耕地、林地等农用地，改变被占用土地用途，数量较大，造成耕地、林地等农用地大量毁坏，处五年以下有期徒刑或者拘役，并处或者单处罚金。"第四百一十条规定："国家机关工作人员徇私舞弊，违法土地管理法规，滥用职权，非法批准征收、征用、占用土地，或者非法低价出让国有土地使用权，情节严重的，处三年以下有期徒刑或者拘役；致使国家或者集体利益遭受特别重大损失的，处三年以上七年以下有期徒刑。"《土地管理法》《中华人民共和国土地管理法实施条例》《基本农田保护条例》等法律、法规，对耕地保护违法行为规定了相应的行政法律责任。

2.耕地保护管理内容

概括来讲,现阶段耕地保护的措施主要包括:①建立严格的土地用途转用审批机制;②建立基本农田保护区,对耕地实行重点保护;③建立耕地占补平衡制度,鼓励土地整治。因此耕地保护管理内容包括数量和质量两个方面。

(1)耕地数量的保护。

耕地数量保护的核心是保证耕地总量动态平衡,而不是绝对不变,主要包括以下几个方面:

①耕地总量只能增加,不能减少。各省、自治区、直辖市必须按照耕地总量动态平衡的要求,采取有效措施,做到本行政区内耕地数量只能增加,不能减少。

②严格控制建设用地占用耕地。为切实保护耕地,要严格控制非农业建设占用耕地,各项建设须占用耕地的,必须符合土地利用总体规划,并办理耕地转用审批手续。

③建立基本农田保护制度。划定基本农田保护区,长期不得占用,确保该部分耕地不减少或很小减少。

④建设项目占用耕地,实行占多少,垦多少。经批准的非农业建设项目占用耕地的,按照"占多少,垦多少"的原则,由占用耕地的单位负责开垦与所占耕地的数量与质量相当的耕地;没有条件开垦或者开垦后耕地不符合要求的,应当按照省、自治区、直辖市的规定缴纳耕地开垦费,专款用于开垦新耕地。

⑤进行土地整治,增加有效耕地面积。为弥补各项建设占用的耕地,实现耕地总量的动态平衡,应积极开展土地整治,搞好土地建设,通过土地开发整理复垦等增加有效耕地面积,在进行开发时,应以保护和改善土地生态环境为前提,做到在开发中保护,在保护中开发。

(2)耕地质量的保护。

①建立基本农田保护制度。基本农田是耕地中的精华部分,建立基本农田保护制度可对耕地中质量最好的部分进行有效保护。

②改良土壤,提高耕地质量。为提高耕地质量,国家鼓励和提倡农业生产者对其经营的耕地使用有机肥料,合理施用化肥和农药,改善土壤结构,不断增加地力。同时,应加大农田基本建设投入,改善农业生产条件,对田、水、路、林进行综合治理,建设高产稳产农田。

③禁止闲置和荒芜耕地。《土地管理法》规定禁止任何单位和个人闲置、荒芜耕地。已经办理审批手续的非农业建设占用耕地的,一年内不用而又可以耕种并收获的,应当由原耕种者进行耕种;占用一年以上未动工的,应收取土地闲置费;连续两年未使用的,经原批准机关批准,由县级以上人民政府无偿收回用地单位的土地使用权。

④新增耕地质量不低于原占用耕地质量。对耕地减少的行政区,或为实现占补平衡目的,通过开发新增加的耕地,其质量不应低于减少耕地或占用耕地质量。

⑤土地退化防治。各级人民政府应当采取措施,防治土地荒漠化、盐渍化、水土流失和污染耕地。

二、永久基本农田概述

(一)永久基本农田的概念

根据《基本农田保护条例》,基本农田是指按照一定时期人口和社会经济发展对农产品的需求,依据土地利用总体规划确定的不得占用的耕地。基本农田保护区是指为对基本农田实行特殊保护而依据土地利用总体规划和依照法定程序确定的特定保护区域。

永久基本农田即对基本农田实行永久性保护,是 2008 年中共十七届三中全会提出此概念。"永久基本农田"即无论什么情况下都不能改变其用途,不得以任何方式挪作他用的基本农田。永久基本农田既不是在原有基本农田中挑选的一定比例的优质基本农田,也不是永远不能占用的基本农田。现在的永久基本农田就是我们常说的基本农田。加上"永久"两字,体现了党中央、国务院对耕地特别是基本农田的高度重视,体现的是严格保护的态度。

永久基本农田的划定和管护,必须采取行政、法律、经济、技术等综合手段,加强管理,以实现永久基本农田的质量、数量、生态等全方面管护。2020 年,永久基本农田不少于 15.46 亿亩。

2019 年最新修改的《土地管理法》中明确将基本农田提升为永久基本农田。实行最严格的耕地保护制度,确保国家粮食安全是《土地管理法》的核心和宗旨。为了提升全社会对基本农田永久保护的意识,新《土地管理法》将基本农田提升为永久基本农田,增加第 35 条明确:永久基本农田经依法划定后,任何单位和个人不得擅自占用或者改变用途。永久基本农田必须落实到地块,纳入数据库严格管理。各省、自治区、直辖市划定的永久基本农田一般应当占本行政区域内耕地的 80% 以上,具体比例由国务院根据各省、自治区、直辖市耕地实际情况确定。

(二)基本农田保护区的划定与管理

基本农田保护规划应在区域土地利用总体规划的基础上进行,基本农田保护区规划的目的就是通过划定基本农田区来实现农用地的农业利用与非农业利用之间的协调关系,严格控制非农业占用耕地的规模和速度,保障土地利用以满足"一要吃饭、二要建设"的长远目标。因此,政府要从自然、社会和经济条件出发,提出本地区规划年内的农产品需求量、耕地需求量及各类建设用地数量,确定基本农田保护目标,采用规划区的形式,对耕地进行定量、定位、定时、定质,并运用行政、法律和经济的手段,把基本农田保护起来。

划定基本农田保护区的依据是土地利用总体规划,土地利用总体规划是协调各行业用地的最高规划。在土地利用总体规划中,将明确划出各类土地用途,包括基本农田保护区、一般农地区、城镇村建设用地区、独立工矿区、风景旅游用地区、生态环境安全控制区、自然与文化遗产保护区、林业用地区、牧业用地区等。在编制土地利用总体规划时也要考虑到各行业用地需求、耕地保有量和基本农田保护的需要。因此划定基本农田应以土地利用总体规划为基本依据。

根据《基本农田保护条例》,下列耕地应当划入基本农田保护区:

(1)经国务院有关主管部门或者县级以上地方人民政府批准确定的粮、棉、油生产基地内的耕地。即国家和地方确定的商品粮、棉、油基地等,这些基地生产的粮、棉、油商品率高,对国家市场调节贡献大,在国民经济发展和保证城乡居民生活中起到关键作用。因此国家和地方各级政府对这些基地的建设都采取了一些特殊的政策,并给予一定的投入和支持。

(2)有良好的水利与水土保持设施的耕地,正在实施改造计划以及可以改造的中、低产田。对有良好的水利与水土保持设施,或可以改造的中低产田来说,虽然目前产量不高,但有一定的发展潜力,经过改造可能发挥更大的作用,因此应受到特殊保护。

(3)蔬菜生产基地。蔬菜生产基地一般都有良好的水利设施,生产条件好、产量高,且离城市较近。如果不采取特殊的措施,很容易被城市发展占用,而要培育新的蔬菜生产基地将要投入大量资金和时间。因此,蔬菜生产基地应列入基本农田保护区予以特殊保护。

(4)农业科研、教学试验田。农业科研、教学基地虽直接生产粮食不多,但对农作物产量的提高、新品种的研发推广都有特殊贡献,其对土壤、气候等条件都有特殊要求,一旦占用需经较长时间才能重新建设,影响农业科研的正常进行。

(5)根据土地利用总体规划,铁路、公路等交通沿线,城市和村庄、集镇建设用地周边的耕地,应当优先划入基本农田保护区;需要退耕还林、还牧、还湖的耕地,不应当划入基本农田保护区。交通沿线和城市集镇周边的耕地不仅地形较为平坦,适宜于农作物生长,而且这些耕地具有较好的区位条件,因此应予以特殊保护,防止城市扩展的过度占用。由于一些耕地长期耕种将会造成水土流失和生态环境破坏,这些耕地须有计划地退耕还林、还牧、还湖,则不应划入基本农田保护区范围内。

各级人民政府及其自然资源主管部门是负责加强基本农田保护的主体。

对县级以上地方人民政府来说,应当与下一级人民政府签订基本农田保护责任书;对乡(镇)人民政府来说,应当根据与县级人民政府签订的基本农田保护责任书的要求,与农村集体经济组织或者村民委员会签订基本农田保护责任书。基本农田保护责任书应当包括下列内容:①基本农田的范围、面积、地块;②基本农田的地力等级;③保护措施;④当事人的权利与义务;⑤奖励与处罚。农业承包合同应当阐明承包农户和专业队(组)对基本农田的保护责任。将基本农田保护的责任落实到人、落实到地块,并作为考核政府领导干部政绩的重要内容。

县级以上人民政府应当建立基本农田保护区监督检查制度,定期组织自然资源主管部门、农业农村主管部门以及其他有关部门对基本农田保护情况进行检查,将检查情况书面报告上一级人民政府。被检查的单位和个人应当如实提供有关情况和资料,不得拒绝。县级以上地方人民政府自然资源主管部门和农业农村主管部门对本行政区域内发生的破坏基本农田保护区内耕地的行为,有权责令纠正。任何单位和个人不得破坏或者擅自改变基本农田保护区的保护标志。

基本农田保护区经依法划定后,任何单位和个人不得改变或者占用。国家能源、交通、水利、军事等重点建设项目选址确实无法避开基本农田保护区,需要占用基本农田,必须报国务院批准。建设占用多少基本农田,就必须补划数量相等、质量相当的基本农田,确保本行政区域内土地利用总体规划确定的基本农田面积不减少。

禁止破坏和闲置、荒芜基本农田。禁止任何单位和个人在基本农田保护区内建窑、建房、建坟、挖砂、采石、采矿、取土、堆放固体废弃物或者进行其他破坏基本农田的活动;禁止任何单位和个人占用基本农田发展林果业和挖塘养鱼。经国务院批准的重点建设项目占用基本农田的,满1年不使用而又可以耕种并收获的,应当由原耕种该幅基本农田的集体或者个人恢复耕种,也可以由用地单位组织耕种;1年以上未动工建设的,应当按照省、自治区、直辖市的规定缴纳闲置费;连续2年未使用的,经国务院批准,由县级以上人民政府无偿收回用地单位的土地使用权;该幅土地原为农民集体所有的,应当交由原农村集体经济组织恢复耕种,重新划入基本农田保护区。承包经营基本农田的单位或者个人连续2年弃耕抛荒的,原发包单位应当终止承包合同,收回发包的基本农田。

国家提倡和鼓励农业生产者对其经营的基本农田施用有机肥料,合理施用化肥和农药。利用基本农田从事农业生产的单位和个人应当保持和培肥地力。县级以上地方各级人民政府农业农村主管部门应当逐步建立基本农田地力与施肥效益长期定位监测网点,定期向本级人民政府提出基本农田地力变化状况报告以及相应的地力保护措施,并为农业生产者提供施肥指导服务。

县级人民政府应当根据当地实际情况制定基本农田地力分等定级办法,由农业农村主管部门会同自然资源主管部门组织实施,对基本农田地力分等定级,并建立档案。农村集体经济组织或者村民委员会应当定期评定基本农田地力等级。

向基本农田保护区提供肥料和作为肥料的城市垃圾、污泥的,应当符合国家有关标准。县级以上人民政府农业农村主管部门应当会同同级生态环境主管部门对基本农田环境污染进行监测和评价,并定期向本级人民政府提出环境质量与发展趋势的报告。因发生事故或者其他突然性事件,造成或者可能造成基本农田环境污染事故的,当事人必须立即采取措施处理,并向当地生态环境主管部门和农业农村主管部门报告,接受调查处理。

经国务院批准占用基本农田兴建国家重点建设项目的,必须遵守国家有关建设项目环境保护管理的规定。在建设项目环境影响报告书中,应当有基本农田环境保护方案。

三、高标准基本农田的建设

随着我国耕地保护压力的持续加大,建设高标准基本农田使同样的耕地上收获更多的粮食,提高耕地质量,已成为国家缓解耕地保护压力的一项重大战略。

2008 年《政府工作报告》首次提出要建设一批高标准农田;2009 年和 2010 年中央"1 号文件"相继提出要加快高标准农田建设和大力建设高标准农田;2011 年颁布的全国"十二五"规划纲要明确提出要大规模建设旱涝保收高标准农田;2012 年 3 月,国土资源部会同国务院有关部门编制了《全国土地整治规划(2011—2015 年)》,并经国务院批准印发各地实施。该规划中的两个约束性指标——建设 4 亿亩高标准基本农田,补充耕地 2400 万亩成为各级政府和有关部门的"必答题"。在此基础上,同年国土资源部联合财政部又共同出台了《关于加快编制和实施土地整治规划大力推进高标准基本农田建设的通知》(国土资发〔2012〕6 号)文件,正式拉开了 4 亿亩高标准基本农田建设的大幕。2019 年,农业农村部确定,作为实施藏粮于地战略的重要举措,我国将新增高标准农田 8000 万亩以上。按照《乡村振兴战略规划》,新增的高标准农田将重点安排在粮食生产功能区和重要农产品生产保护区。为夯实农业发展基础,目前,我国已经累计将 6.4 亿亩中低产田建成高标准农田,占耕地面积三成多。评估显示,建成的高标准农田抵御自然灾害能力显著增强,耕地质量提升 1 到 2 个等级,粮食产能提高 10% 到 20%,亩均粮食产量提高 100 千克左右,节水 24.3%,节电 30.8%,化肥农药施用量分别减少 13.8% 和 19.1%,平均每亩可带动农民增收近 500 元,提升率为 56.4%。建成的高标准农田只要管护得当,基础设施可以有效运转 15 年以上。下面对高标准基本农田建设进行一个简要的介绍。

(一)高标准基本农田建设的含义及意义

高标准基本农田建设是指一种土地整治活动,以建设通过农村土地整治形成的集中连片、设施配套、高产稳产、生态良好、抗灾能力强,与现代农业生产和经营方式相适应的高标准基本农田为目标,依据土地利用总体规划和土地整治规划,在农村土地整治重点区域及重大工程、基本农田保护区、基本农田整备区等开展的土地整治活动。

可以说高标准基本农田建设具有以下五方面意义:一,建设高标准基本农田实际上是改造传统农业、发展现代农业的要求,要实现现代化的装备、技术的可进入性、有效利用问题,首先就要建设高标准基本农田。第二,有利于实现规模化经营,发挥组织效应。利用高标准基本农田可以实现耕地的集中化、规模化经营,打破现有耕地零星分割问题。第三,有利于实现农民的有效需求。农民本身也不愿意在零星分散、路渠不通、机械无法使用的土地上耕种,他们对科学技术、现代机械装备的需求不能得到真正实现,作为生产主体的积极性就无法调动。第四,有利于实现农业社会化服务。建设高标准基本农田,具备了硬条件,才能实现差别化的社会服务,最终转化为现实的生产力。第五,有利于体现现代农业区域特点和农产品品牌价值。原则上看,全国的高标准基本农田应该是高等级、集中连片的农田,但由于耕地质量在区域间不平衡,在保证一定面积的基础上,不同省份确定的高标准基本农田质量等级不完全相同。高标准基本农田除了与各省份的耕地质量情况有关外,还与各省份的城市化进程和耕地等级决定因素有关。一般而言,城市化进程中各省份会损失较多高等级的耕地。另外,由于我国自然条件南北、东西差异较大,区域、局部性的耕地资源匹配情况不同,导致耕地质量等级建设难度不同,也会影响各省份划分高标准基本农田的结果。因此,高标准基本农田建设中必须全面以全国耕地分等定级成果为支撑,充分发挥其在提高耕地质量等级、优化耕地质量布局、严格占补平衡、监管耕地质量变化等方面不可替代的作用。

(二)高标准基本农田建设的基本要求

高标准基本农田建设的基本要求主要包括:建设高标准基本农田,要坚持"十分珍惜和合理利用土地、切实保护耕地"的基本国策,规范开展高标准基本农田建设;坚持规划引导,统筹安排,规模整治,优先在基本农田范围内建设;坚持因地制宜,实行差别化整治,采取田、水、路、林、村综合整治措施;坚持数量、质量、生态并重;坚持农民主体地位,充分尊重农民意愿,维护土地权利人合法权益,鼓励农民采取多种形式参与工程建设;以土地整治专项资金为引导,聚合相关涉农资金,集中投入,引导和规范社会力量参与。

(三)高标准基本农田建设的主要目标

(1)优化土地利用结构与布局,提高规模效益。我国有 2.2 亿农户,户均土地经营规模不到 0.6 公顷,不仅远低于欧美国家,还少于东亚的日韩地区,耕地中普遍存在地块分割细碎严重、规模化经营程度不高的问题。通过高标准基本农田建设可以优化土地利用结构与布局,实现耕地规模效益。

（2）完善田间基础设施，增加有效耕地面积，提高粮食综合生产能力。我国现有耕地中农田有效灌溉面积 8.98 亿亩，仅占全部耕地面积的 49.4%；机械化作业水平不高，农作物耕种综合机械化水平仅 50%。通过高标准基本农田建设可以改善田间基础设施，提高耕地质量，增加高标准基本农田比重。

（3）加强生态环境建设，发挥生产、生态、景观的综合功能。通过高标准基本农田建设也可以有效提高农村的基础设施水平，美化农村景观风貌，降低耕地生态环境污染负荷，促进生产、生态和景观综合功能的实现。

（4）建立保护和补偿机制，促进高标准基本农田的持续利用。在高标准基本农田建设过程中，不仅要注重建设同时也应加强建设后的保护，实现农田的可持续利用；保障农民主体地位，鼓励农民全程参与建设，建立健全保护和补偿机制。

（四）高标准基本农田建设的重点建设区域与建设内容

高标准基本农田建设的重点区域包括基本农田保护区和基本农田整备区、土地利用总体规划确定的土地整理复垦开发重点区域及重大工程、土地整治规划确定的土地整治重点区域及重大工程、基本农田整理重点县。地形坡度大于 25° 的区域、自然保护区、退耕还林区、退耕还草区、行洪河道以及河流、湖泊、水库水面等区域则禁止建设。

高标准基本农田建设内容主要包括土地平整、灌溉与排水、田间道路、农田防护与生态环境保持以及其他等五项工程。通过高标准基本农田建设，实现每个耕作田块直接临渠（管）临沟、临路，保证每个耕作区与农村居民点相连。

复习思考题

1. 我国耕地资源存在的问题及对策分别是什么？
2. 符合什么条件的耕地应当划入基本农田保护区？
3. 简述实行耕地保护的重要意义。
4. 如何加强永久基本农田的管理？

第十章 土地管理信息系统

一、土地管理信息系统概述

(一)土地管理信息系统的基本概念

土地信息主要是指土地管理、土地利用和地产方面的信息,除土地空间信息外,还有大量的非空间信息,它们在政府决策、社会生产和经济活动中有着重要的地位和广泛的相互关系。土地信息的实质是土地作为一种自然历史综合体的各种特性的表征。土地信息以土地数据的形式表现出来。土地数据分为三种类型:①描述地理实体与位置有关的位置数据和描述地理实体间拓扑关系的拓扑数据的空间数据;②描述地理实体非空间数据的属性数据;③描述地理实体变化特征的时间数据。属性数据和时间数据统称为非空间数据。土地信息的内容包括土地基础信息、土地管理信息和其他辅助信息。土地基础信息包括可通过调查评价手段取得的土地利用现状、城镇地籍、土地定级估价、土地利用总体规划等信息。土地管理信息包括土地登记、建设用地审批、土地利用规划等在业务管理中产生的信息。其他辅助信息包括影像信息、编码信息等基础信息与管理信息。

土地信息系统是在土地资源调查和研究的基础上,利用计算机软硬件的支持,将与土地有关的信息和参数,如土壤、地貌、土地利用等要素的数据及相关的社会经济要素数据,按照空间分布或地理坐标以一定格式输入、存储、检索、显示和综合分析的技术系统。其目的是为土地分类评价及土地利用规划与管理等服务,与地理信息系统相比,后者的应用范围更大,应用部门更多。土地信息系统因为具有鲜明的行业特点,自成体系,所以具有很强的相对独立性和自我发展的能力。土地信息系统的运行包括资料的获取和整理,资料的处理、储存和维护,以及资料的检索、分析和传输等。土地信息系统可以以成果的形式,也可以以服务的形式提供上述资料。它还能提供以文字或数字形式反映的属性数据,以地图显示的空间数据,以及反映现状的时间数据。

土地管理信息系统是指以土地资源与资产管理为工作对象的信息系统。它是将土地调查、评价、规划等手段获取的关于土地权属、土地利用、土地质量、土地规划等土地信息输入计算机,利用计算机快速、便捷、存储量大的优势实现对信息的分类、检索、排序、综合分析等功能,并根据经验和国家的法规、政策,进行地籍管理、土地利用管理、土地利用规划管理、建设用地审批和耕地保护管理等。土地管理信息系统覆盖了土地管理各职能部门的全部日常工作。

从某种意义上讲,土地管理信息系统可以认为是地理信息系统和管理信息系统结合并具体运用于土地及其相关行业中的产物,因此,土地管理信息系统应具有如下基本功能:①业务管理功能。该功能以满足土地管理为目标,包括地籍管理、土地利用管理、土地利用规划管理、建设用地审批和耕地保护管理等综合业务或专项业务处理功能。②属性数据管理功能。土地管理信息系统具有大量属性数据的输入、修改、检索、统计、输出及业务流程管理等功能,服务于政务管理。③图形数据管理功能。土地管理信息系统具有空间数据的采集及预处理、图形编辑、分层管理、信息查询、空间分析和图形输出,以及图形数据和属性数据的连接等功能。④统计分析功能。在土地管理信息系统的建设过程中积累的海量土地数据,根据不同条件对数据进行图表分析、空间叠加分析及不同数据的对比分析或者统计、加工处理,为土地管理的决策提供依据。⑤土地信息的历史回溯、空间与非空间数据同步变更等功能。

土地管理信息系统与土地信息系统主要区别在管理对象方面:土地信息系统的管理对象是土地信息,也包括数据模型和技术方法;土地管理信息系统的管理对象除土地信息及其数据模型、技术方法外,更主要的是土地管理业务,具有明显的政务系统特征。

(二)土地管理信息系统的结构与功能

土地管理信息系统由硬件与网络、基础软件、应用软件、数据库等组成。要实现高效的管理,发挥土地管理信息系统的功用,一套完备的土地管理信息系统结构就非常重要。土地管理信息系统建设是国土资源信息化的核心组成部分,是实现土地管理现代化的重要举措。根据原国土资源部制定的《全国国土资源政务管理信息系统与信息服务系统建设总体方案》,土地管理信息系统由国家、省、市、县、乡构成纵向的五级层次系统构成。而各级土地管理信息系统总体框架具有明显的平台性和层次性的特点,由运行支撑层和综合业务层两部分组成。这样将各级土地管理信息系统建设的重点定位在平台上,有利于避免资源浪费,实现数据共享,打破"信息孤岛"。

1. 运行支撑层

(1)硬件。

土地管理信息系统所需的基本硬件包括数据存储和处理设备、图件输入和输出设备以及相关的辅助设备。硬件配置上要注意以下几个方面:

①硬件平台性能/价格比较高,可维护性好,可靠性高;

②硬件的速度及容量方面能满足系统及用户的要求,并且扩展方便;

③硬件销售商有较好的售后服务及技术实力。

（2）基础软件。

①操作系统。在目前的网络环境下,主流操作系统有 Unix、Windows、Linux 等操作系统。而在移动终端领域,市场占有率较大的终端操作系统有苹果的 iOS,谷歌的 Android,惠普的 WebOS,RIM 的 BlackBerry OS,微软的 Windows Phone,开源的 MeeGo 以及诺基亚的 Symbian 等操作系统。

其中,Unix、Windows 是多用户、多任务的网络操作系统,允许用户在其平台上自主选择构建符合土地管理业务要求的应用系统。用户可以根据实际情况选择不同的操作系统平台。结合 Unix 和 Windows 的特点,在网络中使用 Unix 和 Windows 混合平台是土地管理信息系统的最佳选择;在省级操作系统平台上,在办公自动化、安全认证、网络管理、Mail、Web、Proxy 等方面使用 Windows;在运行海量数据的数据库服务器上使用 Unix。这样,既可享受到 Windows 直观、方便的特点,又可以利用 Unix 稳定、快捷的特性。

②基础 GIS 平台。由于 GIS 平台的技术直接影响到系统的性能,所以选择技术全面的 GIS 平台是开发出先进系统的基本保证。

当前,国内外主流的基础 GIS 平台,可同时支持客户端/服务器(Client/Server,C/S)和浏览器/服务器(Browse/Server,B/S)体系结构的构建,直接与间接支持多种空间数据的格式转换,具有空间数据引擎中间件。它们包括美国 ESRI 公司的 ArcGIS、MapInfo 公司的 MapInfo、Intergraph 公司的 GeoMedia、武汉中地数码公司的 MapGIS、北京超图公司的 SuperMap、武大吉奥信息技术有限公司的 GeoStar 以及苍穹数码技术服务有限公司的 KQ GIS 等 GIS 平台。

③基础数据库管理平台。目前,Microsoft SQL Server、Oracle、Oracle Spatial、Sy-base、DB2、DM3 以及 King Base 等都可作为土地管理信息系统的后台数据库。在进行土地信息管理时,各级自然资源主管部门可根据自身实际情况选择各自的数据库平台,要确保数据库之间能够直接实现或通过数据转换间接实现数据共享。

2. 综合业务层

（1）网络平台。

①网络构成。按照原国土资源部制定的《全国国土资源信息网络系统建设规范》,国土资源信息网络主要由三部分组成,即局域网、政务网、外网。局域网指自然资源主管部门或其直属单位用于内部政务管理、土地资源调查评价以及内部信息服务等的局域网(内网);政务网指由各省、市、自治区(包括计划单列市)以及国务院各部委内部局域网通过专线互联形成的专用政务网络;外网是指自然资源主管部门或其直属单位访问国际互联网、提供土地资源对外信息服务等的局域网。

②网络建设技术要求。

A. 各级自然资源信息网按照《国土资源信息网络建设规范》进行建设。按照国家有关规定,国土资源信息网与国际互联网之间在物理上完全分开,各级局域网由此形成物理上断开的内网(运行管理信息系统)和外网(运行信息发布和社会化服务系统)两部分,分别连入国土资源信息网和国际互联网。其中,内部局域网可选择 ATM、千兆位以太网或快速以太网技术,通过物理布线和配置相应级别的交换机连接各前端机。

B.国家级土地资源信息网(国土资源主干网)是连接省级国土资源主管部门内部局域网和部直属单位内部保密局域网的全国性广域网,利用国务院办公厅"全国政府系统办公业务资源网"(简称国办"办公网")和租用国家公用电信网构建。其中省级国土资源主管部门通过国办"办公网"与自然资源部连接,而各部直属单位则通过租用国家公用电信网的 DDN 或帧中继专线并采取数据加密措施与自然资源部连接省级国土资源信息网的构建,可根据条件自行选择利用当地政府专用网(方式一)或租用公用电信网的专线或电话线路(方式二),实现省级与地、县级国土资源主管部门之间的网络连接。省级国土资源信息网应有完整的建设方案,并报部信息化领导小组办公室及保密主管部门批准。

C.Internet 的接入节点,可根据信息访问量和当地提供的 Internet 访问途径等做相应设置。对于省(区、市)和大中城市等信息访问量较大的地区,利用专线与 Internet 相连,同时采用一定的安全防护措施,如设置防火墙等。小型城市或县级以下的节点,则可以采用灵活方式在需要时进行连接。

(2)核心数据库。

核心数据库是从各类专业数据库中经过抽取、转换和加载(ETL)过程形成的综合数据库及利用数据调用接口方式或 Web Service 方式提供的数据服务。核心数据库由元数据库、基础地理类数据库、专业类数据库、管理类数据库、辅助资料类数据库等构成。在此基础上,通过对多源异构数据的收集和整理,形成国土资源核心数据库。

①元数据。元数据指的是关于数据的组织、数据域及其关系的信息,包括数据内容、空间位置、覆盖范围、表示方式、数据质量、管理方式、数据的所有者、数据提供方式等有关的信息。元数据整理要按照《国土资源信息核心元数据标准》(TD/T1016—2003),符合数据库元数据模型要求,实现元数据与数据的关联维护,提供元数据管理工具对元数据进行查询、浏览、统计汇总和修改更新功能,能实现元数据的输出与打印。

②基础地理类数据。基础地理类数据指的是进行全球变化等研究所必需的基础资料,如地形图、测绘控制点、行政界线、建构筑物、交通系统、水系、公共事业网络、地貌、数值地形模型等。在 GIS 中,这些数据是分层表示的,共同形成对客观世界的基本描述。基础地理类数据是其他一切应用的基础,因此一般由国家组织大规模的测绘工作,完成基础地理类数据的填图和更新。

③专业类数据。专业类数据包括土地利用、土地利用规划、地籍、地价、农用土

地分等定级、建设项目用地、土地开发整理和土地利用动态监测数据等方面的。

④管理类数据。管理类数据是指土地管理过程中产生的结果数据。随着管理业务的实时更新，它主要包括由坐标串构成的空间数据及统计表格组成的属性数据，包括土地"批、供、用、补、查"各管理环节数据。

⑤辅助资料类数据。辅助资料类数据包括影像数据（如航片、遥感相片等）、编码数据（如数据分层、数据的编码、数据的注记等信息）、其他相关数据（如历史数据等）以及文档资料数据。

3. 数据共享交换服务体系

数据共享交换服务体系是以自然资源主管部门核心数据库为基础，以土地资源数据统一管理体系为技术支撑，将各类专题组件库、插件库和模型库通过组装、搭建等多种开发方式形成多来源数据、基于多个 GIS 基础平台的数据实现统一的调阅和管理，通过将当前自然资源主管部门信息化过程中产生的不同格式数据所需的地理信息服务（图形浏览、定位查询、空间分析等）、属性查询与统计分析、专题图件发布等 GIS 服务加以封装，建立标准的数据共享服务机制，实现专题业务模块的服务化、组件化、模型化管理，最终以不依赖于 GIS 基础平台的方式存在，并提供给自然资源主管部门日常办公使用，从而实现系统内的信息共享、数据共享和业务共享。

4. 土地资源数据管理平台

土地资源数据管理平台具备数据检查、入库、编辑与处理、更新、交换（输入输出）、元数据管理以及数据备份、系统监控、数据迁移、日志管理等较为完备的功能。利用遥感、GIS、可视化和虚拟现实等技术，实现数据查询、统计分析、信息展示。以图形、表格、GIS 和虚拟化相结合的方式，直观、准确、动态地展示土地资源各个方面的信息，为行业管理、综合监管和辅助决策提供数据支持。

①数据检查。系统能够实现不同来源和格式数据的检查与评价。数据检查包括对数据目录组织结构、文件命名、数据分层、属性、数据结构、地理范围、空间定位的检查。

②数据转换。系统能够实现常用空间数据及属性数据的转换。其中，必须支持多类型矢量数据、栅格数据、属性数据间隔式转换；支持坐标系之间的相互转换；支持投影参数设置，可实现矢量数据和栅格数据的投影变换；支持空间数据的动态投影；支持坐标去带号、增加带号、整体平移、仿射变换、线性变换、多项式变换。

③数据导入、导出功能。系统支持质量检查合格的矢量、栅格、属性数据以手动、自动批量等方式导入、导出；系统可以针对数据入库情况，自动生成数据入库报告。

④数据抽取。系统可以实现通过数据调用接口对电子政务平台系统与综合信息监管平台审批结果数据的抽取，支持定期扫描抽取及触发式抽取两种方式，抽取

内容主要是由坐标串构成的空间数据及统计表格组成的属性数据。系统可实现对抽取数据正确性、完整性的检查，并通过分析抽取数据，生成分析结果报告，实现结果数据的批量、增量更新。

⑤数据编辑处理与统计分析。系统能实现对错误数据的自动批量修改，能对空间数据和属性数据进行增、删、改等日常编辑处理，能实现对栅格数据的影像处理，能进行数据的统计分析，能对空间数据进行邻近分析、叠加分析等常用 GIS 空间分析。

⑥数据更新。系统能实现对多种粒度空间数据、元数据、表格数据等数据的自动更新，包括批量更新、增量更新、同步更新；能实现对更新数据的校验；实现数据更新历史回溯与查询统计。

⑦数据查询。系统能实现空间数据的点查询、行政区查询、拉框查询、缓冲区查询、多边形查询等多种空间查询方式，能实现组合查询和自定义查询，能实现对多粒度、跨存储单元数据的查询和图斑历史变更情况追溯查询。

系统能实现非空间数据关键字查询、单指标查询、组合查询、按年份查询、按地区查询、按主题查询、自定义查询等多种查询方式，能实现非结构化数据的检索和浏览服务，实现对查询结果的统计汇总。

⑧数据浏览展示。系统能实现海量空间数据、影像数据的快速无缝浏览、数据展示和应用服务；能实现地政、矿政和地质环境的资源状况的直观展示，实现不同时期变化的数据库叠加显示、比对分析和区域查询统计等功能，实现展示结果的专题图制作；能实现将国土资源管理各个环节的现势和历史信息以数据、表格和统计图形等表现形式准确、动态地展示，并实现综合查询、统计结果的展示功能。

系统能够实现单一数据浏览、数据对比浏览和数据叠加浏览三种浏览模式。实现同一地理范围的不同时相遥感影像、不同专业数据的卷帘方式浏览；实现同一地理范围不同专业数据、管理数据的多视窗同时浏览展示，支持多视窗比例尺控制、地理范围漫游的同时进行；能够实现三维显示，实现 DEM 数据、影像数据、矢量数据等数据的叠加，模拟三维场景，实现三维飞行浏览。

按照浏览的比例尺自动显示定制内容，自动综合，合理取舍；实现空间数据的动态投影；实现鹰眼图功能；支持基本的放大、缩小、平移全图；支持按比例尺控制缩放；实现图层显示控制，包括图层是否显示及显示顺序、图层的标注字段选择和动态标注、图层的符号选择和应用等；实现用户自定义地理范围、比例尺的专题图定制和展示，支持符号化显示。

⑨制图与输出。系统能提供各种专题标准制图模板，支持制图模板修改和自定义模板；能实现以导航方式制作专题图；能根据自定义专题类型、数据范围进行专题图制作；能提供标准的图式图例符号模板并支持修改功能。系统生成的各类文本和图件可以用 Word、PDF、JPG 等电子格式保存，能实现打印输出。

⑩元数据管理。系统能实现数据导入时自动生成元数据,包括数据内容、空间位置、覆盖范围、表示方式、数据质量、管理方式、数据的所有者、数据提供方式等有关的信息,实现元数据与数据的关联维护,提供元数据管理工具对元数据进行查询、浏览、统计汇总和修改更新;能实现元数据的输出与打印。

⑪数据调用接口。系统支持通过将地理信息服务(图形浏览、定位查询、空间分析等)、属性数据查询与浏览、统计汇总、专题图制作等功能封装,实现对数据的调用和操作,为以电子政务平台为基础的审批业务系统、国土资源综合监管平台、共享服务平台和其他应用系统提供数据接口服务。

⑫系统安全管理。系统能实现用户CA认证身份管理和权限分级管理;系统能实现数据库的自动和手动备份与恢复;系统能够设置和调整报警规则;系统能实现对系统和数据库状态的监控,支持系统资源调配、数据库优化等操作;实现对注册情况、工具用户使用情况、用户登录、数据修改、数据下载等情况进行监控,支持中止连接、中止操作等。

⑬系统管理与维护。系统能实现对数据字典的版本管理,实现数据字典内容的添加、保存、输出、修改功能;能实现对物理数据库的位置、连接参数、数据库配置参数、网络连接参数、设置外部组件注册目录等的配置;支持创建数据库索引表、编辑索引、删除索引等;提供数据的迁移和归档管理策略;支持日志管理功能,包括日志的查询、归档、清除、恢复归档文件等。

5. 土地资源信息化服务平台

信息服务平台以土地资源数据库和有关数字化信息为基础,以网络(内网、外网、政务网)为主要传播介质,以决策支持、信息发布、信息查询、导航引擎、多媒体演示、信息产品制作分发等信息服务为内涵,通过互联网、触摸屏、大屏幕、电子阅览室和光盘及纸介质产品等多种形式向内部和社会提供信息服务。

信息网站是实现现代化信息服务的主要形式。它通过建立决策支持、信息发布、信息查询、导航引擎等信息服务系统,向管理部门和社会提供内容丰富、实时快捷的信息服务。

触摸屏和大屏幕演示是政府机关开展政务公开服务的最直接形式,主要通过制作专门的多媒体演示系统或连接局域网(外网)上的信息查询系统来实现其服务。

电子阅览室是公益性信息服务机构(如地质资料馆、图书馆)向读者提供方便快捷阅读服务的有效形式,也是主要通过数字化资料、图书信息查询等方式,在信息查询系统的支持下,利用局域网向电子阅览室计算机用户提供目录查询、正文浏览和打印、下载等服务。数据化信息产品制作、分发是国土资源信息社会服务的重要形式,主要包括数字化图件与资料以及各种专门数据处理的成果、光盘的制作等。

信息服务系统和政务管理系统是土地信息网络应用层的两大支柱,它们运行在同一个基础平台上,共享系统的国土数据资源,各自所采用的信息处理技术相互兼容,各自表现的功能相互渗透,通过有机平滑的整合设计,集成为高效、安全的应用服务系统。

(三)土地管理信息系统的性质

土地管理信息系统是一个技术系统,是以土地空间数据库为基础,采用土地模型分析方法,适时提供多种空间的和动态的土地信息,为土地研究和土地决策服务的计算机技术系统。FIG 的相关文献中对信息系统做了一个划分,如图 10-1 所示。

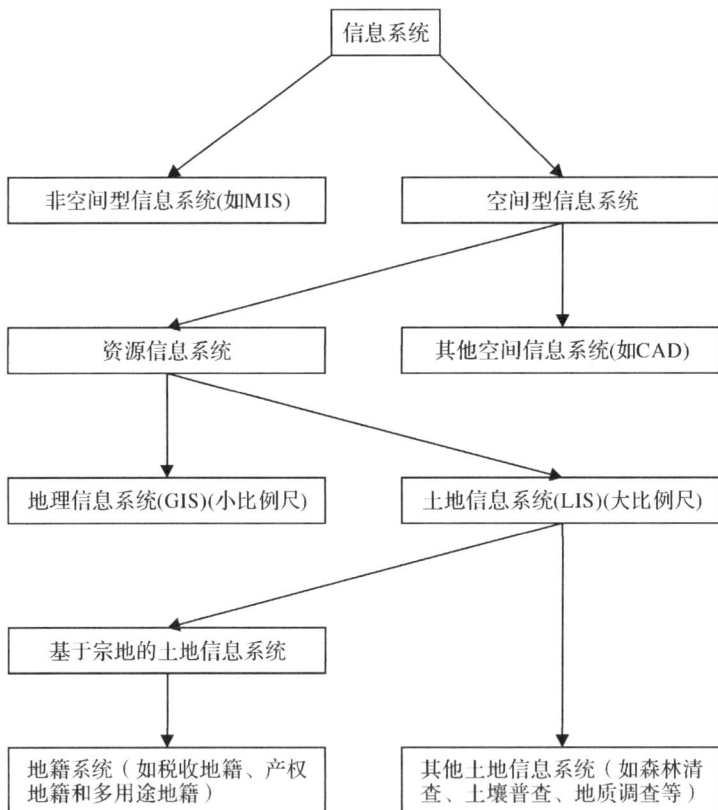

图 10-1　FIG 文献中土地信息系统所处的位置

土地信息学从科学上讲属于土地科学体系的内容。现代土地科学的研究,已经离不开土地信息学的支持。而土地信息管理系统的普及和进步,必将促进土地科学的长足发展,尤其在土地节约、集约利用方面可能实现新的突破。

（四）土地管理信息系统的建设

土地管理信息系统建设是一个将软件工程理论应用于土地管理信息化的过程，其本质是一种特殊的软件工程。土地管理信息系统建设和其他软件工程的显著不同之处是其涉及的数据类型更加复杂多样，必须考虑时空数据、图形与属性数据的一体化组织方案，其技术涉及领域更广泛，系统因子之间的关系更复杂。所以将软件工程理论引入土地管理信息系统建设是十分必要的。按照软件工程理论建设一个土地管理信息系统需要经过以下八个步骤。

1. 软件工程模型

软件工程是一门研究用工程化方法构建和维护有效的、实用的和高质量的软件的学科。它的目标是在给定成本、进度的前提下，开发出具有可修改性、有效性、可靠性、可理解性、可维护性、可重用性、可适应性、可移植性、可追踪性和可互操作性并且满足用户需求的软件产品。其基本原理是：①用分阶段的生命周期计划严格管理；②坚持进行阶段评审；③实行严格的产品控制；④采用现代程序设计技术；⑤结果应能清楚地审查；⑥开发小组的人员应少而精；⑦承认不断改进软件工程实践的必要性。下面介绍最常见的软件工程模型——瀑布模型。

瀑布模型（waterfall model）：一个项目开发架构，开发过程是通过设计一系列阶段顺序展开的，从系统需求分析开始直到产品发布和维护，每个阶段都会产生循环反馈。因此，如果有信息未被覆盖或者发现了问题，那么最好"返回"上一个阶段并进行适当的修改。项目开发进程从一个阶段"流动"到下一个阶段，这也是瀑布模型名称的由来。瀑布模型核心思想是按工序将问题化简，将功能的实现与设计分开，便于分工协作，即采用结构化的分析与设计方法将逻辑实现与物理实现分开。将软件生命周期划分为制订计划、需求分析、软件设计、程序编写、软件测试和运行维护六个基本活动，并且规定了它们自上而下、相互衔接的固定次序，如同瀑布流水，逐级下落。瀑布模型是最早出现的软件开发模型，在软件工程中占有重要的地位，它提供了软件开发的基本框架。

瀑布模型的特点：瀑布模型是以文档形式驱动的，为合同双方最终确认产品规定了蓝本，为管理者进行项目开发管理提供了基础，为开发过程施加了"政策"或纪律限制，约束了开发过程中的活动。瀑布模型以里程碑开发原则为基础，提供各阶段的检查站点，确保用户需求，满足预算和时间限制。瀑布模型是一种整体开发模型，在开发过程中，用户看不见系统是什么样的，只有开发完成向用户提交整个系统时，用户才能看到一个完整的系统。瀑布模型适合于功能和性能明确、完整、无重大变化的软件开发。大部分的系统软件都有这些特征，如编译系统、数据管理系统和操作系统等，在开发前均可完整、准确、一致和无二义性地定义其目标、功能和性能等。瀑布模型的主要缺点在于不适应用户需求的变化，由于开发模型是线性的，用户只有等到整个过程的末期才能见到开发成果,从而增加了开发风险。

除瀑布模型外,常见的软件工程模型还有原型模型(prototype model)、喷泉模型(fountain model)、增量模型(incremental model)、螺旋模型(spiral model)、智能模型(intelligent model)等。

2. 土地管理信息系统工程

(1)系统开发原则。

土地管理信息系统工程建设涉及土地管理、测绘、计算机、地理信息系统及数据库等多种技术。因此,土地管理信息系统软件开发必须按照相应的规范标准,遵循系统工程的理念,做好用户分析、总体设计和详细设计方案,并逐步实施、测试和完善。在项目实施的过程中应以"实用、先进、高效、可靠"为基本准则,建立"规范、安全、开放"的土地管理信息系统。

①实用性原则。实用性是直接影响系统运行效果和生命力的最重要因素之一。土地管理信息系统的最终用户是各级自然资源主管部门的业务工作人员,因此系统在功能上应紧密围绕日常的国土资源管理业务工作,针对各级自然资源管理机构在土地方面的业务特点和业务流程,建造结构合理、适合各级自然资源管理机构的实用土地管理信息系统。

②先进性原则。在系统的总体设计上,充分考虑已有的、正在运行的系统的情况;在技术上,采用国际上先进的且成熟的技术;在软硬件平台的选型上,选择国内外同类产品中的主流产品、成熟产品,具有一定的超前性;在软件设计思想上,严格按照软件工程的标准和面向对象的理念进行设计、管理与开发,以保证系统开发的高起点。

③高效性原则。土地管理信息系统建设的目的是提高国土资源管理的工作效率,使工作人员从繁重的手工劳动中解脱出来,实现国家、省、市、县、乡镇自然资源主管部门土地信息管理的自动化。因此,所开发建设的系统应该能大大提高工作效率,把人们从原来繁重的手工劳动中解放出来,使管理工作实现科学化、规范化、标准化、自动化。

④可靠性原则。同其他软件产品一样,土地管理信息系统软件产品要有很高的可靠性。这就要求系统在正式提交运行前应该经过反复测试,保证系统能长期正常运转;同时,系统必须有一定的安全防范措施,在发生意外的软硬件故障等情况下,能够保证系统及时恢复,防止造成重大损失。

⑤规范性原则。规范性、标准化不仅是土地管理的要求,同时也是一个大型信息系统建设的基础,是系统兼容和进一步扩充的根本保证。土地管理信息系统的建设涉及国家、省、市、县、乡镇五级部门,它们之间的协调及系统的构建都需要遵循国家、行业相应的规范标准。

⑥安全性原则。安全是系统建设的重要内容,由于土地管理数据部分属于秘

密级别,而土地信息的服务对象又是政府和社会公众,这就要求系统能有效地防止外来"黑客"的攻击及内部的恶意破坏。

⑦可扩充性原则。系统建设是一个不断完善的过程,即使进行了周密的系统设计,但随着信息化进程的不断推进,需求的变化也会使系统出现部分不适应的状况。特别是土地管理工作需要适应不断变化的区域发展需求、社会对相关信息服务的需求,从而造成了系统运行流程变化、人员更替权限的变化、功能的变化等。这就要求在系统设计时,要重视数据模型的可扩展性、数据组织的灵活性,以达到数据的可定制与可配置。充分预留系统之间、模块之间的接口,以达到系统功能的可控制、可配置,从而保证系统功能的增加和数据库的更新与维护。

⑧保护投资原则。一段时间以来,自然资源主管部门在信息化建设中做了大量的工作,开发建设了不少应用系统。这些系统有的在运行,有的已被淘汰成为遗产系统。然而,这些系统及系统运行过程中所产生的数据资源有时是极其宝贵的,需要加以保护和进一步利用。因此在进行新系统的开发建设或原有系统的整合与升级时,要尽可能继承原系统的优异功能,抽取、转换和整合相关数据,切实保护已有投资。

⑨开放性原则。系统建设的软硬件环境、网络通信环境的多样性要求系统的软硬件、网络配置选择要符合工业标准,具有良好的兼容性和可扩展性,易于系统的扩充和升级。在进行系统设计时应充分考虑系统对行业标准、技术准则的兼容性,采用面向对象的设计方法,以保证系统的开发性。

(2)系统开发阶段和步骤。

土地管理信息系统工程本质上是一种特殊的软件工程。土地管理信息系统工程和其他软件工程不同的是其涉及的数据类型更复杂多样,必须考虑时空数据、图形与属性数据的一体化组织方案;其技术涉及领域更广泛,系统因子之间关系更复杂。

传统的土地管理信息系统采用瀑布模型或原型模型居多,随着土地管理信息系统的日渐复杂、庞大,其开发过程已逐步被增量、螺旋等模型替代。如果是一些小型的土地管理信息系统,在人数有限的情况下,则建议采用目前比较流行的敏捷开发方式,其主要思想是以用户的需求进化为核心,采用迭代、循序渐进的方法进行软件开发。但无论如何,瀑布模型划分的软件开发的几个步骤仍然是过程改进的基础。

参考软件工程一般的过程方法,土地管理信息系统工程建设通常分为三个阶段和六个步骤。三个阶段是系统定义阶段、系统开发阶段和系统维护阶段,六个步骤是系统开发计划制订、系统需求分析、系统设计、系统编码、系统测试及系统运行维护。

①系统定义阶段。主要是制订土地管理信息系统的开发计划。在这个阶段,

首先要对系统运行所在的自然资源主管部门的信息化现状进行调研。在现状调研的基础上确定要开发的土地管理信息系统软件产品的总体目标,给出它的功能、性能、可靠性及接口方面的要求,形成可行性研究报告。然后组织有关领域的专家对系统建设的可行性进行论证,如果经论证具有可行性,则对系统软件产品提出的需求进行分析并给出详细的定义,编写出系统需求规格说明书。

②系统开发阶段。主要是对土地管理信息系统进行设计、开发与测试,这个阶段是土地管理信息系统工程建设最主要的阶段。

系统设计是土地管理信息系统工程的技术核心,包括总体设计、数据库设计、详细设计三部分。总体设计又称为系统初步设计,是将各项需求转换为由意义明确的各个模块组成的体系结构。数据库设计又称为空间与非空间一体化数据库设计。由于土地空间信息的特殊性,数据库的设计应从土地要素分层、图形要素编码、符号、系统表四个方面进行。数据库的设计在步骤上包括逻辑设计和物理设计两个子阶段。详细设计是对总体设计每个模块要完成的工作进行具体描述,从而为源程序的编写打下基础。

系统开发是项目的实施阶段,包括数据建库和程序编码。数据建库是为程序的开发提供数据支持,是程序正常运转的前提。程序编码是将系统设计转换成计算机可接受的程序代码的一个过程。

系统测试是项目的检查阶段,是保证软件产品质量的重要手段和步骤,主要方式是在设计测试案例的基础上检验系统的各个组成部分的合格情况。系统测试在步骤上包括 α 测试(内部测试)和 β 测试(用户测试)两个子阶段,内容分为功能测试和单元测试,方法分为黑盒法和白盒法。

③系统维护阶段。已交付的土地管理信息系统软件产品投入正式使用后,便进入运行维护阶段。运行阶段是软件产品真正产生价值的阶段。受多种因素影响,软件的运行可能会出现一些问题,应该及时地反映给软件开发组进行修改。系统的运行维护是一个漫长的过程,这个阶段直到软件寿命终止。

3. 土地管理信息系统需求分析

土地管理信息系统需求分析是系统分析阶段的主要工作内容,是对整个系统工程建设周期具有决定性的一步。只有通过需求分析,才能把软件功能和性能的总体概念描述为系统建设的需求规格说明,为软件开发奠定基础,为后续开发工作提供依据。

土地管理信息系统建设的需求包括软件需求、硬件系统需求、数据库需求、其他需求等。

(1)软件需求分析。

软件需求分析是指从土地管理业务中提取出土地管理信息系统能够帮助用户解决的业务问题,通过对用户业务问题的分析,规划出土地管理业务软件产品的过程。这个步骤是对土地管理用户业务需求的一个升华,是把用户业务管理流程优化,转化为软件产品,从而提升管理而实现质的飞跃。这一步是否成功,直接关系到开发出来的软件产品能否得到客户认可、顺利交付给客户,客户能否真正运用软件产品解决业务或管理问题。

软件需求包括三个不同的层次:业务需求、用户需求和功能需求。除此之外,每个系统还有各种非功能需求。同样,在土地管理信息系统的软件需求中也包括以上三个层次。土地管理业务需求,主要反映土地管理用户的组织机构、业务流程及对系统的高层次的目标,它们在业务视图与范围文档中予以说明;土地管理用户需求,描述了用户在使用系统时必须要完成的任务,这在土地管理使用实例文档或方案脚本说明中予以说明;系统功能需求,定义了土地管理信息系统开发人员必须实现的软件功能,使得土地管理用户能完成任务,从而满足土地业务需求。软件需求规格说明在开发、测试、质量保证、项目管理及相关项目功能中都起了重要的作用。

以下是软件需求分析的具体过程:按照软件工程对软件开发过程的描述,土地管理信息系统的需求阶段可以细分为需求调研和需求分析两个小阶段。需求调研需要认真细致地了解土地管理用户的业务目标、业务内容、业务流程等,这是一个对需求的采集过程,是进行需求分析的基础准备。软件系统的需求分析可以由产品工程师或系统分析员或两者分阶段合作完成,主要包括提取出核心、主要、急需的业务,明晰业务流程;运用管理思想,优化业务流程;进行业务分类,规划系统蓝图;详细描述软件功能点以及需求分析的质量控制。

(2)硬件系统需求分析。

土地管理信息系统的建设不仅依赖于土地管理信息系统软件,也依赖于硬件系统。硬件是土地管理信息系统工程建设的基础和前提,硬件的换代和升级是制约国土资源信息化的瓶颈之一。要使软件和硬件达到"珠联璧合",更好地发挥作用就需要在进行系统软件需求分析的同时,辅以系统硬件需求分析。

硬件系统需求包括硬件配置需求和网络配置需求两方面。

硬件配置需求主要是对自然资源主管部门信息化建设的硬件建设进行调研、分析,从而为建立土地管理信息系统提供依据。土地管理信息系统工程的硬件环境一般包括基础数据服务器、共享数据库服务器、外部信息服务、数据库服务、Web服务器、邮件服务器、网络管理服务器等服务器;网络设备主要包括交换机、路由器、防火墙等。

网络配置需求是为了更好地实现信息共享。在日常的土地管理业务中,涉及国家、省、市、县、乡镇五级自然资源主管部门进行协同办理的情况比较常见。因此在土地管理信息系统建设中,网络架构分析和设计要兼顾国家、省、市、县、乡镇五级自然资源主管部门的不同需求。一般主要从网络设计目标、网络布线要求、网络结构三个方面对网络配置的情况进行分析。

（3）数据库需求分析。

土地管理信息系统运行成功的一个关键因素就是数据的支撑，数据在土地管理信息系统工程中起着举足轻重的作用。数据按内容包括基础控制测量数据、土地利用数据、土地利用规划数据、地籍数据、地价数据、土地分等定级数据、建设项目用地数据和土地开发、复垦与整理数据等；按表现形式分为图、表、卡、文、证等；按其性质分为矢量数据、栅格数据、属性数据等。如此巨大、种类繁多的数据仅以文件形式存储是不切实际的，建立具有海量数据存储和管理的大型土地管理数据库是土地管理的必然需要。

土地管理信息系统数据库是一种存储海量土地信息的大型空间数据库，它的建立涉及土地管理的许多方面，是一项非常浩繁的工程。因此，土地管理信息系统数据库需求分析就显得至关重要。

（4）其他需求分析。

①人员培训需求。为了保障系统的正常运行，人员的必要培训是非常重要的。培训的内容要根据整个系统的运行情况来进行调研、研究。

②技术服务需求。应确保其技术建议及所提供的软、硬件设备的完整性、实用性，保证整个系统及时投入正常运行。

4. 土地管理信息系统设计

完成系统分析之后，为了实现系统需求规格说明书的要求，必须将用户需求转化为对计算机的逻辑定义，这就是系统设计阶段所要完成的工作。

在土地管理信息系统工程中，土地管理信息系统设计是把用户需求说明书中的逻辑模型转换为物理模型。系统设计不仅要完成逻辑模型所规定的任务，而且要使所设计的系统达到优化。

系统设计从工程的角度分为两个阶段，即总体设计和详细设计。

系统总体设计又称系统的初步设计，其基本目的是回答"系统从总体上应该如何实现"这个问题，包括数据组织设计、数据库架构设计、系统功能设计三个部分。由于土地空间信息的特殊性，数据库的设计应从土地要素分层、图形要素编码、符号、系统表四个方面设计。数据组织设计主要针对基础数据进行分层、编码以及符号库的设计；数据架构设计即对空间和非空间一体化数据库进行设计；系统功能设计是为了实现系统目标，设计出组成这个系统的所有程序和文件（或数据库）。总体设计中进行数据组织设计、数据库架构设计、系统功能设计后，要书写总体设计文档，上交负责人审核，以加强质检，并作为下一步详细设计的依据。

系统详细设计的主要工作任务是逻辑上正确地实现每个模块的功能，从而为源程序编写打下基础。土地管理信息系统详细设计包括建库流程设计、功能详细设计、界面设计。最后编写详细设计说明书，以便程序员编写程序和软件测试。

5.土地管理信息系统软件编码

系统开发编码是项目的实施阶段,包括数据的建库和程序的编码。建库包括空间数据库和属性数据库,要求数据的标准化和规范化;程序编码是将系统设计转换成计算机可接受的程序代码的一个过程。过程中要遵守编码原则和编码规范。

6.土地管理信息系统集成与测试

系统集成和测试的目的就是在软件投入正式运行之前,尽可能多地发现软件中的错误,检验软件能否满足土地管理的数据处理和业务运行以及对软件的可靠性要求。

7.土地管理信息系统运行与维护

在土地管理信息系统软件投入试运行或正式运行之后,应对自然资源主管部门业务人员进行用户培训并提供必要的技术支持,包括系统安装调试、系统升级、维护、技术咨询、疑难解答等。在维护期要对系统故障或缺陷进行详细的分析,以便于系统的改进和升级。

(五)土地管理信息系统的关键技术

1.工作流

工作流管理技术是一种被广泛用于业务建模、办公自动化、并行工程等领域的技术。按照国际工作流管理联盟(Workflow Management Coalition,WFMC)的定义,工作流是指全部或部分实现自动化的业务流程。一个完整的工作流管理应具有功能建造、运行控制和运行交互等三方面的特征。工作流参考模型主要由工作流定义工具、工作流执行服务、管理监控工具和客户端应用等几部分组成。工作流定义工具给用户提供一种对实际业务过程进行分析建模的手段。工作流执行服务通过一个或多个工作流引擎来启动并解释前面所定义的业务过程模型,并同外部应用程序和宏程序进行交互来完成工作流实例化创建、执行和管理。目前的建模方法有:基于活动网络的建模方法,基于 Petri 网的建模方法,基于语言行为理论的建模方法,基于活动与状态图的建模方法,基于语言行为理论的建模方法,基于扩展事务模型的建模方法。

在进行土地政务业务建模时,工作流建模方法应对组织、功能、行为、信息等方面提供全面的支持。

2.海量空间数据访问

海量空间数据访问技术针对地理空间数据量大、数据文件类型复杂、数据使用频率不一致、中间数据量大及成果数据需要长期保存等特点,能满足存储空间动态扩充、数据快速备份、数据快速获取等几个方面的需求,实现对地理空间数据的有效存储管理的技术。海量空间数据访问技术的关键技术包括以下几个方面。

（1）多级索引技术。

索引技术是空间数据库引擎的一项关键技术，它直接影响空间数据访问和查询的效率。任何一种索引技术都有其不足之处，采用单一索引不能满足现在海量影像和矢量空间数据混合存储时获取数据的需求。

（2）文件缓存技术。

文件缓存是为均衡网络和服务器负载、提高应用整体性能而提供的智能分布式存储方案。开启文件缓存选项后，应用程序在访问存储在空间数据库中的数据时，会首先检查本地缓存库中是否已经有相应数据的最新版本，如果没有相应的缓存数据或是缓存数据不是最新版本，则从服务器端读取数据并更新本地缓存数据，这样下次访问的时候就可以直接读取本地缓存数据；如果本地缓存中已经有了相应数据的最新版本，则不必通过网络向服务器请求数据，而是直接读取本地缓存数据来完成显示或分析的功能。通过这种解决方案，可以大幅降低数据库服务器负载和网络负载，从而大幅提高应用程序的整体性能。

（3）数据有损/无损压缩。

近年来，随着新型采集技术的发展，GIS 数据的时间和空间分辨率不断提高，相应的数据规模也不断增长，数据量日益庞大，使得有限的网络带宽、存储空间与海量空间数据处理需求之间的矛盾日益突出。数据压缩作为解决这一矛盾的有效途径，在 GIS 应用中越来越受到重视。对数据进行压缩，有利于节省存储空间和网络带宽，提高数据传输速率。另外，数据压缩后有利于实现保密通信，提高数据的安全性和系统整体的可靠性。

采用海量空间数据存储访问技术可以大大提高土地管理信息系统的运行效率，为日常的土地管理活动提供强有力的支撑。

3. 移动 GIS

移动 GIS，是以移动互联网为支撑，以智能手机或平板电脑为终端，结合北斗、GPS 或基站为定位手段的 GIS 系统，是继桌面 GIS、WebGIS 之后又一新的技术热点。移动定位、移动办公等越来越成为企业或个人的迫切需求，移动 GIS 是其中最核心的部分，使得各种基于位置的应用层出不穷。移动 GIS 技术由嵌入式技术、无线网络技术、分布式空间数据管理技术、移动数据库技术和 GPS 定位技术等关键技术组成。

（1）嵌入式技术。移动 GIS 的无线终端是一种嵌入式系统，具有代表性的嵌入式无线终端设备包括掌上电脑、PDA 和手机等。嵌入式系统是以应用为中心的专用计算机系统，其软硬件可以根据应用需要进行"裁剪"。嵌入式 Java 技术是移动终端中比较常用的一种开发技术。

（2）无线网络技术。在移动通信领域，无线接入技术可以分为两类：一类是基于数字蜂窝移动电话网络的接入技术；另一类是基于局域网的接入技术，如蓝牙、无线局域网等技术。

（3）分布式空间数据管理技术。分布式空间数据库系统是移动 GIS 体系结构中的关键技术之一，它是指在物理上分布、逻辑上集中的分布式结构。因为移动用户的位置是不断变化的，需要的信息多种多样，所以任何单一的数据源都无法满足要求，必须有地理上分布的各种数据源，借助于现有的分布式处理技术，为多用户并发访问提供支持。

（4）移动数据库技术。移动数据库是指移动环境的分布式数据库，是分布式数据库的延伸和发展。移动数据库要求支持用户在多种网络条件下都能够有效地访问，完成移动查询和事务处理。利用数据库复制/缓存技术或数据广播技术，移动用户即使在断接的情况下也可以访问所需的数据，从而继续自己的工作。其中时态空间数据库技术是移动 GIS 的关键。移动数据库技术的研究主要涉及五个方面：移动数据库复制/缓存技术、移动查询技术、数据广播技术、移动事务处理技术和移动数据库安全技术。

（5）GPS 定位技术。GPS 定位技术可为用户提供随时随地的准确位置信息服务。其基本原理是将 GPS 接收机接收到的信号经过误差处理后解算得到位置信息，再将位置信息传给所连接的设备，连接设备对该信息进行一定的计算和变换后传递给移动终端。

4. 三维空间数据模型

三维 GIS 技术作为 GIS 的一个重要发展方向，从 20 世纪 80 年代末以来，一直就是 GIS 研究的热点，其研究范围主要涉及数据库（database）、地理信息系统、计算机图形学（computer graphics，CG）、虚拟现实（virtual reality，VR）等学科和领域，主要解决的是三维 GIS 实现中技术层次的问题。

三维空间数据模型是研究三维空间的几何对象的数据组织、操作方法及规则约束条件等内容的集合。定义和开发一个新的三维数据模型需要考虑三个方面的问题：确定需要描述的对象、三维数据的存储及逻辑关系的表达如何显示模型。目前提出的三维空间数据模型主要有：①基于面元的不规则三角网（triangulated irregular network，TIN）模型、格网（Grid）模型、边界表示（B-Rep）模型等。其优点是便于表面显示、纹理贴图和数据更新，因而广泛用于建筑三维建模；缺点在于难以进行空间分析，不是真三维的。②基于体元的结构实体（constructive solid geometry，CSG）、四面体格网（tetrahedral network，TEN）法、八叉树（octree）、三棱柱（tri-prism，TP）等。这些模型采用大量足够小的体元（如正方体、不规则四面体、三棱柱体等）进行组合，是真三维的结构，优点在于可用于表达情况复杂、非均匀的对象（如地质），易于空间分析，但数据量大、算法复杂、精度不高、输出效果较差。为了兼具两者的优点，可采用两种或两种以上的表面模型或体元模型同时构模的混合结构。

例如,传统的地籍管理都是基于二维地籍进行调查、测量和登记的,所建立的地籍数据库、地籍时空数据模型和地籍信息系统也是基于传统的二维 GIS 技术。近年来,随着社会经济的迅猛发展,为了土地的集约利用,土地立体利用的程度正在日趋加大,如地下人防工程、地下隧道、地下电缆管线、高架天桥等基础设施。二维地籍仅明晰了土地横向上的权属界线,而无法表示纵向的权利范围。《城市地下空间开发利用管理规定》中,提出了"谁投资、谁所有、谁受益、谁维护"的原则;《物权法》在第十条规定"国家对不动产实行统一登记制度",在第一百三十六条明确规定"建设用地使用权可以在土地的地表、地上或者地下分别设立"。可见,将三维空间数据模型引入地籍管理信息系统将是未来的一个发展方向。此外,三维空间数据模型也可用于如丘陵地区的土地利用规划、土地生态景观规划等。

5. 云计算

云计算(cloud computing)是一种按使用量付费的模式,这种模式提供可用的、便捷的、按需的网络访问,进入可配置的计算资源共享池(资源包括网络、服务器、存储、应用软件、服务),这些资源能够被快速提供,只需投入很少的管理工作,或与服务供应商进行很少的交互。云计算具有超大规模、虚拟化、高可靠性、按需付费、高扩展性、极其廉价等众多特点和优势,并且通常被认为包括以下几个层次的服务:基础设施即服务(infrastructure as service,IaaS)、平台即服务(platform as service,PaaS)和软件即服务(software as service,SaaS)。

云计算的关键技术主要包括虚拟化技术、分布式海量数据存储技术、海量数据管理技术、编程方式、云计算平台管理技术。

6. 大数据

大数据(big data)是一个庞大的概念集合,用以指代各种规模巨大到无法通过手工处理来分析解读信息的海量数据。大数据巨大的发展潜力及优势已经获得了各行业及政府部门的关注。宏观上来讲,大数据具有体量大、速度快、类型多、辨识难、价值密度低的特点,被认为是融合物理世界、信息空间及人类社会的核心纽带。

(1)体量大,指随着物联网技术发展,利用各式智能终端设备、传感器等获取的业务和实时监测数据总量巨大。

(2)速度快,即在数据量爆发式增长的同时要求更快的数据处理能力,这两者看似是矛盾的,却是大数据时代所必需的。

(3)类型多,大数据其"大"并不单单是指数据量的增长,其核心在于数据类型多样,这意味着一个应用既要处理结构化数据,同时还要处理文本、视频、语音等非结构化的数据,这对现有数据处理技术提出了更多的要求。

(4)辨识难,即数据的不确定性,数据真伪难辨是大数据应用的最大挑战,如何在海量数据中提取有效信息是大数据技术所要解决的。

(5)价值密度低,相对于万亿级别的数据量基础,其有效信息量较低。

在大数据时代,人们意识到最重要的价值是从数据当中挖掘的价值。数据化积累与云计算分析的结合,让大数据日益渗透到各行各业,成为支撑科学决策的"大智库"。但是并不是所有的行业都可以轻松挖掘其已有数据的价值,这需要大量整理、分析、关联及应用的过程,没有以上过程,这一行业所拥有的数据并不是"大数据",只是"数据大"而已。

近年来,随着信息采集技术的迅速发展,国土资源基础数据、业务数据、管理数据与监测数据也在不断增长,各类遥感影像数据、国土资源调查数据、基本农田与重点矿山监测数据、地质灾害预警预报数据等,都具有了大数据的一些特性。而且近年来,视频、传感器、智能设备等技术的不断发展,极大地增加了数据量,使得各类型国土数据具有巨大的潜在价值;这些国土空间数据结合庞大的互联网上相关的社会、经济、人口数据,可以让人们更好地感知和理解人地之间的一些关联关系和时空行为特征。随着大数据时代的到来,国土资源管理方法面临革新,其相应的方法论也将随之转变。

二、土地管理信息系统的使用与管理

(一)数据获取

土地数据的获取与采集包括以下方法。

1. 野外实测

(1)传统测绘方法。

早期传统的测量方法包括经纬仪测图法、大平板仪测图法和经纬仪配合小平板仪测图法等,这些方法获得的土地数据具体、准确,但花费的人工成本高,工作周期长,目前已基本不采用。

(2)全球定位系统(GPS)。

①GPS 在土地数据获取中的应用。GPS 技术是依靠导航卫星来确定地球上某一位置坐标的技术,它已经成为既便宜又精确的一种数据采集技术。目前的GPS 技术精度已经可以达到毫米级。它具有定位精度高、观测时间短、执行操作简便、全球全天候作业、功能多、应用广、抗干扰性能好、保密性强等特点。

GPS 所采集的坐标点 X、Y、Z 的信息可以以文本的形式存储,然后根据数据库的要求,使用一些简单的程序就可以将其转换成有拓扑关系的图形。

GPS 技术在土地业务各个领域都有广泛的应用,特别是在地形测图和地籍测量中。与传统的测量方法相比,GPS 具有更高的精确度,且不需要在完全通视的条件下就能完成点与点之间的测量工作,精确度能达到厘米级。例如,现今 GPS 技术已成为土地开发整理过程中获得空间数据的最重要手段,尤其是在大比例尺的土地开发管理工作中,运用该技术可以实时准确获得地物信息与地界或权界等信息。

②RTK 在土地数据获取中的应用。载波相位动态实时差分（real-time kinematic，RTK)定位技术是基于载波相位观测值的实时动态定位技术,它能够实时地提供测站点在指定坐标系中的三维定位结果,并达到厘米级精度。

在 RTK 作业模式下,基准站通过数据链将其观测值和测站坐标信息一起传送给流动站,不仅通过数据链接收来自基准站的数据,还要采集 GPS 观测数据,并在系统内组成差分观测值进行实时处理,历时不到一秒钟。流动站可处于静止状态,也可处于运动状态;可在固定点上先进行初始化再进入动态作业,也可在动态条件下直接开机,并在动态环境下完成整周模糊度的搜索求解。在整周未知数解固定后,即可进行每个历元的实时处理,只要能保持四颗以上卫星相位观测值的跟踪和必要的几何图形,流动站就可随时给出厘米级定位结果。这可较好地满足对精度和速度要求较高的地籍测量的需要。

③CORS 在土地数据获取中的应用。近年来,动态实时差分 GPS-RTK 技术已完全成熟,测绘成果的精度、实用性和效率都得到大幅度提高,但 RTK 也存在其自身的使用限制:用于单基站作业模式,每次测量都要重复地架设基站求取参数,而且测量的精度和可靠性也会随着作业半径的增大而降低。为了克服 GPS-RTK 技术上的缺陷,近几年,一种新的动态 GPS 技术连续运行卫星定位系统（continuously operating reference stations，CORS)在各地陆续建立。它具有操作简便、成本低、精度高、实时性强、覆盖率广等优点,特别是 COR 系统内网络 RTK 测量功能的实现改变了传统测量作业模式,较大地提高了测绘工作的效率,在测绘中得到越来越多的应用,正逐步取代传统单基站 RTK 技术。

在土地数据的获取中,CORS 能兼顾不同层次的用户对定位精度的要求,可以提供米级、分米级、厘米级的差分数据。例如,在土地测量中,就必须要厘米级的精度,所以要用实时载波相位差分型的数据。而在土地执法的过程中就可以利用分米级的差分数据。而且 CORS 覆盖范围广,作业效率高,一次投资,长期受益。目前我国多个省份已经建立了覆盖全省的 CORS 系统。

2. 航测遥感

(1)航空摄影测量。

①航空遥感技术简介。航空遥感是指从飞机、飞艇、气球等空中平台对地进行观测的遥感技术系统。航空遥感常用的传感器记录方式有胶片、像片和数码存储三种。按照航摄仪获取影像的方式,航空摄影可分为两种:一种是传统的航空摄影,利用感光胶片特性来承载地物信息,经冲洗后,以扫描数字化的方式获取数字影像;另一种为数码航空摄影,利用线阵或面阵 CCD 将光学信号直接转化为电信号,获取的数字影像直接存储。航摄数据大多是国内具有测绘航空摄影资质的单位采集的,一般集中在城市、重点地区经济发达地区或者卫星难以获得影像的地区。航空摄影测量主要使用航摄飞机或者无人机搭载光学、数码或者 LiDAR 航

摄仪获取高分辨率影像数据,普遍的分辨率在 0.5m 以下或者制图比例尺在 1∶5000～1∶2000。

②航空摄影在土地数据获取中的应用。航空摄影测量已普遍用于地图的制作。早期经过专门训练可以用一种被称为立体解析测图仪的光学、电子仪器,直接在航空照片上读取坐标,传输到计算机中。后来采用数字摄影测量系统取代立体解析测图仪,这种技术目前已大量应用在土地调查数据采集工程中。

(2)卫星遥感。

①卫星遥感技术简介。卫星遥感技术是指利用遥感仪器不直接接触被研究的目标,感测目标特征(一般指反射或发射电磁波)信息的技术。除可见光外,卫星遥感还可以利用其他波段的电磁波(如红外线)或人工发射电磁波对地球表面进行远距离遥测,遥测的结果如果是记录在照片上,就得到光学图像;如果是以数字方式记录下来(一般是把模拟信号转换成数字信号),就得到数字图像。无论是光学图像还是数字图像都必须经过处理才能获得所需要的信息。

卫星数据采用国外的比较多,如 SPOT-5(法国 2.5m)、QuickBird(美国 0.61m)、WorldView(美国 0.5m)、IRS-P5(印度 2.5m)、ALOS(日本 2.5m),近些年还常使用 RapidEye(德国 5m)。国产卫星数据近两年使用的比例也渐渐增高。

对收集到的遥感图像需要进行辐射校正和几何纠正、图像整饰、投影变换、镶嵌、特征提取、分类及各种专题处理等一系列操作,以达到数据运用的初步要求。遥感数字图像处理的内容主要有:图像恢复,即校正在成像、记录、传输或回放过程中引入的数据错误、噪声与畸变,包括辐射校正、几何校正等;数据压缩,改进传输、存储和处理数据效率;影像增强,突出数据的某些特征,以提高影像目视质量,包括彩色增强、反差增强、边缘增强、密度分割、比值运算、去模糊等;信息提取,从经过增强处理的影像中提取有用的遥感信息,包括采用各种统计分析、集群分析、频谱分析等自动识别与分类。遥感数字图像处理通常利用专用数字图像处理系统来实现,且依据目的的不同,采用不同算法和技术。

②卫星遥感在土地数据获取中的应用。卫星遥感技术获取信息有范围大、速度快、应用广的特点,长期在地球轨道上运行的遥感卫星可以时时刻刻地向地面传送探测到的信息。遥感信息中既有空间位置信息,又有属性信息。大范围的资源、环境调查,遥感信息往往是主要信息源。在土地、地质、水文、土壤、植被、气象、数字地面高程等调查中,已有很多成功的实例。自然资源主管部门已成功地将卫星遥感技术运用于土地利用现状调查和土地利用动态监测中。

20 世纪 80 年代到 21 世纪初,我国先后利用航空遥感和卫星遥感信息完成了全国土地概查,1∶10000、1∶50000、1∶100000 和 1∶200000 的土地利用调查。在全国第二次土地调查中,也充分利用了遥感技术,利用航空像片或卫星影像的正射影像,通过内业判读和实地调绘相结合的方式,对耕地等面积进行调查。

同时,随着遥感技术的发展和土地业务的需要,高分辨率遥感技术在土地利用调查和动态监测中的应用越来越普遍。土地利用遥感动态监测是基于同一区域不同年份的图像间存在着光谱特征差异的原理,来识别土地利用状态或现象变化的过程。土地利用动态监测包含监测区域内的全部土地资源,能提供各土地利用类型的数量、质量、空间分布等动态信息。我国目前主要是对耕地和建设用地等土地利用变化情况进行及时、直接、客观的定期监测,检查土地利用总体规划及年度用地计划执行情况。重点是核查每年土地变更调查汇总数据,为国家宏观决策提供比较可靠的依据;对违法或涉嫌违法用地的地区及其他特定目标等进行日常快速监测,可为违法用地查处及突发事件处理提供依据。

相比于高分辨率的卫星遥感影像的应用,近些年低空遥感开始越来越多地运用在土地动态管理中。其获取的数据与卫星数据相比具有成本低、精度高、速度快和超灵活的特点,低空遥感系统弥补了卫星遥感在有云覆盖地区上空不能有效采集数据,以及常规航空遥感在成本和机动性等方面的不足。例如,近年来出现了将无人机应用于村庄地籍调查,以及采用无人机倾斜摄影技术进行地表三维数据建模等。

从目前实际应用的工作情况看,通过高分辨率遥感采集的一季度一次的影像比对,采取三级网络巡查,结合低空遥感和手持端的执法巡视等三种工作机制,基本上实现了"天上看、地上查、网上管",满足了实时监控土地利用动态变化情况的需要。

3. 地图矢量化与数字测图

地图矢量化是重要的地理数据获取方式之一。地图矢量化,就是把栅格数据转换成矢量数据的处理过程。当纸质地图经过计算机图形、图像系统光电转换量化为点阵数字图像,经图像处理和曲线矢量化,或者直接进行跟踪数字化后,就可生成被地理信息系统显示、修改、标注、漫游、计算、管理和打印的矢量地图数据文件,这种与纸质地图相对应的计算机数据文件称为矢量化电子地图。扫描矢量化在土地数据的获取中也有着重要的应用,当数据源是纸介质图件时,可对其进行预处理、扫描、纠正、矢量化等处理。早期对图形数据的采集一般使用扫描矢量化方法实现。

数字测图是指对利用全站仪、全球定位系统接收机等仪器采集的数据及其编码,通过计算机图形处理而自动绘制地形图的方法。地面数字测图基本硬件包括全站仪、全球定位系统接收机、计算机和绘图仪等。数字测图软件的基本功能主要有:野外数据的输入和处理、图形文件生成、等高线自动生成、图形编辑与注记和地形图自动绘制。目前全野外数字测图方法广泛应用于测绘 1:500、1:1000、1:2000的比例尺地籍图。

（二）土地信息的表达

1. 数据转换

土地信息的原始数据录入，可能因数字化数据与使用格式不一致，或是各种数据源的比例尺和投影不统一，或是各幅地图数据不匹配等而产生录入困难。数据处理就是要解决上述这些问题，为不同模式、不同存贮介质的数据进行整合、检查、入库提供统一的数据处理机制，为初始建库和日常变更维护提供强大的数据处理工具，包括数据编辑、图幅处理、数据压缩、数据类型转换和数据提取等。

2. 数据检查

在数据转换之后，数据入库之前必须进行数据的质量检查，以保证数据库数据的正确性，内容包括图形检查、属性检查、风格检查、拓扑检查等几个方面。

（1）图形检查。不同格式的数据在转换的过程中可能会产生各种各样的错误（悬点、缺边等），使得图形在进行拓扑运算的时候出错，所以须进行图形检查。其具体包括四个方面：①错误图形记录检查。检查图层中是否存在悬点、缺边等错误的图形记录。②环状图形面积检查。检查图斑的面积和图斑与自身相交造成面积不等的情况。③面积检查。检查每个行政区域面积之间的误差是否在允许范围之内。④其他检查。如重叠检查、缝隙检查、自相交检查和线闭合检查。

（2）属性检查。属性检查的目的是检查属性数据是否丢失或者不完整，具体包括以下五个方面：①表结构检查。检查图层的表结构和数据库中相应的表结构是否相同。②字段值非空检查。检查某个字段是否有重复赋值。③重复编号检查。检查某个字段值是否有重复的编号。④字段值范围检查。检查字段值是否在设定的范围内。⑤枚举检查。检查字段值是否在设定的枚举表中。

（3）风格检查。风格检查，即符号化检查，或要素编码的检查，是数据转化过程中最棘手的问题之一。不同 GIS 平台下图形数据的符号（如颜色、线型、线宽等）是不能兼容的，所以要解决不同平台之间数据转换中风格的丢失问题，只有通过要素编码将不同要素对应起来，也就是将符号库对应起来，才能实现风格的转换。

（4）拓扑检查。一些数据模型支持拓扑关系（如 Coverage）而另一些不支持（如 Shapefile），而且不同 GIS 支持拓扑关系可能不一致。当从支持拓扑关系的数据模型向不支持拓扑关系的数据模型转入数据时，拓扑关系会丢失；当从不支持拓扑关系的数据模型向支持拓扑关系的数据模型转入数据时，必须重新建立拓扑关系。拓扑关系是否正确，是否丢失，都要通过拓扑检查来获得。

3. 数据建库

数据建库是将采集和检验的数据转入数据库的过程。由于数据采集格式的多样化，数据质量的参差不齐，数据建库是一个复杂的工程，尤其对于土地管理信息系统，其涉及数据内容多、类型庞杂，应根据预先设定的模式入库。如数字线画图

(DLG)要根据点、线、面和注记来分别入库;而影像数据根据实际需要,可以在入库过程中建立影像金字塔,这样可以大大提高影像数据的读取速度。

4. 数据存储和管理

目前,利用空间数据库技术,实现属性数据和空间数据的一体化存储和管理是土地信息数据库的主流技术方法,这也是当前 GIS 应用技术发展的主流,即利用对象关系数据库系统和空间引擎技术,利用 SQL 语言对空间与非空间数据进行操作,这样可以利用大型关系数据库系统的海量数据管理、事务处理、并发控制、数据仓库等功能,实现空间数据和非空间属性数据的统一存储和管理。

三、土地管理信息系统的应用

(一)在农业中的应用

1. 农村土地承包经营权调查与登记

(1)概述。

农村土地承包经营权确权是指以现有的土地承包合同、权属证书为依据,查清承包地块的面积和空间位置,建立健全土地承包经营权登记簿,妥善解决承包地块面积不准、四至不清、空间位置不明、登记簿不健全等问题,把承包地块、面积、合同、权属证书落实到户。农村土地承包经营权确权登记颁证,是指对家庭承包土地确权登记颁证和其他承包方式承包的土地确权登记颁证。

农村土地承包经营权确权登记颁证是中央关于"三农"工作的重大部署,是依法维护农民的土地承包经营权的重要举措,是推动土地规范流转、促进土地适度规模经营、发展现代农业的客观需要,是加快城乡发展一体化,促进城乡要素平等交换和公共资源均衡配置,深化农村产权制度改革、征地制度改革,增加农民财产性收入的有效途径。

(2)农村土地承包经营权调查。

承包地调查数据采集是开展农村土地承包经营权登记的前提条件。加强与国土和测绘地理信息部门沟通协调、共享数据资源,利用大量高分辨率的卫片、航片和相关成果资料,可以满足土地承包经营权登记的需要。

按照位置准确、面积精确、承包农户认可的原则,以满足精度要求的土地调查成果图、正射影像图、数字线划图为工作底图,以村民小组为基本单元,通过地面实测或调绘方法,调查每块承包土地的面积、位置、形状、权属和空间分布等情况,并按照统一的地块编码进行标识,建立覆盖乡镇的县级农村土地承包信息数据库及管理信息系统。

外业调查可采用按村民小组实地逐地块调查的方式,调查应以客观、公正为原则,面积、空间位置和权属等信息需得到承包农户的充分认可。农村土地承包经营权调查以 1∶500～1∶5000 基本比例尺为主,坐标系统统一采用 CGCS2000 国家大地坐标系,投影方式采用高斯-克吕格投影,高程系统采用"1985 国家高程基准"。其中,大中城市郊区规划建设范围内(以政府公布的土地规划和城市规划范围为准)原则上采用 1∶500 比例尺。

农村土地承包经营权调查主要成果分乡、县两级模式,其中,乡村级农村承包土地调查成果主要包括基础工作底图、地籍测量原始记录、村组承包土地地籍图、土地承包台账等;县级农村土地承包经营权调查成果主要包括基础工作底图、地籍测量原始记录、村组承包土地地籍图、农村土地承包经营权登记簿、覆盖乡镇的县级土地承包信息数据库及管理信息系统等。

(3)应用。

农村土地承包经营权管理信息系统建设的目的是将县级农村土地承包管理部门在登记过程中产生的影像、图表和文字材料,按照统一的标准进行数据入库和信息管理,完成农村土地承包管理信息化。农村土地承包经营权管理信息系统应实现数据入库、地籍调查表管理、承包地块变更、信息查询、统计分析和展示、承包经营权发证、土地流转管理及信息公开发布。

通过整合农村土地经营权调查数据,以土地利用现状数据、航空航天影像数据作为底图,依托农村土地承包经营权数据库标准,检查包含入户调查信息、承包地块测量数据等的经营权数据库,建成规范化、信息化的农村土地承包经营权信息管理体系;各级相关管理部门可使用具有统一数据存储规范的农村土地承包经营权管理信息平台,实现数据集中化、标准化、规范化管理及高效的更新维护和管理机制;依托于农村土地承包经营权管理信息平台,可按统一格式生成土地承包经营权登记簿,生成土地承包经营权证书,实现对登记相关资料的归档管理和高效查询机制;同时,借助农村土地承包经营权管理信息平台,可以活跃土地流转市场,实现土地流转价值最大化和充分保护农民利益,实现土地承包信息的网上发布和流转。

通过以上对土地信息在农村土地承包经营权调查与登记中的应用分析,农村土地承包经营权信息管理系统建设可分为数据管理子系统、确权登记发证子系统、土地流转管理及发布子系统、系统维护子系统。

2. 高标准基本农田管理

(1)概述。

我国实行基本农田保护制度,基本农田保护实行全面规划、合理利用、用养结合、严格保护的方针。基本农田是指按照一定时期人口和社会经济发展对农产品的需求,依据土地总体规划确定的不得占用的耕地。高标准基本农田是指一定时期内,通过农村土地政策形成的集中连片、设施配套、高产稳产、生态良好、抗灾能力强、与现代化农业和经营方式相适应的基本农田。高标准基本农田是实施严格、精细化管理的重点区域,对这些区域一定要实施严格的数量管控、质量管理、生态管护,做到稳布局、提等级、强管护、促利用。

大规模建设高标准基本农田,是实现耕地数量管控、质量管理和生态管护目标,促进粮食安全、经济安全和生态安全有机统一的有效抓手,也是贯彻新型资源观和新型资源管理观,推动土地利用管理方式转变的重要途径。大力推进高标准基本农田建设,能够有效解决耕地分割细碎、水利设施短缺、质量较低和农田环境恶化等问题,增强农业抗灾能力,提高粮食综合产能,既可以提升粮食安全保障能力,又可以加快推进以转变农业发展方式为主线的中国特色农业现代化,还有利于农民收入持续增长与宜居家园建设。

(2)应用。

信息化保障制度是高标准基本农田建设的关键,需要由农业农村主管部门和自然资源主管部门联合建设。将高标准基本农田建设管理纳入综合监管平台,在线实时监管。农村土地整治检测监管系统实施上图入库、集中统一、全面全程监管,切实做到底数清、情况明、数据准、现实性强。实现过程管理,实现"三统一",即统一命名、统一永久性保护标识、统一网格化监管。建立动态化监测体系,对高标准基本农田的空间布局变化、质量等级变化、利用效率变化等进行监测,定期通报监测情况,为持续加强后期管理、长期发挥工程效益提供科学依据。同时,探索利用视频监测、无人机、遥感等技术,逐步做到对高标准基本农田的无人值守监管。

基于已建成的国土资源数据库建设省级高标准农田成果数据库及管理软件,可全面掌握高标准农田建设现状,精准标注高标准农田建设布局和进展情况,明确项目的地理定位和地块四至范围,避免项目前建后征和重复建设,切实有序做好高标准农田建设和管护工作,实现高标准农田项目的数字化、网络化、可视化管理。其具体功能包括高标准农田项目数据检查、入库、浏览、查询、统计分析等。

(二)在税务中的应用

1. 税务信息共享背景

税务部门与自然资源主管部门联合开展"以地控税、以税节地"试点工作,是税务部门应用土地信息提高土地税收征管质量与强化税收职能作用的有效手段,也是自然资源主管部门推进土地调查信息成果应用建设,以及运用税收信息促进土地节约集约利用的重要途径。具体做法为:自然资源主管部门将最新的土地调查信息(包括土地权利人、土地坐落、四至、用途、面积、正射影像图等)和土地登记信息提供给税务部门。而税务部门在日常的征收管理和税务稽查工作中,将发现的纳税人未办理用地手续或土地登记手续、私改用途等违法用地信息提供给自然资源主管部门。自然资源主管部门在对用地情况进行检查和查处土地违法案件中,发现擅自转让(受让)土地使用权的,涉及未提供相关土地增值税和耕地占用税等完税凭证的,将有关情况及时通知税务部门。利用"以地控税"管理系统,积极探索建立信息共享机制,增强在线信息查询的应用,实现信息的实时共享。

2."以地控税"系统实例

"以地控税"系统可实现税源信息的可视化管理、税源信息动态管理、涉地税收风险预警、绩效考核质量控制、税收疑点排查、税收计划分析、税源结构分析等功能。通过数据接口获取税务部门税源数据和自然资源主管部门的地籍数据,进行相应的逻辑关联,为税务部门提供以地控税的应用服务。

(1)涉地税源信息可视化管理。

系统将实现宗地信息和土地税源的关联比对,分全市、县(区)、等级、街坊、宗地展示图形信息、纳税人税源信息,并统计展示相应级别的税源信息。

(2)税源信息展示。

系统展示指定层级下的纳税人信息和税源信息。层级包括市级、县(区)级、指定城镇土地使用税税收等级、街坊级、宗地级等。以列表的形式展示对应区域的纳税人信息,分颜色对已登记户、未登记户、可转化税源户和注销户进行展示。

(3)国土地籍信息变更比对分析。

自然资源主管部门将向税务部门定期或不定期地提供城镇地籍更新数据,将变更信息与原信息进行比对生成宗地变更图形和宗地变更比对表。

(4)税收征管信息比对。

与征管系统进行对接,实现税收征管数据与税源数据的日常比对,从而实时对税收征管工作的进展和存在的问题进行预警和展示。

(5)税收疑点清册业务流转。

市级税务部门每季度或半年将对全市的城镇土地使用税和房产税税收征管信息由征管回流数据库导入税收征管数据临时库中,并将征管信息与税源信息进行比对、统计,生成税收疑点清册。市级税务部门将税收疑点清册下发到各县(区)税务部门,各县(区)税务部门对税收疑点进行情况说明并反馈。

(三)在测绘和数字城市中的应用

1.地理国情监测

地理国情是指包括国土疆域面积、地理区域划分、地形地貌特征、道路交通网络、江河湖海分布、土地利用与土地覆盖、城市布局和城镇化扩张、生产力空间布局、灾害分布等在内的自然和人文地理要素在宏观层面的综合表达,是基本国情的重要组成部分。为了全面获取地理国情信息,掌握地表自然、生态及人类活动基本情况,我国于2010年全国测绘局长会议中提出地理国情监测的任务。第一次全国地理国情普查的标准时点为2015年6月30日,并于2015年年底前完成普查信息的整理、汇总、统计分析,形成普查报告。

地理国情普查分类对象可分为地表形态、地表覆盖和重要地理国情要素三个方面。

(1)地表形态数据反映地表的地形及地势特征,也间接反映地貌形态。数字高程模型是反映地表形态常用的计算机表示方法。

(2)地表覆盖分类信息反映地表自然营造物和人工建造物的自然属性或状况。地表覆盖不同于土地利用,一般不侧重于土地的社会属性(人类对土地的利用方式和目的意图)等。地表覆盖通常采用规则格网形式的场模型(也称作域模型)进行描述。

(3)重要地理国情要素信息(简称地理国情要素)反映与社会生活密切相关、有较为稳定的空间范围或边界,具有或可以明确标识,有独立监测和统计分析意义的重要地物及其属性,如城市、道路、设施和管理区域等人文要素实体,湖泊、河流、沼泽、沙漠等自然要素实体,以及高程带、平原、盆地等自然地理单元。通常采用要素模型(也称作对象模型)来进行描述,按照其空间特征分为点、线、面、体四种基本对象。

地理国情普查分数据准备、数据整合与分析、地理国情信息普查、本地数据库建设、统计分析五个步骤进行。其中,土地信息(主要是土地调查信息)为地理国情监测提供了重要的基础信息,如土地利用分类、土地属性等。

2. 数字城市地理空间框架

数字城市地理空间框架构筑于信息化基础设施及支撑软件环境之上,是"数字城市"建设的基础性工程,因此,建设完善的数字城市地理空间框架显得至关重要。它以基础地理信息数据为基础,以满足政府管理和决策需求为出发点和落脚点,充分运用 RS、GPS、GIS 和计算机网络等技术,建设多尺度、多分辨率、多种类的地理空间数据体系,构建统一的地理信息公共平台,为城市建设和管理政府宏观决策及社会公众提供完善、优质、有效的地理信息服务。在数字城市地理空间框架建设的基础上,开发典型应用示范系统,强化应用服务功能,推进城市地理信息资源的共享机制建设,为城市发展提供有力的辅助决策支撑。一方面,数字城市地理空间框架可以为土地管理提供基础底图数据;另一方面,土地信息(主要是土地调查信息)由于更新较为及时又可以反过来作为数字城市地理空间框架数据更新的重要参考。

将土地调查数据应用于数字城市地理信息框架数据库建设,需要考虑测绘基准的统一、数据标准与规范的统一、数据平台与格式的统一、数据完整性和数据现势性等。

(四)在不动产统一登记中的应用

1. 不动产统一登记概述

2013 年 11 月 20 日召开的国务院常务会议决定,整合不动产登记职责、建立不动产统一登记制度,由原国土资源部负责指导监督全国土地、房屋、草原、林地、海域等不动产统一登记职责,基本做到登记机构、登记簿册、登记依据和信息平台"四统一";同时,建立不动产登记信息管理基础平台,其总体要求是实现不动产审批、交易和登记信息在相关部门间依法依规互通共享,消除"信息孤岛"。2015 年 3 月 1 日《不动产登记暂行条例》正式开始实施。由此,土地纳入不动产统一登记,全国各级迅速整合组建了不动产统一登记机构,开展不动产权籍调查和自然资源调查,研制部署了不动产统一登记信息系统。

不动产统一登记有利于保障不动产交易安全,促进不动产登记信息更加完备、准确、可靠;根据准确有效的信息来进行不动产交易保障交易安全,为建立健全社会征信体系创造条件;有利于提高政府治理效率和水平,更加便民利民,同时也将最大限度地整合资源,减少政府行政成本;进一步厘清政府与市场的关系,完善政府运行机制,发挥市场的积极作用。

2. 应用

不动产统一登记主要涉及土地、房屋、草原、林地、海域,以及即将纳入的农村土地承包经营权等,现有的各种登记业务基本上都颁布了登记办法,对登记的相关工作做了明确规定。现有的土地登记可为不动产统一登记提供详细的土地位置和坐标信息及包含土地权利人信息、土地权属、土地面积、用途等的权属信息;土地登记信息数据能为平稳过渡到不动产统一登记信息平台和数据共享提供良好的数据支撑。

为实现不动产统一登记,需要对原先分散登记中所生成的土地登记数据、地籍数据和房产登记数据等数据进行充分整合,通过宗地代码、自然幢编号还有不动产单元号建立数据关联关系,最终建成用于支撑不动产登记信息管理基础平台运行的成果数据库。

在数据整合达到一定比例的基础上,利用不动产登记信息管理基础平台独立实施房地登记权属审核,实现基于统一数据基础、统一软件平台和统一审核环节的房地登记统一审核模式,从而实现不动产统一发证。

3. 不动产登记信息共享

根据不动产统一登记制度实施的总体要求,不动产登记信息管理基础平台是不动产登记各项制度落实和信息共享查询的基础。建立不动产登记信息管理基础平台,实现不动产审批、交易和登记信息在有关部门间依法依规互通共享,提供不动产登记信息依法公开查询服务,有利于群众办证,提高办证效率,消除"信息孤岛",促进不动产登记信息更加完备、准确、可靠,建立健全社会征信体系,保证不动产交易安全,保护群众合法权益。

不动产登记信息管理基础平台覆盖全国,主要面向各级不动产登记机构、不动产审批和交易主管部门、其他相关部门、社会公众四类服务对象,提供登记业务支撑、信息实时互通共享、信息共享交换、信息依法查询服务。

（1）面向各级不动产登记机构提供业务支撑服务。不动产登记信息管理基础平台为各级不动产登记机构的登记业务申请、受理、审核、登簿等全流程的网上运行，以及不动产登记信息综合分析等，提供技术支撑服务；为纵向上各级不动产登记机构间登记信息的实时共享提供技术支撑。

（2）面向各级不动产审批和交易主管部门提供信息实时互通共享服务。不动产登记信息管理基础平台应满足不动产审批、交易和登记信息在国土资源、住建、农业、林业、海洋等部门间的实时互通共享，推动相关部门间不动产登记与审批和交易之间的业务联动，为相关部门的行业管理和监管提供信息保障。

（3）面向相关部门提供信息共享交换服务。不动产登记业务审核需要身份验证、完税缴费等信息，相关部门日常管理工作对不动产登记信息也有广泛需求。故需要建立信息共享机制，明确信息共享内容、方式和技术流程，实现不动产登记机构与公安、民政、财政、税务、工商、金融、审计、统计等部门之间的信息共享交换，服务于社会征信体系的建立健全和市场经济制度的完善。

（4）面向社会公众提供信息依法查询服务。不动产登记信息管理基础平台为权利人、利害关系人提供便捷的信息依法查询服务，保障不动产权利人和利害关系人的合法权益。

（五）在"多规合一"中的应用

1."多规合一"概述

随着我国经济发展水平和城镇化水平的提高，日益频繁的城乡建设活动对国民经济与社会发展规划、土地利用总体规划和城乡规划等不同规划的协调带来了巨大的挑战，也产生了城市扩张无序和生态用地被侵占等一系列问题。为解决上述问题，国家层面要求开展"多规合一"工作。

"多规合一"（或多规融合）是指在一级政府一级事权下，强化国民经济和社会发展、土地利用、环境保护、文物保护、林地与耕地保护、综合交通、水资源、文化与生态旅游资源、社会事业等各类规划的衔接，确保"多规"确定的保护性空间、开发边界、城市规模等重要空间参数一致，并在统一的空间信息平台上建立控制线体系，以实现优化空间布局、有效配置土地资源、提高政府空间管控水平和治理能力的目标。建立国土空间规划体系并监督实施，实现"多规合一"是党中央、国务院作出的重大战略部署。随着国土空间规划体系的建立和实施，土地利用总体规划和城乡规划将不再单独编制和审批，最终将被国土空间规划所取代。考虑到"多规合一"改革正在推进中，2019年最新修改的《土地管理法》为改革预留了法律空间，增加第十八条，规定：国家建立国土空间规划体系。经依法批准的国土空间规划是各类开发、保护、建设活动的基本依据。为了解决改革过渡期的规划衔接问题，新《土地管理法》还明确:已经编制国土空间规划的,不再编制土地利用总体规划和城乡规划。同时在附则中增加规定:编制国土空间规划前,经依法批准的土地利用总体规划和城乡规划继续执行。

通过"多规合一",可以解决不同规划之间差异不断扩大的问题,同时也可以把"合一"后的成果整合到统一的技术信息平台上,供各个政府相关职能部门共享使用。这不仅提高了政府的审批管理工作效率,还可以实现规划资料与信息的动态更新及同步维护,更能让权力在"阳光"下运作,提升政府工作透明度,实现社会治理工作的转型与改革。

2. 应用

"多规合一"来源于"三规合一"。"三规"指的是国民经济和社会发展规划(经规)、土地利用总体规划(土规)和城市总体规划(城规),上述三个规划是影响城市发展最重要的规划。土地利用总体规划作为其中一项重要规划,其主要职责就是对建设用地规模、基本农田保护、耕地保有量等土地红线的控制管理,具有较强的控制性。该规划体系分为全国、省(自治区、直辖市)、市、县(区)、乡(镇)五个层级,各类用地控制指标层层下达。土地利用总体规划是建设项目用地规模落实的主要依据。

多规融合智慧空间信息平台建设内容主要包括多规融合信息管理平台、规划编制辅助软件、用地项目多部门协同审批平台等。

用地项目多部门协同审批平台建设旨在辅助多部门完成协同审批工作,保证"多规合一"成果对社会的持续服务力。原有申报建设项目审批各部门数据标准、规程各不一致,极易导致项目申报停滞,建立"多规合一"协同审批平台在于促进申报项目审批的协同性、快捷化。平台的难点是当项目审批遇到与"多规合一"成果规划冲突时如何决策。可考虑将专家智库和辅助决策支持模型引入协同审批流程,采用专家盲审评分和辅助决策支持模型评分形式,合理给出项目落地矛盾评价,为决策者提供更有实用价值的参考。

复习思考题

1. 土地管理信息系统由哪些层次构成?它们的功能分别是什么?
2. 如何进行土地管理信息系统需求分析?
3. 土地数据的获取有哪些方法?请举例说明。
4. 举例说明土地管理信息系统在农业中的应用。
5. 举例说明土地管理信息系统在"多规合一"中的应用。

参考文献

[1] 王万茂.土地资源管理学[M].北京:高等教育出版社,2010.

[2] 张正峰.土地资源管理学[M].北京:中国人民大学出版社,2008.

[3] 朱道林.土地管理学[M].2版.北京:中国农业大学出版社,2016.

[4] 刘黎明.土地资源学[M].5版.北京:中国农业大学出版社,2010.

[5] 刘卫东,谭永忠.土地资源学[M].北京:高等教育出版社,2019.

[6] 陆红生.土地管理学总论[M].6版.北京:中国农业出版社,2015.

[7] 刘守英.土地制度与中国的发展[M].北京:中国人民大学出版社,2018.

[8] 吴长彬,孙在宏,王覆华,等.土地管理信息系统[M].北京:科学出版社,2018.

[9] 曲卫东.土地信息系统[M].北京:中国人民大学出版社,2010.

[10] 吴次芳.土地资源调查评价[M].北京:中国农业出版社,2008.

[11] 王克强,王洪卫,刘红梅.房地产法[M].上海:复旦大学出版社,2015.

[12] 陈耀东.新编房地产法学[M].2版.北京:北京大学出版社,2018.

[13] 毕宝德.土地经济学[M].7版.北京:中国人民大学出版社,2016.

[14] 蒋贵国,何伟.城市土地管理[M].2版.北京:科学出版社,2019.

[15] 张占录,张正峰.土地利用规划学[M].北京:中国人民大学出版社,2006.

[16] 法布士.土地利用规划:从全球到地方的挑战[M].刘晓明,赵彩君,傅凡,译.
北京:中国建筑工业出版社,2007.

[17] 农业区划委员会.土地利用现状调查技术手册[M].北京:中国农业出版
社,1984.

[18] 陆红生.土地统计学[M].南京:江苏科技出版社,1989.

[19] 王万茂,潘文珠.土地资源管理学[M].合肥:安徽科技出版社,1989.

[20] 王万茂.土地利用管理[M].徐州:中国矿业大学出版社,1993.

[21] 王万茂.土地利用规划学[M].北京:中国大地出版社,2008.

[22] 王万茂.土地生态经济学[M].北京:中国科技文献出版社,1994.

[23] 欧名豪.土地利用管理[M].北京:中国农业出版社,2002.

[24] 叶公强.地籍管理[M].北京:中国农业出版社,2002.

[25] 林增杰.地籍管理[M].北京:中国人民大学出版社,1990.

[26] 张启凡,王智才.耕地质量评价理论与实践[M].西安:西安地图出版
社,1994.

[27] 邓留献.农用土地定级估价理论与实践[M].北京:中国大地出版社,2000.

［28］鹿心社.中国地产估价手册［M］.北京:改革出版社,1993.

［29］杨东朗,张晓明,刘萍.基于 PSR 模型的城市土地集约利用评价［J］.陕西师范大学学报(自然科学版),2008(1):90－93.

［30］张富刚,郝晋珉,姜广辉,等.中国城市土地利用集约度时空变异分析［J］.中国土地科学,2005,19(1):23－29.

［31］潘洪稳.浅谈耕地保护的重要性［J］.信息化建设.2016(2):187.

［32］DEMSETZ,H. Towards a Theory of Property Rights II:The Competition between Private and Collective ownership［J］. Journal of Legal Studies, 2002(31):653－672.

［33］LICHTENBERG,E, DING C. Assessing Farmland Protection Policy in China［J］. Land Use Policy,2008,25(1):59－68.

［34］华伟.房地产经济学［M］.上海:复旦大学出版社,2004.

［35］李良玉.建国初期的土地改革运动［J］.江苏大学学报(社会科学版),2004,6 (1):39－44.

［36］刘卫东,彭俊.土地资源管理学［M］.上海:复旦大学出版社,2005.

［37］陆红生,王秀兰.土地管理学［M］.北京:中国经济出版社,2001.

［38］彭补拙,周生路,陈逸,等.土地利用规划学［M］.修订版.南京:东南大学出版社,2013.

［39］曲福田.可持续发展的理论与政策选择［M］.北京:中国经济出版社,2001.

［40］王向东,刘卫东.现代土地利用规划的理论演变［J］.地理科学进展,2013,32 (10):1490－1500.

［41］吴次芳.土地利用规划［M］.北京:地质出版社,2000.

［42］吴启焰,何挺.国土规划、空间规划和土地利用规划的概念及功能分析［J］.中国土地,2018(4):16－18.

［43］严金明.中国土地利用规划:理论、方法、战略［M］.北京:经济管理出版社,2001.

［44］张凤荣.持续土地利用管理的理论与实践［M］.北京:北京大学出版社,1996.

［45］张晓玲.可持续发展理论:概念演变、维度与展望［J］.中国科学院院刊,2018, 33(1):10－19.

［46］李昊,常鹏翱,叶金强,等.不动产登记程序的制度建构［M］.北京:北京大学出版社,2005.

［47］刘艳萍,张富刚.不动产登记制度理论探究［M］.北京:北京大学出版社,2016.

［48］国土资源部不动产登记中心.不动产登记暂行条例实施细则释义［M］.北京:北京大学出版社,2016.

［49］国土资源部政策法规司,国土资源部不动产登记中心.不动产登记暂行条例释义[M].北京:中国法制出版社,2015.

［50］程啸,尹飞,常鹏翱.不动产登记暂行条例及其实施细则的理解与适用[M].北京:法律出版社,2016.